湖湘文化百大品牌及其影响力评价

TOP 100
BRANDS OF HUXIANG CULTURE AND THEIR INFLUENCE EVALUATION

主　编／贺培育
副主编／李　斌　郭　钦

社会科学文献出版社
SOCIAL SCIENCES ACADEMIC PRESS (CHINA)

前　言

湖湘文化是中华传统文化的重要组成部分，既一脉相承，又具有鲜明的三湘地域特征和湖南文化个性。长期以来，湖湘文化因其独有的忧国忧民、敢为人先、自强不息、崇尚务实等优良品格而广为传颂。特别是其中的崇尚务实、敢为人先的实践品格是湖湘文化最富个性的特征，它彰显了湖南人忧国忧民的爱国主义精神，激励了湖南人奋斗不息的不屈意志，赋予了湖南人开拓创新、勇于进取的实干性格。我们研究湖湘文化的目的，就是要围绕富民强省的目标，积极推动湖南由文化大省向文化强省迈进，努力打造湖湘文化品牌，形成强大的文化凝聚力、文化创新力、文化传播力、文化保障力和文化竞争力，为全省经济社会发展提供良好的思想保证、精神动力、舆论氛围和文化条件。

一

"惟楚有材，于斯为盛。"从心忧天下的屈原、贾谊，到流寓湖湘的古文运动倡导者韩愈、柳宗元；从理学的开山之祖周敦颐，到理学集大成者王船山，无不为湖湘文化的繁荣奠定了深厚的思想基础，成就了湖南这块文化的热土。尤其是近代以来，湖湘人才联袂而起、结群而强，著称于世。湖南人才群体特别是政治军事方面的人才之多，居全国之冠，毫不夸张地说，一部中国近代史，半部由湖南人写就。在湖湘文化的熏陶之下，培养和造就了一批承载着湖湘精神的杰出人物，他们在特定的历史时期，充分发挥文化的功能，经世济民，在很大程度上影响着中国历史的发展进程。

第一次鸦片战争后，清政府内忧外患日益严重，以曾国藩、左宗棠、胡林翼、郭嵩焘、彭玉麟为首的湘军人才群体或投笔从戎，或弃耕从军，力挽狂澜，拯救清王朝于风雨飘摇之中，一度形成"咸同中兴"的局面，并造就了中国近代史上"中兴将相，什九湖湘""无湘不成军"的奇迹。

戊戌变法时期，以维新志士谭嗣同、唐才常、熊希龄等为代表的资产阶级改良派倡办时务学堂，创办《湘报》，宣传"维新"，使湖南成为当时全国最活跃的省份，谭嗣同、唐才常等为救国图强而流血牺牲。

辛亥革命时期，以黄兴、蔡锷、宋教仁、陈天华、蒋翊武等为代表的大批湖南人叱咤风云，推翻帝制，以建立资产阶级民主国家为己任，为中国现代化之路扫除了最大的障碍，为民主革命做出了重要的贡献。

"俱往矣，数风流人物，还看今朝。"放宽历史的视野，在近代中国产生巨大影响的湖南人物，无疑是以毛泽东、刘少奇、任弼时、彭德怀、贺龙、罗荣桓、李达、粟裕等为代表的湘籍革命家、军事家群体。他们在人民处于水深火热之中、民族国家生死存亡之际，以共产党人敢于担当的大无畏精神挺身而出，做出了彪炳史册的卓越贡献，创造了辉煌的历史，为中华民族伟大复兴铺平了道路。

二

弘扬湖湘文化，其实质是继承和发扬湖南精神。湖南精神根植于、来源于湖湘文化，并且影响、支配着湖南人的思想和行为，湖南精神是湖湘文化的精髓和灵魂。

"天下不可一日无湖南"，这是湖南人的自负；"出淤泥而不染，濯清涟而不妖"，这是湖南人的气质；"宁可牛马其身而死，甚毋奴隶其心而生"，这是湖南人的气节；"若道中华国果亡，除非湖南人尽死"，这是湖南人的担当；"万物昭苏天地曙，要凭南岳一声雷"，这是湖南人的气魄；"自信人生两百年，会当水击三千里"，这是湖南人的自信；"惟楚有材，于斯为盛"，这是湖南人的豪迈。通俗言之，是"霸得蛮，吃得苦，耐得烦，不怕死"，这就是湖南人的精气神。湖湘精神就是湖湘地区特有的精神特质，是生活在这块土地上的人民共同创造、积累、积淀形成的共同的文化精髓，是中华传统文化多元融合发展的结果，是中国精神的有机组成部分。湖湘精神是湖湘文化的核心，是三湘大地团结奋斗、自强不息的精神纽带，具有与时俱进的丰富内涵。

在华夏五千年文明进程中，湖湘儿女孕育了独树一帜的湖湘精神。经过历史积累的湖湘精神，表述众多，经过提炼，我们认为主要有心忧天下、上下求索、出淤不染、敢为人先、经世致用、百折不挠、实事求是、忠诚担当、自强不息、兼容并蓄等丰富内涵，这是历史上激励着无数湖湘子弟奋勇前行的精神，也是新时代复兴中华谱写文明华章的动力。我们在新的历史时期开展对湖湘文化的研究，应该赋予湖湘文化更为深远的意义，以挖掘湖南地区深厚的文化底蕴，阐明湖湘文化的现实意义，让湖南精神一代代传播下去，发扬光大。

三

一方山水育一方文化。湖南山水秀美，景色神奇，除了北面的洞庭湖平原外，其余三面是隆起的山地，其中名山巨川甚多，比较著名的有南岳衡山、张家界、崀山、九嶷山和雪峰山。三面环山的特殊地势，给湖南带来了与众不同的气候特点，来自北方的冷空气长驱直入，与境内的暖湿气流交会，形成大量降水，孕育出大大小小纵横密布的河流湖泊，形成湘、资、沅、澧四大水系，由南向北蜿蜒伸展，并最终汇入洞庭湖，经城陵矶注入长江。在山清水秀的湖湘大地，遍布着众多人文胜迹，从远古至近代，从地下考古发掘到地表古城遗址，种类繁多。有帝王陵墓、古城遗址，有寺庙、书院，有楼台、石刻，有名人故居，亦有平民村落。这些名胜古迹，经历了千百年的历史风雨，凝结了丰富的文化底蕴，将自然景观与人文历史完美地融为一体。正因为如此，湖南才被认可为名副其实的旅游资源大省。著名的古迹有中华民族始祖炎帝陵、舜帝陵，有举世闻名的马王堆汉墓，有全国十大考古发现的澧县城头山古城址，有里耶战国古城、秦简、走马楼吴简等重大考古发现，有人文景观与自然景观交相辉映的岳麓山，有被联合国教科文组织列入世界自然遗产名录的张家界武陵源景区，有陶渊明笔下的"世外桃源"常德桃花源，有境内名山大川之中遗存下来的摩崖石刻与碑刻，有历经沧桑的古城、古寺庙、古祠堂、古村镇，有大量古今历史文化名人的故居……无数人文名胜古迹就像一颗颗璀璨夺目的明珠镶嵌在湖湘大地，为三湘四水增添了无穷的魅力。

"挥毫当得江山助，不到潇湘岂有诗。"在文学家和诗人的想象中，瑰丽秀美的潇湘山水能够激发灵感，是他们创造名篇佳句时必不可少的素材。巫风楚雨和湘水湘情令人魂牵梦萦，在此流连忘返的历代文人骚客，触景生情，酝酿出脍炙人口的千古诗篇，尽情讴歌湖湘山水，为湖湘文化积累了丰富的养料。

"龙泉颜色如霜雪，良工咨嗟叹奇绝。"古往今来，生活在湖湘大地的人们在长期的生产生活实践过程中，发展形成了许多独具匠心的工艺奇技，创制了无数精美绝伦的工艺品。湘绣、醴陵瓷器、浏阳花炮、益阳竹器等传统工艺发扬光大，呈现出良好发展之势；蜡染、织锦、剪纸、年画、石雕等传统工艺得到有效传承，焕发出勃勃生机。湖南工艺奇技和工艺制品携带着独特的文化基因密码，成为湖湘文化的物化载体，因其独特的湘风楚韵，在中国工艺发展史上占有重要的一席之地。面对新时代，人们对美好生活充满追求和向往，传承、创新、发展湖湘工艺，做大做强做优湖湘工艺品牌，使之成为湖南一张靓丽的名片，湖湘工艺技艺和工艺产品获得了前所未有的发展机遇。

"倚天照海花无数，流水高山心自知。"湖南地区文化底蕴深厚绵长，这里所产生的艺术品牌可谓五彩缤纷、多姿多彩，艺术门类众多，从业人员广泛，在漫长的历史沉淀下，这片土地诞生了众多的艺术种类，如民歌、花鼓戏、湘剧、话剧、傩戏、电影、美术、书法、篆刻等，源远流长，文化艺术氛围浓厚。这些艺术品牌当中涌现出一批艺术名家、艺术名作，富有湖湘文化元素，体现湖湘艺术特征，深受大众的喜爱。在历史长河中，汉族与土家族、苗族、侗族、瑶族等少数民族共同生活在这片热土上，融中原文明，纳百家之长，最终形成了一批精深博大、丰富多彩且具有浓郁湖南特色的艺术品牌。

四

时至今日，湖湘文化研究方兴未艾，成为研究的热点。从基础理论的角度来看，湖湘文化研究需要创造性转化和创新性发展，这是一个漫长的过程。从近年流行的智库建设出发，湖湘文化研究需要服务于湖南，宣传湖南，并打造系列"湘"字号品牌。这些年尽管要求宣传打造"湘"字号文化品牌的呼声较高，但是专门研究湖湘文化品牌的成果还不是很多。为此，湖南省社会科学院把"湖湘文化品牌及其影响力评价"作为重大团队方向课题，这是一次大胆的尝试。

习近平总书记指出："一个国家、一个民族的强盛，总是以文化兴盛为支撑的，中华民族伟大复兴需要以中华文化发展繁荣为条件。"湖湘文化是中华文化的重要组成部分，改革开放以来，湖南经济社会得到了长足的发展，文化建设也异军突起，广电湘军、出版湘军、动漫湘军、文旅湘军、会展湘军等成为亮丽的湖南文化品牌。这些都是湖南人民引以为傲的文化硕果，也是湖南迈上富饶、美丽、幸福之路的文化底气与自信之源。

当前湖南省提升文化软实力，其中一个重要途径是推动湖湘文化品牌化发展，通过文化品牌带动文化传播。这就要充分挖掘湖湘文化的影响力，并赋予其新的丰富内涵，树立品牌标志，塑造具有湖湘特色、闻名海内外的湖湘文化品牌。这是进一步壮大湖南省文化旅游产业、实践文化强省战略的重要举措。

目 录
CONTENTS

第一章 惟楚有材 于斯为盛
　　——湖湘十大人物品牌 …………………………………… 1
一　湖湘名人概述 ………………………………………………… 1
二　湖湘十大人物品牌及其评价 ………………………………… 5

第二章 心忧天下敢为先
　　——湖湘十大精神品牌 …………………………………… 26
一　湖湘精神概述 ………………………………………………… 26
二　湖湘十大精神品牌及其评价 ………………………………… 28

第三章 语不惊人誓不休
　　——湖湘十大名句品牌 …………………………………… 50
一　湖湘名句品牌概述 …………………………………………… 50
二　湖湘十大名句品牌及其评价 ………………………………… 54

第四章 不到潇湘岂有诗
　　——湖湘十大文学品牌 …………………………………… 71
一　湖湘文学概述 ………………………………………………… 71
二　湖湘十大文学品牌及其评价 ………………………………… 74

第五章　历史深处见性情
　　——湖湘十大名胜品牌 ·················· 93
一　湖南名胜品牌概述 ······················ 93
二　湖湘十大名胜品牌及其评价 ············ 96

第六章　倚天照海花无数
　　——湖湘十大艺术品牌 ················ 121
一　湖湘艺术品牌概述 ···················· 121
二　湖湘十大艺术品牌及其评价 ·········· 123

第七章　"挥毫当得江山助"
　　——湖湘十大山水品牌 ················ 143
一　湖湘山水品牌概述 ···················· 143
二　湖湘十大山水品牌及其评价 ·········· 145

第八章　良工咨嗟叹奇绝
　　——湖湘十大工艺品牌 ················ 160
一　湖湘工艺品牌概述 ···················· 160
二　湖湘十大工艺品牌及其评价 ·········· 162

第九章　风物长宜放眼量
　　——湖湘十大饮食品牌 ················ 187
一　湖湘饮食品牌概述 ···················· 187
二　湖湘十大饮食品牌及其评价 ·········· 189

第十章　千帆过尽看今朝
——湖湘十大文创品牌 ·············· 210
一　湖湘文创品牌概述 ················· 210
二　湖湘十大文创品牌及其评价 ············ 216

后　　记 ························· 235

| 第一章 |

惟楚有材　于斯为盛
——湖湘十大人物品牌

岳麓书院门联"惟楚有材，于斯为盛"中，上联"惟楚有材"，出自《左传》"虽楚有材，晋实用之"，即楚材晋用的典故。下联"于斯为盛"，出自《论语·泰伯》"唐虞之际，于斯为盛"，本为孔子盛赞周武王时期人才鼎盛局面。该联作者为袁名曜、张中阶，原意为"楚国真是出人才的地方，岳麓书院更是英才齐聚之会所"，延至后世，通常意为湖湘大地人才济济。湖湘之地人文荟萃，人才辈出。远古时留下炎帝、舜帝的足迹和美丽传说，古代既有本土人物领风骚，又有寓湘人物添光彩。他们凝聚了湖湘文化的精神内核，体现了湖湘精神品格，推动了中华优秀传统文化的发展。近代以来，湖湘人才群体更是深刻地影响了中国经济社会发展，推动了中国历史的进程。

一　湖湘名人概述

从战国时期的屈原，到宋代理学鼻祖周敦颐，再到明末清初思想大家王船山等人，无不彰显湖湘文化的博大精深。近代以来，湖南人才更是群体崛起，深刻地影响了中国的历史进程，建立了不可磨灭的历史功绩，绘制了一幅幅绚丽多彩的历史画卷。

1. 人才辈出

上古时期，炎帝、舜帝在湖南的活动为湖湘文化打开了窗口。古代屈原、贾谊、元结、张栻、胡宏、柳宗元、寇准、张仲景等寓湘人物，给湖湘文化带来不同风采。湖南本土知名人士蔡伦、黄盖、欧阳询、怀素、周敦颐、李东阳、王船山等人，更是为湖湘文化注入丰富多彩的元素，奠定了湖湘文化的底色和内涵。

近代以来，湖湘人才涌现。鸦片战争前后，"综一代典，成一家言"的邵阳人魏源，官至两江总督的安化人陶澍，长沙人贺长龄、贺熙龄，工部尚书何凌汉，云贵总督劳崇光，太常寺卿唐鉴，监察御史汤鹏，两江总督兼署河道总督李星沅，广西学政丁善庆，湖北巡抚常大淳，四川学政何绍基等人，揭开了湖湘人才兴盛的序幕。

无湘不成军，"无湘人不成衙门"。第一次鸦片战争后，清政府内忧外患日益严重，太平天国运动席卷南北，清政府的统治朝不保夕，以曾国藩、左宗棠、胡林翼、郭嵩焘、彭玉麟为首的湘军人才群体或投笔从戎，或弃耕从军，涤荡太平军，拯救清王朝于风雨飘摇中。梁启超曾说："湘军之声誉，东至东海，南逾岭南，西辟回部，西南震苗疆，至今尚炙手可热，三湘民族之大有影响于全国。"湘军造就了清代"中兴将相，什九湖湘"的历史奇迹。至1863年，全国"各省共总督八缺，湖南已居其五"。几年后，官至总督的湘军将领更是达到11人，官至巡抚者共13人，而官至提督、总兵、布政使、按察使的多达143人。

戊戌变法时期，以谭嗣同、唐才常、熊希龄等为代表的资产阶级维新派人才群体再次使湖湘大地成为备受世人瞩目之地。中日甲午战争中，湘军战无不胜的神圣光环在辽东半岛的血雨腥风中黯然失色，湖南人由此产生更强烈的"救中国当从湖南始"的责任感。浏阳人谭嗣同、唐才常、欧阳中鹄、熊希龄、蒋德钧、皮锡瑞、杨毓麟、毕永年、邹代钧等新生代湖湘子弟倡导在前，王先谦、黄自元、张祖同等资深望重的旧派绅士呼应于后，陈宝箴、黄遵宪、江标等在湘地方大员积极支持，湖南出现了官绅共奏维新之曲的势头。

辛亥革命时期，以黄兴、蔡锷、宋教仁、陈天华、蒋翊武等为代表的大批湖南人叱咤风云，以建立资产阶级民主国家为己任，为民主革命做出了重要的贡献。1904年华人留日学生为2395人，湖南籍学生为373人；参加同盟会筹备的79人中，有20位湖南人；1907年，在东京本部同盟会登记入册的960名会员中，有156名湖南人。

新民主主义革命时期，以毛泽东、蔡和森、刘少奇、彭德怀、贺龙等人为代表的无产阶级革命派人才群体崛起，创造了光辉灿烂的历史。1921年7月中国共产党召开第一次全国代表大会，出席会议的13名代表中，有毛泽东等4位湖南人；全国50多名党员中有近20名湖南人。1945年党的七大选举的第七届中央委员会44名委员中，有13名湖南人；在33名候补中央委员中，有10名湖南人。1949年中华人民共和国成立后，第一届中央人民政府的63名领导人中，有11位湖南人。在1955年授衔的10位元帅中，有3位湖南人；在10位大将中，有6位湖南人；在55位上将中，有19位湖南人；在175位中将中，有45位湖南人；在792位少将中，有129位湖南人。这一串串生动鲜活的数字，展现的是湖南人对新民主主义革命的卓越贡献，印证的是过往关于湖南人实现强国富民梦想的种种预言。

近代以来，湖南还涌现了大量其他人才，如晚清致力于学术研究的王先谦、叶德辉、皮锡瑞等，当代文学家丁玲、周立波、沈从文等，学术大家翦伯赞、周谷城、杨树达、李达等；科技人物和实业家如丁取忠、范旭东等。国民党中也有许多湘籍抗战将领，如程潜、唐生智、陈明仁、陶峙岳、李默庵、宋希濂、黄杰等。民国时期的教育家舒新城、法学家周鲠生、外交家蒋廷黻等，都是湖湘人物中的精英，为中国近代化做出了重要贡献。

新中国成立后，湖湘人士仍然声震大江南北。毛岸英、欧阳海、罗盛教、雷锋等人，堪称时代楷模，是社会主义核心价值观的践行者，是我们不断前行的精神力量和源泉。

2. 源远流长

湖湘文化的形成、发展，是多重因素交融的结果，是一代又一代人拼搏奋进的结晶。无数湖湘精英凝聚了湖湘精神品格的丰富内涵：心忧天下、敢为人先、兼容并蓄等。其中，湖湘人才群体的精神特质在以下三个方面体现得尤为突出。

一是正心诚意，修齐治平。自古以来，杰出的湖湘人士追求"修身、齐家、治国、平天下"，他们将仁爱忠信、礼义廉耻等精神内核发扬光大于湖湘大地，在湖湘文化发展的历史长河中发挥了重要的作用，也丰富了中华优秀传统文化内涵。

二是经世致用，开拓创新。鸦片战争前后湖湘人才群体，以经世致用之学，一边著书立说一边勤政为民。无论是厉行改革，还是"开眼看世界"、揭开近代中国向西方学习的序幕，都走在时代前列。他们关注民生，注重解决现实问题，积极寻求救世良方，对中国政治、军事、经济、文化等迈向现代化产生了深刻的影响。梁启超曾言："可以强天下而保中国者，莫湘人若也。"

三是百折不挠、坚忍不拔。"路漫漫其修远兮，吾将上下而求索。"屈原的爱国主义精神和坚忍不拔的求索精神一直激励着后世。自晚清湘军征战南北以来，湖湘人士砥砺奋进的精神不断发扬光大。谭嗣同、唐才常等人为践行变法流血牺牲；热血沸腾的湖湘辛亥革命爱国志士屡败屡战，谱写民主革命壮歌；抗日将士以视死如归、宁死不屈的民族气节，不畏强暴、血战到底的英雄气概为民族独立献身；新民主主义革命家群体浴血奋斗，铸就历史新篇章。他们无私无畏、坚不可摧，他们所秉承的正是湖湘文化中的爱国主义精神和舍生取义的精神。

湖湘杰出人才凝聚了湖湘精神品格，是湖湘文化的代言人，是湖湘文化发展的助推者。

在波澜壮阔的历史画卷中,一批又一批湖湘英雄豪杰、仁人志士豪迈放歌、奋勇拼搏,奉献自己的心血乃至生命。近代以来,湘籍历史名人、政治家、军事人才"一直居各省之冠",写就"一本湘人奋斗篇,半部中国近代史"的华丽篇章。他们为中国传统文化注入优秀基因,为中华民族的进步和繁荣立下不朽功勋。

二 湖湘十大人物品牌及其评价

翻阅数千年的历史,湖湘品牌人物数之不尽。根据不同时代湖湘人物在中国历史上的突出贡献、显著地位、重要影响,又据"生者不立传"的原则,仅遴选出以下十大人物,透过其主要生平事迹、历史功绩等,展示其精神风貌、思想品格及重要历史影响。

1. 屈原:世界文化名人

屈原(约公元前340年~前278年),芈姓,屈氏,名平,字原;又自云名正则,字灵均。战国时期的政治家、诗人。1953年,屈原逝世2230周年时,世界和平理事会通过决议,确定屈原为当年纪念的世界四大文化名人之一。

(1) 投江报国的志士

约公元前340年,屈原出生于楚国丹阳(今湖北秭归),是楚武王熊通之子屈瑕的后代。因主张变法改革,与旧贵族和一切顽固势力进行斗争而遭贵族排挤诽谤,被先后流放至汉北和沅湘流域。"诚既勇兮又以武,终刚强兮不可凌。"公元前278年,秦将白起攻破楚都郢(今湖北江陵),屈原悲愤交加,怀石自沉于汨罗江,以身殉国。

"长太息以掩涕兮,哀民生之多艰。"屈原是楚国重要的政治家,早年受楚怀王信任,任左徒、三闾大夫,兼管内政外交大事。屈原为实现振兴楚国的大业，提倡"美政"，积极辅佐怀王变法图强，主张对内举贤任能，修明法度，对外力主联齐抗秦，使楚国一度出现了国富兵强的局面。屈原虽遭谗被疏，甚至被流放，但他始终以祖国的兴亡、人民的疾苦为念，希望楚王幡然悔悟，奋发图强，做个中兴之主。

爱国主义诗人屈原的诗歌体现了浓郁的人民情怀。屈原是浪漫主义文学和现实主义文学相结合的奠基人，被誉为"中华诗祖""辞赋之祖"。主要作品有《离骚》《九歌》《九章》《天问》等。《楚辞》是中国浪漫主义文学的源头，与《诗经》并称"风骚"，对后世诗歌产生了深远影响。他的作品反映了现实社会中的种种矛盾，以揭露楚国的黑暗政治最为深刻。屈原诗歌标志着中国诗歌进入了一个由集体歌唱到个人独创的新时代。他被后人称为"诗魂"。梁启超首推屈原为"中国文学家的老祖宗"。闻一多评价屈原是"中国历史上唯一有充分条件称为人民诗人的人"。郭沫若称屈原为"伟大的爱国诗人"，一颗闪耀在"群星丽天的时代"，"尤其是有异彩的一等明星"。

（2）"求索"精神的前驱

"路漫漫其修远兮，吾将上下而求索"，是屈原人生的写照，也是激励湖湘人士奋进的重要精神力量源泉。

而正是因其爱国主义思想和人民情怀，屈原的作品和他的精神才传唱千古。几千年来，不仅屈原的作品有着重要的影响，有关屈原的文艺作品又映衬了屈原的伟大与不朽。在中国文化史上以屈原生平事迹为题材的诗、歌、词、曲、戏剧、琴辞、大曲、话本等，绘画艺术中如屈原像、九歌图、天问图等，难以计数。

毛泽东称赞屈原说："他不仅是古代的天才歌手，而且是一名伟大的爱国者，无私无畏，勇敢高尚。他的形象保留在每个中国人的脑海里。无论在国内国外，屈原都是一个不朽的形象。我们就是他生命长存的见证人。"显然，屈原留给后世的，除了诗文，更重要的是不朽的爱国情怀和高洁的精神品格。

2. 周敦颐：理学鼻祖

周敦颐（1017~1073年），又名周元皓，原名周敦实，字茂叔，谥号元公，北宋道州营道楼田保（今湖南省道县）人，世称濂溪先生。周敦颐是北宋五子之一，是宋朝儒家理学思想的开山鼻祖，文学家、哲学家。他提出的无极、太极、阴阳、五行、动静、主静、至诚、无欲、顺化等理学基本概念，为后世的理学家反复讨论和发挥，构成理学范畴体系中的重要内容。周敦颐被尊称为"理学鼻祖"。

（1）悟道出仕，传道授业解惑

周敦颐少时在家乡月岩悟道。月岩位于都庞岭东麓，距周敦颐故居约七公里。岩洞内周围削壁千仞，白石璀莹。相传周敦颐14岁时，曾筑室于月岩，在那里读书并悟得"无极而太极"的道理，为其后来学术思想的发展奠定了基础。

天圣八年（1030年），周敦颐父亲因病去世后，他投靠舅舅龙图阁学士郑向，受到良好的教育和栽培。康定元年（1040年），周敦颐出任洪州分宁县主簿。庆历四年（1044年），吏部来分宁考核，周敦颐得到广泛好评，28岁的周敦颐开始了他仕途的第一次升迁——提任南安军司理参军，开始辗转各地的出世与入世之道。至和元年（1054年），周敦颐改授大理寺丞，知洪州南昌县（今江西南昌）。嘉祐八年（1063年）五月，周敦颐应邀与一群文朋诗友游玩聚会，一气呵成挥笔而就名传后世的《爱莲说》，表现了他洁身自爱的高洁人格和洒落的胸襟。

周敦颐每到一地，不仅清正廉洁，清正为官，而且注重兴办教育，培育人才。庆历六年（1046年），周敦颐在担任荆湖南路郴州郡郴州县县令期间，最突出的政绩是兴教办学。他在公务之余，利用旧有的县学兴教讲学。皇祐四年（1052年），被改任为郴州桂阳令，继续兴教办学。

周敦颐是湖湘学派的开创者。周敦颐著有《周元公集》《爱莲说》《太极图说》《通书》（后人整编进《周元公集》）。周敦颐重视儒学经典，其哲学思想的核心是"诚"。在《通书》中"诚"字的出现就高达20次之多。"诚"是他关于天道、人道、天人合一之道的最高境界的表达，是宇宙存在的根据，是宇宙的本体，即天道本体论。周敦颐在《太极图说》中提出的无极、太极、阴阳、五行、动静、主静、至诚、无欲、顺化等理学基本概念，为后世的理学家反复讨论和发挥，构成理学范畴体系中的重要内容。宋宁宗赐周敦颐谥号为"元"，因此周敦颐又被称为"元公"；到宋理宗时，从祀孔子庙庭，确定了周敦颐的理学开山地位。

(2) 吾道南来，无非濂溪一脉

周敦颐探索"理"的精神、坚忍不拔的独创精神、学以致用与躬行实践、矢志教育的精神，都为后人所尊崇。理学家程颢、程颐的父亲大理寺臣程珦在南安（今江西省大余县南安镇）认识了周敦颐，见他"气貌非常"，与之交谈，更知其"为学之道"，随即令两个儿子拜其为师受业。岳麓书院为南宋湖湘学派传播周子之学和理学的主要阵地。自南宋以来，在岳麓书院传教和受业者，都深受周敦颐及其理学思想的影响，认同其理学鼻祖的地位。近代湖湘学人亦莫如是。与理学有着浓厚历史渊源的岳麓书院，秉承理学传统，维护湖南"理学之邦"的传统地位，极力推崇理学的开山祖周敦颐。"吾道南来，原是濂溪一脉；大江东去，无非湘水余波。"岳麓书院濂溪祠前的这副对联，反映了历代湖湘学人以此为荣的心绪，也是对周敦颐在中国思想界与学术界影响的高度概括。

3. 王夫之：百科全书式思想家

王夫之（1619~1692年），字而农，号姜斋，又号夕堂，人称"船山先生"，湖广衡阳（今湖南衡阳）人。他与顾炎武、黄宗羲并称明清之际三大思想家，是中国精神的剪影，也是中国文化的名片。

(1) 六经责我开生面

"六经责我开生面，七尺从天乞活埋"，这是王夫之自题画像的堂联，表明了他凛然大义的崇高气节以及对中华传统文化继往开来的历史责任感。

　　王夫之具有不屈不挠的精神。天启二年（1622年）王夫之开始跟随长兄王介之学习。崇祯六年（1633年）王夫之与长兄王介之、仲兄王参之赴武昌参加乡试，均落第。王夫之被湖广前后两任提学佥事水佳胤、王澄川列为岁试一等的第一名。崇祯九年（1636年）王夫之与兄长王介之、王参之参加乡试，皆落榜。在归途，王夫之作《荡妇高楼月》，无限惆怅。崇祯十四年（1641年）湖广提学佥事高世泰岁试衡州，列王夫之为一等。崇祯十五年（1642年）王夫之与两位兄长同赴武昌乡试，王夫之以《春秋》第一，中湖广乡试第五名。王夫之与兄长王介之自崇祯十五年十一月北上参加会试，崇祯十六年（1643年）春，因李自成军克承天，张献忠军攻陷蕲水，道路被阻，王夫之兄弟自南昌而返。崇祯十七年（1644年）五月，王夫之听闻崇祯皇帝自缢，作《悲愤诗》一百韵（已佚），历经几年抗击清军之艰险后，专心著书立说。

　　王夫之著述百余种，内容涉及哲学、政治、法律、军事、历史、文学、教育、伦理、文字、天文、历算及至佛道等，尤以哲学研究成就卓著，其主要著作有《周易外传》《张子正蒙注》《尚书引义》《读四书大全说》《老子衍》《庄子通》《思问录》《读通鉴论》《宋论》《黄书》《噩梦》《楚辞通释》《诗广传》等。清末汇刊成《船山遗书》，凡70种324卷。他主张"知而不行，犹无知也""君子之道，力行而已"，治学当为国计民生致用，反对治经的烦琐零碎和空疏无物。

　　（2）水源木本，端在于斯

　　王夫之向往政治清明、社会进步、经济腾飞、文化繁荣的世界。在政治方面，主张"新故相推，日生不滞""以天下论者，必循天下之公""不以一人疑天下，不以天下私一人"；在选贤用人方面，"以天下之禄位，公天下之贤者"；在文化建设上，"天下唯器""理不先而气不后"，躬行实践，知行统一。他以"六经责我开生面"的气概、"留千古半分忠义"的精神，坚守着中国文化的精神家园，这正是他超越以往思想家、哲学家的地方。

推动社会进步的一代大儒王夫之,被人们称为"近现代精神领袖"。戊戌维新时期,谭嗣同将他对王夫之的敬佩写进一首诗里:"万物昭苏天地曙,要凭南岳一声雷。"1911年,孙中山主持制定《中国同盟会本部宣言》,宣示以史可法、顾炎武、黄宗羲、王夫之等志士宣言仁人作为民族复兴的精神领袖。章太炎分析辛亥革命成功思想源头时说:"船山学术,为汉族光复之原。近代倡议诸公,皆闻风而起者,水源木本,端在于斯。"杨昌济对王夫之的认识深深影响到以毛泽东、蔡和森为代表的一大批五四时期的进步青年。1914年6月,青年毛泽东参加刘人熙等人发起成立的船山学社,并经常利用星期天的时间参与船山学术思想的讲座。1985年,美国哲学社会科学界评出古今八大哲学家,其中有四位是唯物主义哲学家:德谟克利特、王夫之、费尔巴哈、马克思。王夫之名列其中,足见其在国内外思想界的影响之大。

4. 魏源:睁眼看世界第一人

魏源(1794~1857年),名远达,字默深、墨生、汉士,号良图,汉族,湖南省邵阳市隆回县司门前(原邵阳县金潭)人。清代启蒙思想家、政治家、文学家。近代中国"睁眼看世界"的首批知识分子的代表。

(1)师夷长技以制夷

嘉庆十八年(1813年),魏源通过科选拔贡。道光五年(1825年),受江苏布政使贺长龄之聘,编辑《皇朝经世文编》120卷;又协助江苏巡抚陶澍办漕运、水利诸事。道光九年(1829年),魏源捐内阁中书舍人候补。这段时间,他博览史馆秘阁官书及士大夫私家著述,提出论学应以"经世致用"为宗旨的思想。道光二十四年(1844年),魏源再次参加礼部会试,中进士,任东台、兴化知县。

魏源是爱国、进步的思想家。"穷则通,通则变。"他认为"变古愈尽,便民愈甚",积极要求清政府进行改革,强调:"天下无数百年不弊之法，无穷极不变之法，无不除弊而能兴利之法，无不易简而能变通之法。"魏源着重于经济领域的改革，在鸦片战争前后提出了一些改革水利、漕运、盐政的方案和措施，要求革除弊端以有利于"国计民生"。这些主张不仅在当时具有进步意义，对后来的资产阶级变法维新运动也起了积极的推动作用。

魏源依据林则徐所辑的西方史地资料《四洲志》，参以历代史志、明以来《岛志》及当时夷图夷语，编成《海国图志》50卷，后经修订、增补，到咸丰二年（1852年）成为百卷本。囊括了世界地理、历史、政治、经济、宗教、历法、文化、物产。

魏源是鸦片战争时期"睁眼看世界"第一人。他在《海国图志》中提出"师夷长技以制夷"，认为"善师四夷者，能制四夷；不善师外夷者，外夷制之"，把学习西方的"长技"提高到关系国家民族安危的高度。针对当时封建顽固派把西方先进的工艺技术一概目为"奇技淫巧"的无知，他指出，"有用之物，即奇技而非淫巧"，必须认真加以学习，"尽得西洋之长技为中国之长技"，逐步改变中国的落后面貌，从而达到"制夷"之目的，出现"风气日开，智慧日出，方见东海之民，犹西海之民"的盛况。

（2）支配百年来之人心

魏源倡导学习西方先进科学技术，开启了了解世界、向西方学习的新潮流，这是中国思想从传统转向近代的重要标志。《海国图志》的划时代意义，在于给闭塞已久的中国人以全新的近代世界概念。当时的中国人通过《海国图志》，既看到了西洋的坚船利炮，又看到了欧洲国家的商业、铁路交通、学校等情况，见识了近代世界的新事物。梁启超在《中国近三百年学术史》中指出："《海国图志》之论，实支配百年来之人心，直至今日犹未脱离净尽，则其在中国历史上关系不得谓细也。""其论实支配百年来之人心，直至今日，犹未脱离净尽。"作为近代中国第一个睁眼看世界的人，魏源不仅是思想的先行者，更为晚清徐徐揭开探寻外部世界的纱幕发出先声。

5. 曾国藩：为师为将为相一完人

曾国藩（1811～1872 年），初名子城，字伯涵，号涤生，宗圣曾子七十世孙。湖南长沙府湘乡荷叶塘白杨坪（今湖南娄底双峰县荷叶镇大坪村）人，中国晚清时期政治家、战略家、理学家、文学家、书法家，湘军的创立者和统帅。

（1）力挽晚清狂澜

咸丰元年（1851 年）一月，洪秀全在广西桂平金田村组织起事，席卷半个中国，尽管清政府从全国各地调集大量八旗军、绿营官兵来对付太平军，可是这支腐朽的武装已不堪一战。咸丰二年（1852 年）十一月，清政府命令曾国藩和湖南巡抚张亮基办理团练。曾国藩获准在衡州练兵，"凡枪炮刀锚之模式，帆樯桨橹之位置，无不躬自演试，殚竭思力"，并派人赴广东购买西洋火炮，筹建水师。在团练湘勇期间，曾国藩严肃军纪，开辟新的军队，他先后将 5000 人的湘勇分为塔、罗、王、李等十营。咸丰四年（1854 年）二月，湘军倾巢出动，曾国藩发表了《讨粤匪檄》。在这篇檄文里，他声称太平天国运动是"荼毒生灵"，"举中国数千年礼义人伦诗书典则，一旦扫地荡尽"。曾国藩带领湘军，历尽艰辛，横扫太平天国运动，挽救了风雨飘摇中的清政府。此后清政府在积贫积弱、列强环视侵凌的险境中，逐步实行"改良"，迈出中国近代化的艰难步伐。

在大多数国人仍蒙昧无知的状况下，曾国藩倡导"洋务"，建造了中国第一艘轮船，建立了第一所兵工学堂，印刷翻译了第一批西方书籍，选派了中国第一批幼童留学美国，用实际行动开启了中国近代化的闸门。

同治六年（1867 年）三月，曾国藩在江南制造总局下设造船所试制船舰。同时拟设译书馆。五月，会同李鸿章将江南制造总局由虹口迁高昌庙，征地扩迁，规制大增。五月三十一日，至上海视察江南制造总局。九月，江南造船厂试制的第一艘轮船驶至江宁，曾国藩曾登船试航，取名

"恬吉"。

同治十年（1871年）八月十九日，曾国藩挈李鸿章联衔会奏《拟选子弟出洋学艺折》。同治十一年（1872年）二月二十七日，领衔上奏，促请对"派遣留学生一事"尽快落实，并提出在美国设立"留学生事务所"，推荐陈兰彬、容闳为正、副委员常驻美国管理该所。在上海设立幼童出洋肄业局，荐举刘翰清"总理沪局选送事宜"。至1875年，共选派120名幼童赴美国留学。

（2）立德立功立言三不朽

曾国藩与胡林翼并称"曾胡"，与李鸿章、左宗棠、张之洞并称"晚清中兴四大名臣"。曾国藩不仅在思想上、军事上影响深远，也是中国近代化的倡导者和开拓者。

曾国藩的崛起，对近代中国政治、军事、文化、经济等方面都产生了深远的影响。曾国藩的军事思想影响深远。其同时代的湘、淮将领以曾国藩为楷模；张之洞、袁世凯等编练新军时采纳了曾国藩治军方略；其后的黄兴、蔡锷等资产阶级军事家对曾国藩治军方略推崇备至；民国军事家蒋方震盛赞曾国藩为近代史上"一个军事天才家"，主张凡领军者都应效法曾国藩。

梁启超称曾国藩"岂惟近代，盖有史以来不一二睹之大人也已；岂惟我国，抑全世界不一二睹之大人也已。然而文正固非有超群绝伦之天才，在并时诸贤杰中，称最钝拙；其所遭值事会，亦终生在指逆之中；然乃立德、立功、立言三不朽，所成就震古烁今而莫与京者，其一生得力在立志自拔于流俗，而困而知，而勉而行，历百千艰阻而不挫屈，不求近效，铢积寸累，受之以虚，将之以勤，植之以刚，贞之以恒，帅之以诚，勇猛精进，坚苦卓绝。吾以为曾文正公今而犹壮年，中国必由其手获救"。杨昌济称赞曾国藩："宋韩、范并称，清曾、左并称，然韩、左办事之人，范、曾办事兼传教之人也。"蒋介石对曾国藩也是推崇备至，称他是"国人精神之典范"。毛泽东曾表示："愚于近人，独服曾文正。"曾国藩的历史地位和历史影响，足见一斑。

6. 左宗棠：国家和民族之光

左宗棠（1812～1885年），汉族，字季高，一字朴存，号湘上农人。湖南湘阴人。晚清军事家、政治家，湘军名将，洋务派代表人物之一，与曾国藩等人并称"晚清中兴四大名臣"。

（1）身无半亩心忧天下

嘉庆二十一年（1816年），左宗棠随父亲左观澜到省城长沙读书。道光七年（1827年），应长沙府试，取中第二名，同年因母亲病重放弃院试，不久母亲去世。丁忧期间，开始涉猎经世致用之学。道光十二年（1832年），左宗棠参加在省城长沙举行的乡试，取得举人功名，但此后的6年中，3次赴京会试，均不及第，遂绝意科场，"不复再踏软红，与群儿争道旁苦李"，常"耻不能自食"。左宗棠"身无半亩"，却"心忧天下"，致力于研究兵事、地制、农学。

咸丰二年（1852年），当太平天国大军围攻长沙，省城危急之际，左宗棠在郭嵩焘等人的劝勉下，应湖南巡抚张亮基之聘出山。他"昼夜调军食，治文书"，"区画守具"，建议大都被张亮基采纳并付诸实施，使太平军围攻长沙三个月却无法攻克，撤围北去。咸丰四年（1854年）四月，左宗棠又应湖南巡抚骆秉章之邀，第二次入佐湖南巡抚幕府，长达6年之久。左宗棠焦思竭虑，日夜策划，辅佐骆秉章"内清四境""外援五省"，苦撑大局，不但使湖南军政形势转危为安，而且湘军出省作战连连奏捷。

左宗棠为中国近代化做出了重要贡献。同治五年（1866年），左宗棠上疏奏请设局监造轮船，获准试行，即于福州马尾择址建立机器局，开创我国最早的造船工业；创办求是堂艺局（亦称船政学堂），培养造船技术和海军人才。同治十一年（1872年），在兰州创办甘肃机器制造局（即兰州制造局），是近代中国第一家毛纺织工厂。左宗棠兴办洋务，对近代经济、文化、军事都产生了重要影响。

同治元年（1862年），在陕西的回民趁太平天国和捻军进入陕西的机会发动叛乱。平定叛乱的重任历史性地落在了左宗棠肩上。清廷于同治五年（1866年）九月谕令左宗棠前赴陕甘。沙俄趁中国之危，于同治十年（1871年）七月侵占伊犁。光绪五年（1879年），在沙俄的威逼下，崇厚签订《里瓦几亚条约》。光绪元年（1875年）五月，清廷下诏授左宗棠以钦差大臣督办新疆军务。光绪六年（1880年）四月，左宗棠近70岁高龄，以"不破楼兰终不还"的气概，以"壮士长歌，不复以出塞为苦也，老怀益壮"激励自己，抬棺出征，收复疆土。

（2）功名与日月争光

咸丰九年（1859年），樊燮京控案发，左宗棠性命垂危之际，大学士状元郎潘祖荫披沥上陈咸丰帝，历陈左宗棠辅佐骆秉章调度、运筹帷幄，援助江西、湖北、广西、贵州，所向披靡。最后他强调："是国家不可一日无湖南，而湖南不可一日无宗棠也。"要"为国家惜此才"。这一番话，彰显了左宗棠在当时的重要地位，也成为近代湖南人的骄傲。

左宗棠西征及收复伊犁，在西北建功立业，铸就丰功伟绩。"大将筹边尚未还，湖湘子弟满天山。新栽杨柳三千里，引得春风度玉关。"左宗棠在西北励精图治，为新疆"划久安长治之策"，实现了新疆与全国其他各省行政制度的统一，大大加强了新疆与内地的经济文化交流，保卫了祖国西北边防。

清光绪帝对左宗棠的评价，高度概述了他的精神品格和丰功伟绩："大学士左宗棠，学问优长，经济闳远，秉性廉正，莅事忠诚。""运筹决胜，克奏肤功。简任纶扉，优加异数。""督师出关，肃清边圉，底定回疆，厥功尤伟。竭谋赞画，悉协机宜。""尽心民事，裨益地方，扬历中外，恪矢公忠，洵能终始如一。"总之，左宗棠为中华民族的统一、为我国边疆的巩固做出了巨大贡献，建立了不朽的功绩。

7. 黄兴：无公乃无民国

黄兴（1874～1916年），汉族，原名轸，改名兴，字克强，一字廑午，号庆午、竞武，曾用名李有庆、张守正、冈本、今村长藏。湖南省长沙府善化县高塘乡（今长沙县黄兴镇凉塘）人。中国近代民主革命家，"中华民国"的创建者之一。

（1）功成不必在我

1893年，黄兴入长沙城南书院读书。1898年，他由长沙湘水校经堂新生，被保送到武昌两湖书院深造。1902年6月，黄兴抵东京留学。同年12月，他与杨笃生、樊锥、蔡锷等人创办了《游学译编》杂志，以翻译为主，介绍西方资产阶级的社会、政治学说和革命历史，宣传民主革命和民族独立。1903年，为抗议沙皇俄国侵占中国东北，黄兴与同学二百余人组织拒俄义勇队，愤慨地指出："中国大局，破坏已达极点。今而后惟有实行革命，始可救危亡于万一耳。"此后为救国救民，积极投身革命活动。

组建革命团体，是黄兴革命理论与实践相结合的结晶。1903年11月4日，黄兴与陈天华、张继、刘揆一、宋教仁、章士钊等人在长沙秘密集会，商定创立华兴会，众人公举黄兴为会长。华兴会是中国内地建立的第一个地域性的资产阶级革命团体，为全国统一的资产阶级革命政党的建立奠定了基础。辛亥革命功臣中，"孙黄"并称，始于两人共建同盟会。1905年，黄兴在日本结识孙中山，大力支持孙筹组革命组织同盟会，加强了革命力量的团结和统一，使中国资产阶级民主革命进入了一个新阶段。

黄兴为资产阶级民主革命舍生忘死，屡战屡败、屡败屡战，不屈不挠。1907年，黄兴到河内，先后参与或指挥了钦州、防城起义，镇南关起义，钦州、廉州、上思起义，云南河口起义，都遭失败。1909年秋，他到香港成立同盟会南方支部，策划广州新军起义。1910年11月13日，黄兴赴槟榔屿，出席孙中山召开的秘密会议，决定组织广州起义。黄兴是这次起义的总指挥，他勇敢无畏，身先士卒，在国内和旅居国外的华侨中，赢得了崇高的声望。广州起义虽然又失败了，但在全国起了极大的革命激励作用。

辛亥革命中，黄兴始终以精诚合作和牺牲小我的革命精神，竭力维护辛亥革命的成果。1910年10月10日，武昌起义爆发，黄兴于28日赶到武汉，作为革命军战时总司令，率军民在汉阳前线与清军奋战二十余日。黄兴由上海到汉口，就任战时总司令，亲赴前线指挥保卫汉阳、反攻汉口的战斗，为保卫革命胜利做了重大贡献。1911年12月23日，黄兴获悉孙中山即将归国，遂推辞赴南京组织临时政府，并向众人解释："孙先生是同盟会的总理，他未回国时我可以代表同盟会；现在他已在回国途中，我若不等他到沪，抢先一步到南京就职，将使他感到不快，并使党内同志发生猜疑。"在黄兴的支持下，孙中山在革命党人中的地位和权威仍得以维护。

黄兴为二次革命和护国战争做出了重要贡献。1912年1月，南京临时政府成立，黄兴任陆军总长，后来多次坚持不任袁世凯政府职务。1913年3月，袁世凯派人暗杀国民党代理理事长宋教仁。7月，孙中山兴师讨袁，二次革命爆发。14日，黄兴由上海至南京，强迫江苏都督程德全宣布独立，黄兴被推为江苏讨袁军总司令。云南起义后，黄兴多方奔走，电促柏文蔚等在南洋筹款接济云南护国军；又密令刘揆一、居正等联合北方同志，"图谋直、鲁革命，以响应南方"。

（2）有史必有斯人

1912年，黄兴作《题武昌开国纪念会》联："百折不回，十七次铁血精神，始有去年今日；一笔勾尽，四千年帝王历史，才成民主共和。"概述了以孙中山、黄兴为首的民主革命党人前仆后继、屡败屡战的艰辛历程和不屈不挠的精神。黄兴是实干家，为辛亥革命、为"中华民国"的建立、为维护资产阶级民主革命果实鞠躬尽瘁。他的历史功绩，正如章太炎评价的："无公则无民国，有史必有斯人。"

8. 毛泽东：党的第一代中央领导集体的核心

毛泽东（1893～1976年），字润之（原作咏芝，后改润芝），笔名子任。湖南湘潭人。伟大的马克思主义者，伟大的无产阶级革命家、战略家、理论家，是马克思主义中国化的伟大开拓者，是近代以来中国伟大的爱国者和民族英雄，是党的第一代中央领导集体的核心，是领导中国人民彻底改变自己命运和国家面貌的一代伟人。

(1) 敢教日月换新天

毛泽东在青年时期就立下拯救民族于危难的远大志向。年轻的毛泽东，"书生意气，挥斥方遒。指点江山，激扬文字"，既有"问苍茫大地，谁主沉浮"的仰天长问，又有"到中流击水，浪遏飞舟"的浩然壮气。1918年4月，毛泽东与蔡和森、萧子升、向警予、罗学瓒、陈章甫等人创建新民学会。1919年4月6日，毛泽东回到长沙，开展驱张运动，创办《湘江评论》。他在《〈湘江评论〉创刊宣言》中写道："时机到了！世界的大潮卷得更急了！洞庭湖的闸门动了，且开了！浩浩荡荡的新思潮业已奔腾澎湃于湘江两岸了！顺他的生，逆他的死。"1920年11月，毛泽东、肖铮、何叔衡等人先后发起成立俄罗斯研究会和"文化书社"，以此为基础，联络先进分子、宣传马克思主义，建立社会主义青年团，成立湖南共产主义小组，主要成员有彭璜、陈昌、彭平之、陈子博等人。1921年7月，毛泽东作为湖南代表出席中共一大。

1924年1月，毛泽东代表湖南的国民党组织出席中国国民党第一次全国代表大会，当选为国民党中央候补执行委员。1925年10月，代理汪精卫的国民党宣传部部长职务。12月，发表《中国社会各阶级的分析》。1927年3月，任全国农民协会总干事，在武昌同邓演达等创办中央农民运动讲习所，发表《湖南农民运动考察报告》。8月7日，毛泽东出席了中共在汉口召开的紧急会议（八七会议），提出"枪杆子里出政权"的观点。9月，毛泽东作为中共中央特派员被派到湖南，与中共湖南省委一起在湘赣边界发动秋收起义。9月29日，毛泽东率秋收起义部队到达江西永新县三湾村时，提出"支部建在连上""党指挥枪"的原则。1930年10月到1931年9月，毛泽东与朱德等领导红军反击国民政府三次大规模军事"围剿"，并取得胜利。1931年11月，毛泽东在瑞金被选为中华苏维埃共和国

（临时）中央政府主席。1935年1月15日至17日，遵义会议召开，毛泽东被增选为中共中央政治局常委、军事三人团成员（周恩来、王稼祥、毛泽东组成），进入中共最高层。此后，毛泽东提出建立抗日民族统一战线，与党中央领导人民开辟敌后战场，极大地打击了日本帝国主义，战胜了日本帝国主义的侵略。

"为有牺牲多壮志，敢教日月换新天。"新民主主义革命时期，毛泽东开辟了以农村包围城市、最后夺取全国胜利的革命道路，创造性地解决了在中国这种特殊的社会历史条件下建设马克思主义政党的一系列重大问题，创造性地解决了缔造一个在党的绝对领导下的人民武装力量的一系列重大问题，创造性地解决了团结全民族最大多数人共同奋斗的革命统一战线的一系列重大问题，为党和人民事业凝聚了一支最广大的同盟军。毛泽东带领我们党创造性地提出和实施了一系列正确的战略策略，及时解决了中国革命进程中一道道极为复杂的难题，引导中国革命航船不断乘风破浪前进。

解放战争时期，在党中央和毛泽东的领导下，中国人民解放军与国民党进行了艰苦卓绝的斗争，以摧枯拉朽之势横扫国民党军队，取得内战决定性胜利，推翻了帝国主义、封建主义、官僚资本主义的统治，夺取了新民主主义革命胜利，实现了几代中国人梦寐以求的民族独立和人民解放。1949年9月21日至30日在中国人民政治协商会议第一届全体会议上，宣告："占人类总数四分之一的中国人从此站立起来了！"毛泽东主持制定具有宪法意义的《中国人民政治协商会议共同纲领》，并当选为中华人民共和国中央人民政府主席。1949年10月1日，毛泽东主持召开中央人民政府委员会第一次会议之后，同全体委员登上天安门参加开国大典。在典礼上，毛泽东宣告中华人民共和国中央人民政府成立了！

习近平总书记指出，新中国成立后，以毛泽东同志为核心的党的第一代中央领导集体带领人民，在迅速医治战争创伤、恢复国民经济的基础上，提出了过渡时期总路线，创造性地完成了由新民主主义革命向社会主义革命的转变，使中国这个占世界四分之一人口的东方大国进入了社会主义社会，成功实现了中国历史上最深刻最伟大的社会变革。社会主义基本制度确立以后，毛泽东同志对适合中国情况的社会主义建设道路进行了艰苦探索。毛泽东引导中国走上社会主义发展道路，确立了社会主义基本制度；领导中国人民开辟了社会主义现代化建设道路，开始了沿着社会主义道路实现中华民族伟大复兴的新纪元；开创了人民当家作主的新时代，开始了实现社会主义民主的艰辛而曲折的探索；奠定了中国共产党的执政地位，对保持马克思主义政党的先进性和执政地位作了不懈的探索；奠定了新中国在国际上的大国地位，为开创独立自主的和平外交作了不懈的努力。

（2）公者千古

私者一时，公者千古。毛泽东是现代世界历史中最重要的人物之一。毛泽东是中国共产党、中国人民解放军、中华人民共和国的主要缔造者，是近代以来中国伟大的爱国者和民族英雄，是党的第一代中央领导集体的核心，是领导中国人民彻底改变自己命运和国家面貌的一代伟人。他为中国新民主主义革命的胜利、社会主义革命的成功、社会主义建设的全面展开，为实现中华民族独立和振兴、中国人民解放和幸福，做出了彪炳史册的贡献。

习近平总书记指出，毛泽东毕生最突出最伟大的贡献，就是领导我们党和人民找到了新民主主义革命的正确道路，完成了反帝反封建的任务，建立了中华人民共和国，确立了社会主义基本制度，取得了社会主义建设的基础性成就，并为我们探索建设中国特色社会主义的道路积累了经验和提供了条件，为我们党和人民事业胜利发展、为中华民族阔步赶上时代发展潮流创造了根本前提，奠定了坚实的理论和实践基础。

9. 刘少奇：党和人民的功勋

刘少奇（1898～1969年），生于湖南省宁乡市，伟大的马克思主义者，伟大的无产阶级革命家、政治家、理论家，党和国家主要领导人之一，中华人民共和国开国元勋，是以毛泽东同志为核心的党的第一代中央领导集体的重要成员。1966年"文化大革命"开始后，刘少奇受到错误的批判，1969年11月12日病逝。党的十一届五中全会为刘少奇同志平反昭雪，并高度评价了他的光辉一生。

（1）工运领袖开国元勋

从中国共产党成立初期到土地革命战争时期，刘少奇同志在工人运动和党在白区工作等方面做出杰出贡献。他于1920年加入中国社会主义青年团。1921年到苏联莫斯科东方共产主义劳动大学学习，同年加入中国共产党。

刘少奇是工人运动的领袖。1922年春天，刘少奇根据党的指示回国，参与领导闻名全国的安源路矿工人大罢工，这是中国共产党第一次独立领导并取得完全胜利的工人斗争，提高了党组织在工人群众中的威信。他组织领导的安源路矿工人俱乐部和汉冶萍总工会是当时全国最大的产业工会组织，成为激励全国工人运动的一面旗帜，刘少奇同志也因此成为我国著名工人运动领袖和主要领导人之一。轰轰烈烈的大革命时期，刘少奇在上海、广州、武汉参加五卅运动、省港大罢工和武汉工人群众收回汉口英租界的斗争。大革命失败后，他先后在白色恐怖笼罩的上海、北平、天津、哈尔滨等地领导党的地下工作，坚持从实际出发，披荆斩棘开展工作，同党内"左"倾错误进行坚决斗争。1935年1月，在贵州遵义召开的中央政治局扩大会议上，他坚决支持毛泽东的正确主张。

红军长征胜利到达陕北后，党中央派刘少奇同志前往民族救亡浪潮高涨的华北地区。他坚决贯彻党中央建立抗日民族统一战线的策略方针，从思想上理论上清算"左"倾关门主义和冒险主义的错误，迅速恢复和发展党在华北地区的组织，实现了党在白区工作的历史性转变。抗战全面爆发后，刘少奇同志屡次临危受命，先后担任中共中央北方局书记、中原局书记、华中局书记，领导在三大战略区发展党组织、开辟根据地、壮大党领导的人民抗日武装。皖南事变后，刘少奇临危受命，出任新四军政委，同陈毅等同志一起，重建新四军军部，为把新四军建设成为党领导下的一支铁军做出重大贡献。刘少奇还指导山东建立统一的政治军事领导中心，调整策略方针和各方面政策，使山东抗日根据地迎来大发展局面。1943年春，刘少奇同志回到延安，协助毛泽东同志领导延安整风、总结党的历史经验、筹备党的七大。他撰写的《论共产党员的修养》《论党内斗争》等著作丰富了党的建设理论，教育了一代又一代共产党人。在党的七大上，刘少奇同志在《关于修改党章的报告》中对"毛泽东思想"做出完整概括和系统阐述。

抗日战争胜利后，毛泽东赴重庆谈判期间，刘少奇代理中共中央主席，在形势急剧变化的重要关头，主持制定"向北发展，向南防御"的战略方针，指导东北实施"让开大路，占领两厢"的战略部署，为建立巩固的东北根据地奠定了基础。他主持召开全国土地会议，制定《中国土地法大纲》，这是抗日战争胜利后中国共产党公开颁布的第一个关于土地制度改革的纲领性文件。刘少奇投入极大精力参与领导解放区土地改革，为党领导人民夺取全国解放战争胜利提供了坚实物质力量和群众基础。刘少奇对新民主主义经济进行深入研究，提出比较完整的新中国经济构成和经济建设方针的设想，为党的七届二中全会制定新中国建设蓝图做了重要理论准备。他领导成立的华北人民政府为新中国成立后组建中央人民政府提供了组织和干部基础。他率领中共代表团访问苏联，完成党中央赋予的重大使命，使新中国能够较快争取到国际上有力的政治支持和经济援助。

中华人民共和国成立后，刘少奇当选为中央人民政府副主席。他在制定国家政治、经济、文化、教育、外交等方针政策方面发挥了重要作用。他参与制定宪法，为新中国宪法制定和实施做出贡献。他参与我国经济发展第一个五年计划的制订、审议、实施，使国家经济发展有了明确方向和目标。他是新中国第一任全国人大常委会委员长，用很大精力建立健全人民代表大会这个崭新的制度，主持制定一大批重要法律法规，对新中国法律制度的形成和发展起了重要作用。刘少奇积极探索适合我国国情的社会主义建设道路，在国家经济困难时期，他深入实际、深入群众，坚决支持和指导实施"调整、巩固、充实、提高"的正确方针，做了大量卓有成效的工作。

（2）"五个榜样"永放光芒

刘少奇为党和人民事业奋斗一生，是一位品德高尚的共产党员。他一贯重视研究马列主义理论，善于根据理论原则联系实际，周密考察、具体分析问题，具有政治上的远见卓识。他在《论共产党员的修养》中对广大党员提出的党性锻炼的要求，并以身作则地实践。刘少奇为党的巩固和发展，为新民主主义革命的胜利，为社会主义革命和社会主义建设事业的胜利，为国际共产主义运动的开展，进行了不懈的斗争，建立了不朽的功绩，赢得了全党全军全国各族人民的爱戴和尊敬。新中国成立后，刘少奇作为党和国家的主要领导人之一，积极参与制定和贯彻执行社会主义革命和社会主义建设的路线、方针、政策，在制定国家政治、经济、文化、教育、外交等方针政策方面发挥了重要作用。

习近平总书记在纪念刘少奇同志诞辰120周年座谈会上的讲话中，强调了刘少奇在党和人民中的"五个榜样"：刘少奇同志是不忘初心、对党忠诚的光辉榜样，是坚持真理、实事求是的光辉榜样，是敢于担当、勇于创造的光辉榜样，是勤于学习、知行合一的光辉榜样，是心系人民、廉洁奉公的光辉榜样。刘少奇对新民主主义革命和社会主义建设的贡献、刘少奇的榜样力量，是我们党和人民的宝贵财富。

10. 雷锋：时代楷模

雷锋（1940~1962年），原名雷正兴，出生于湖南长沙。中国人民解放军战士、共产主义战士。

（1）中国第一好人

"活着就是为了使别人生活得更美好。"雷锋是一位伟大的共产主义战士，牢固地树立了全心全意为人民服务的思想。

雷锋小学毕业后，当过记工员、通信员、拖拉机手，1957年2月加入青年团。无论何时何地，只要有人需要帮助，他一定会伸出援手。1958年9月，雷锋响应国家号召，到辽宁鞍山当了一名推土机手。1960年1月应征入伍，同年11月加入中国共产党。雷锋说："一滴水只有融进大海才不会干涸，一个人只有把有限的生命投入到无限的为人民服务之中去才能充分体现自身价值。"他生活节俭，省下的钱用来帮助贫困群众和战友，并常常利用节假日和休息时间为群众做好事。他曾担任校外辅导员，用自己的模范行动影响和激励少年一代健康成长。出差时，他一上火车就为旅客端茶送水，打扫卫生，群众称赞道："雷锋出差一千里，好事做了一火车。"雷锋的一生，做了数不清的好事，尽其所能帮助一切有困难的人，"把有限的生命投入到无限的为人民服务之中去"。

雷锋在平凡的岗位上做出了不平凡的事迹。不怕苦、不怕累，干一行、爱一行、钻一行的"螺丝钉精神"，是雷锋精神在事业上的具体体现。1958年11月，雷锋被分配到鞍钢化工总厂洗煤车间工作。他工作积极，埋头苦干，多次被评为"红旗手"、"劳动模范"、"先进生产者"和"社会主义建设积极分子"。在连队，雷锋努力钻研驾驶技术，成为一名合格的汽车驾驶员。担任班长后，他事事模范带头，带领全班成为部队先进集体。在部队生活两年八个月，他荣立二等功一次、三等功两次，受嘉奖多次，被选为抚顺市人民代表大会代表。1962年8月15日，雷锋在执行运输任务时光荣殉职，但他的精神永远刻在人们心中！

（2）永恒的雷锋精神

2013年3月6日，习近平总书记参加十二届全国人大一次会议辽宁代表团的审议时强调，雷锋精神的核心是信念的能量、大爱的胸怀、忘我的精神、进取的锐气，这也正是我们民族精神的最好写照。雷锋精神，已经成为我们这个时代精神文明的同义语、先进文化的表征。

雷锋的时代价值和雷锋精神的影响，体现在党中央领导人对他的高度评价中。1963年3月2日出版的《中国青年》杂志在学习雷锋专辑中刊登了毛泽东、周恩来等人的题词，董必武、郭沫若、罗瑞卿、谢觉哉等人写的诗和文章。毛泽东题词："向雷锋同志学习。"周恩来题词："向雷锋同志学习：憎爱分明的阶级立场，言行一致的革命精神，公而忘私的共产主义风格，奋不顾身的无产阶级斗志。"朱德题词："学习雷锋，做毛主席的好战士。"刘少奇题词："学习雷锋同志平凡而伟大的共产主义精神。"邓小平题词："谁愿当一个真正的共产主义者，就应该向雷锋同志的品德和风格学习。"2014年3月11日，习近平总书记对某工兵团"雷锋连"指导员谢正谊说，"雷锋精神是永恒的，是社会主义核心价值观的生动体现。你们要做雷锋精神的种子，把雷锋精神广播在祖国大地上"。

雷锋的模范事迹和高尚思想在军内外产生巨大影响。在广泛持久开展的学习雷锋活动中，全军各部队和全国各条战线上涌现出大批雷锋式的英雄模范人物。雷锋精神培育着一代又一代新人，在实现中华民族伟大复兴中国梦的伟大征程中焕发出更加灿烂的光彩。

历史越千年，湖湘代有人才出。杰出的湖湘人士犹如闪亮的星星，永远在历史的长河中发光发热。那些不同时代的代表性人物，是湖湘文化的闪亮标识，是铸就中华优秀传统文化的骄傲因子，是中华民族复兴伟业的重要推动者。

| 第二章 |

心忧天下敢为先

——湖湘十大精神品牌

"天下不可一日无湖南",这是湖南人的自负;"出淤泥而不染,濯清涟而不妖",这是湖南人的气质;"宁可牛马其身而死,甚毋奴隶其心而生",这是湖南人的气节;"若道中华国果亡,除非湖南人尽死",这是湖南人的担当;"万物昭苏天地曙,要凭南岳一声雷",这是湖南人的气魄;"自信人生两百年,会当水击三千里",这是湖南人的自信;"惟楚有材,于斯为盛",这是湖南人的豪迈。通俗言之,是"霸得蛮,吃得苦,耐得烦,不怕死",这就是湖南人的精气神。

一 湖湘精神概述

何为精神?就个体而言,指个体意识、思维活动和一般心理状态;就群体而言,是一个群体所特有的文化意识、观念、心态和行为取向的总和。湖湘精神就是湖湘地区特有的精神特质,是由生活在这块土地上的人民共同创造、积累、积淀形成的共同的文化精髓,是和中华传统文化多元融合发展的结果,是中国精神的有机组成部分。湖湘精神是湖湘文化的核心,是三湘大地团结奋斗、自强不息的精神纽带,具有与时俱进的丰富内涵。

1. 氤氲千年的湖湘精神

千百年来，在湖湘大地上孕育出了湖湘精神。炎帝筚路蓝缕，开辟了农业文明，开始了最原始、最艰难的创业历程，是湖湘大地开拓进取、自强不息的精神源泉；屈原昂首问天，"路漫漫其修远兮，吾将上下而求索"；贾谊忧国忧民，大倡"国以民为本，君以民为本，吏以民为本"；周敦颐独爱青莲，官清赢得梦魂安；范仲淹登临岳阳楼，把酒临湖，"先天下之忧而忧，后天下之乐而乐"；魏源睁眼看世界，疾呼"师夷长技以制夷"；曾国藩耕读天下，"旧雨三年精化碧，孤灯五夜眼常青"，经世致用；左宗棠"身无半亩，心忧天下，读破万卷，神交古人"，以书生兼达天下，抬棺上天山，成就千秋功业；谭嗣同"我自横刀向天笑，去留肝胆两昆仑"，足见湖南人的无畏与血性；黄兴"碧血浇黄花，民主萌芽"，有史必有斯人；毛泽东指点江山，激扬文字，实事求是，"为有牺牲多壮志，敢教日月换新天"，率领中国人民求索、奋斗、自强不息，缔造了人民共和国；刚直将军彭德怀不仅在战场上横刀立马敢于担当，而且始终追求真理并敢于坚持真理，"谷撒地，薯叶枯，青壮炼铁去，收禾童与姑，来年日子怎么过？我为人民鼓与呼！"正是这些心怀人民的人，这些心忧天下的人，这些实事求是的人，写就了一部湖湘精神史。

2. 一方水土孕育一方精神

一方水土养一方人，一方水土孕育一方精神。湖湘精神自然与这里的山水、与这里的文化息息相关。地理论者认为，湖南东南西三面环山，对北敞开之处虽有平原，却依然面临着大江大湖的阻隔，多山地、多江河的自然环境培养了湖南人认识天道变化无常的道理，形成了与自然斗争的百折不挠、自强不息的精神。血缘论者认为，远古时期的三湘大地，远道而来的炎帝部落在此披荆斩棘，以坚忍不拔的勇气，开拓进取，敢为人先，创造了人类文明新天地，这也是后来湖南人心忧天下、敢为人先的精神源头之一。同时，炎帝部落的子民和蚩尤遗族三苗（土著）融合，继承了蚩尤遗族三苗（土著）血统中强烈的独立不羁的特性，也就是独立根性，这一特性使得湖湘文化中蕴含着敢于担当、踔厉敢死的精神。移民论者认为，湖南自古以来为移民之乡，传说中的炎帝部落大量入湘，春秋战国中原人开始进入，明清两代江西人大批进入，这些情况使得土著与外来人之间经常因利益问题发生竞争，从而发生械斗，既形成了强悍的民风，也锻造了人们吃苦耐劳和拼搏奋发的精神。湖南自古以来，还是中原人士放逐之地，从而形成了流寓文化，屈原踟蹰于沅湘，自沉于汨罗；贾谊受谗遭贬于长沙，未登公卿之位，然依旧忧国忧民，而有"西汉一代最好的政论"（毛泽东语）；柳宗元、杜甫浮湘，无不以天下苍生为念；湖湘流寓文化时而激越问天，时而沉郁思乡，可谓忧国忧民。湖南文脉深，文源广，文气足，屈贾骚赋奠定了湖湘文脉的基础，周敦颐道学开启了湖湘正学，朱张会讲致理学融通，从此后湖湘道统更是绵延不绝，王船山六经开生面，魏源洋为中用，曾国藩经世致用，到毛泽东更以实践论、矛盾论，达马克思主义的实事求是之真谛；而历代以来尤其是近代以来，湖南一代代的才俊，越过三面环山一面临水的地域局限，挺立时代潮头，引领时代风尚，以开放包容、吞吐百家、博采众长、兼收并蓄的精神，成就了近现代湖南百年荣光，也必将为民族复兴的中国梦贡献湖南力量。

二 湖湘十大精神品牌及其评价

湖湘精神是湖湘人共有的气质和追求。在华夏五千年文明进程中，湖湘儿女孕育了独树一帜的湖湘精神。经过历史积累的湖湘精神，表述众多，经过提炼，我们认为主要有心忧天下、上下求索、出淤不染、敢为人先、经世致用、百折不挠、实事求是、忠诚担当、自强不息、兼容并蓄等丰富内涵，这是历史上激励着无数湖湘子弟奋勇前行的精神，这也是新时代复兴中华谱写文明华章的动力。

1. 心忧天下

心忧天下是湖湘文化的核心精神。无论是古代流寓湖南吸取了湖湘文化灵气的屈原、贾谊、柳宗元，还是本土的李芾、王夫之、谭嗣同、陈天华，以及无产阶级革命家毛泽东等人，无不是以天下为己任，身体力行，把"忧国忧民"贯穿于自己的一生。

（1）心忧天下的核心要义

心忧天下是胸怀天下，心忧苍生；是忠诚爱国，先忧后乐；是救亡图存，勇于牺牲；是舍生取义、踔厉敢死；是以天下为己任的爱国主义。

（2）心忧天下、身体力行的湖湘特质

心忧天下，就是胸怀天下，心忧苍生。在这方面，湖湘文化尤为突出，从古至今，这一精神贯穿始终。在草木榛榛、虎啸狼嗥的蛮荒之地，作为中华文明创先祖的炎帝，心忧子民，在极其艰难困苦的条件下，勇敢面对严酷的生存环境的挑战，敬畏自然，遵循自然的法则，开始了最原始、最艰难的创业历程。炎帝斫木为耜，揉木为耒；治麻为布，发明纺织；弦木为弧，剡木为矢，发明弓箭；创制陶器，冶炼斤斧，改善生活；建造居室，遮风挡雨，安居乐业，从而开辟了农业文明，让先民从此可以摆脱自然的束缚，获得生存和发展。正是以炎帝为代表的先民们这种心忧天下、自强不息的精神，孕育了后来湖湘儿女"霸蛮"倔强的刚烈性格和永不放弃的自强奋斗精神。

心忧天下，是爱国主义的核心，忧国忧民是其生动体现。屈原和贾谊谪贬湖湘，经历悲壮，然始终忠诚爱国，忧国忧民。"长太息以掩涕兮，哀民生之多艰"（《楚辞·离骚》），这是心忧家国、情牵百姓的高尚品格；贾谊高呼"民者，万世之本也"（《新书·大政上》），这既是贾谊治国的主张，也是贾谊为民的出发点；屈贾忧国忧民的行为赢得了湖湘人民无限的尊崇和效仿。宋代范仲淹作《岳阳楼记》，其中"先天下之忧而忧，后天下之乐而乐"的"先忧后乐"情怀对湖南人的影响特别大，激励着湖湘士子始终以天下为己任。

心忧天下，就是甘于奉献，敢于牺牲。三湘志士，自来踔厉敢死，屈原忧国忧民而怀沙沉江激励着湖湘人为国为民看淡生死，南宋的湖湘学派则强化了湖湘人为国为民视死如归的精神。当元军进攻长沙时，岳麓书院、潭州书院、湘西书院的数百学生在湖南安抚使李芾的率领下同军民守城，最后弹尽粮绝，李芾自杀殉国，学生们壮烈牺牲，这种爱国主义的悲歌永远激励湖湘后人。

近代百年更是彰显了湖湘儿女勇于献身、舍生取义、踔厉敢死的牺牲精神。左宗棠抬棺上天山，以必死之心维护国家统一；谭嗣同血洒菜市口，为变法流血；陈天华恨满清政府无能，愤而投海，以死唤醒民众救国；宋教仁血溅上海滩，惊醒民众，护卫共和；夏明翰"砍头不要紧，只要主义真"，为着国家的独立和民族的解放，流尽最后一滴血。正是这些"为有牺牲多壮志"的前赴后继，正是英雄们的鲜血，才构筑了今天国富民安的基础。

2. 上下求索

"路漫漫其修远兮，吾将上下而求索"（《楚辞·离骚》），这就是湖湘人上下求索的精神源头。

（1）求索精神的实质

求索精神就是追求真理的精神，就是求变求新的精神，就是不断探索、追求卓越的精神。

（2）不断求索、不断追求卓越的湖湘情怀

求索精神是一种探索天地追求真理的情怀，是一种爱国忧民的政治情怀。屈原的《楚辞·天问》，170多个问题以丰富的想象、惊人的辞采和炽热的情怀，展现了诗人对传统的大胆质疑，对真理的勇敢探索，寄寓了诗人的自然观、人生观、历史观以及理想和追求。而对"美政"的追求是屈原求索精神的核心目标。"举贤而授能兮，循绳墨而不颇"（《楚辞·离骚》),"举贤授能"是屈原坚持"美政"理想的核心内容。所谓"举贤授能"是选拔真正有才能的人来治理国家,所谓"循绳墨而不颇"是指修明法度。屈原的"美政"追求体现的是爱国忧民的情怀,其思想一直激励后人追求美好的政治和美好的生活。

近代百年,面临着三千年未有之变局,变革图强是求索的重心。如何变革,如何图强,一直是以天下为己任的湖湘儿女上下求索的重点问题。当我们回首思考中国的发展道路问题时,总会想起160年前的魏源。是的,160年前的魏源面对近代中国的变革问题,进行了深邃的思考,对内改革,对外学习。对内如何改革,皇皇120卷的《皇朝经世文编》是资政的总结,是应时而变的对策;至于对外学习,他探索出的"师夷长技以制夷",用现在的话来说,就是学习世界一切先进技术成果。落后要挨打,两次鸦片战争的坚船利炮倒逼出了我们探索先进的工业来救国,曾国藩、左宗棠用湖南人的睿智和务实开启了洋务运动的"实业梦"。甲午战争后,国势危殆,又一批湖湘士人迅速把握住维新变法这一新主题,再一次站到了探索救国救民的最前列。三湘人士慨然以"吾湘变则中国变,吾湘亡则中国亡"为己任,前赴后继,不惜流血牺牲。维新运动失败了,湖南人救国救民的探索并未停止,湘人再接再厉,开始政治变革的又一次探索,陈天华以《猛回头》《警世钟》发动民众,杨毓麟以《新湖南》而新中国,黄兴、宋教仁等一大批领袖人物和革命英雄探索着一条推翻清王朝而建立一个真正的民主共和国道路。然而,辫子割了,龙椅倒了,共和体制并未真正建立起来,共和的波涛在随后的北洋政府手中依旧是轻云飞烟。此后的国民政府也未能实现民族自尊和国家富强。

在中国向何处去的历史关头,历史选择了毛泽东,毛泽东也改写了历史。指点江山,激扬文字,他领导中国共产党探索出了一条适合中国的革命道路;他以旁人难以比肩的远见卓识,运筹帷幄,高瞻明断,为中国革命的独立繁荣和富强不懈奋斗,为社会主义革命和建设不断探索,做出了卓越的贡献。

3. 出淤不染

在湖湘文化的历史长河中，涌现出了一个独特的湖湘廉洁群体，形成了独特的出淤泥而不染的湖湘精神，极大地丰富了湖湘精神内涵。湖湘廉洁之士所表现出来的高贵品质和廉洁精神，为我们今天治国理政的中国廉洁方案提供了历史借鉴。

（1）出淤不染的廉洁要义

湖湘精神中的廉洁要义主要体现在恤民爱民、追求美政的家国情怀，志洁行廉、不同流合污的高尚品格，公而忘私、勤政为民的为官典范，刚正不阿、节俭自律的处世原则和个人修养。

（2）廉洁自清、品行高尚的湖湘修为

"朕幼清以廉洁兮，身服义而未沫"（《楚辞·招魂》）依据资料，一般认为这是较早出现"廉洁"一词的文献。东汉著名学者王逸在《楚辞·章句》中注释道："不受曰廉，不污曰洁。"也就是说，屈原自年幼就开始秉承清廉的德行，献身于道义，一生不减。屈原痛斥贪财好利之徒，斥责朝廷小人，"众皆竞进以贪婪兮，凭不厌乎求索"（《楚辞·离骚》），期望建立一个"美政"的社会，然而君王无道，"既莫足与为美政兮，吾将从彭咸之所居"（《楚辞·离骚》），"举世皆浊我独清"（《楚辞·渔父》）。屈原"宁廉洁正直以自清"（《楚辞·卜居》），或像殷商时直谏的彭咸一样投水而死，保持自己的高洁。屈原一生清正廉洁，所以司马迁在《史记》中撰写《屈原列传》时就赞扬屈原"正道直行，竭忠尽智……其文约，其辞微，其志洁，其行廉。其称文小而其指极大，举类迩而见义远；其志洁，故其称物芳。其行廉，故死而不容。自疏濯淖汙泥之中，蝉蜕于浊秽，以浮游尘埃之外，不获世之滋垢，皭然泥而不滓者也。推此志也，虽与日月争光可也"！

周敦颐继承了屈原"独清"的廉洁思想。他以《爱莲说》倡导儒臣"出淤泥而不染，濯清涟而不妖，中通外直，不蔓不枝，香远益清，亭亭净植，可远观而不可亵玩焉"。在物欲横流、时弊滋生的社会，要做到如"莲"般"廉洁"，必须不与伪恶丑同流合污，必须公正无私且洁身自爱。这是周敦颐为官的宗旨，他是这样说的，也是这样做的。任永州通判时，他的侄子来求一官半职，周敦颐断然拒绝，耐心解释，并写《任所寄乡关故旧》诗相赠，诗曰："老子生来骨性寒，宦情不改旧儒酸。停杯厌饮香醪味，举箸常餐淡菜盘。事冗不知筋力倦，官清赢得梦魂安。故人欲问吾何况，为道春陵只一般。"官清赢得梦魂安，正是周敦颐为人、为事、为政的廉洁品质、清正风格，也是他自爱独善"出淤不染"的君子品德和高尚人格。

明代李东阳，"弘治中兴"名臣，贵为首辅。其时宦官当权，他周旋其间而不同流合污。退休后，李东阳竟靠卖字补贴家用。《明史·李东阳传》载："立朝五十年，清节不渝。既罢政居家，请诗文书篆者填塞户限，颇资以给朝夕。一日，夫人方进纸墨，东阳有倦色。夫人笑曰：'今日设客，可使案无鱼菜耶？'乃欣然命笔，移时而罢，其风操如此。"堂堂退休宰辅，如不题字，竟然连待客的下酒菜都没有，可见李东阳之清廉。

晚清彭玉麟，著名的湘军将帅，也是中国近代海军的创始人之一。在贪腐成风的晚清官场，彭玉麟绝对是一个出淤泥而不染的人物，他始终坚持"以寒士始，愿以寒士归"（《彭玉麟集》，下同），一生不要官，不要钱，不要命。彭玉麟为湘军水师统帅时，因功朝廷赏赐4000两白银，他悉数用于部下和救济百姓。某次辞官回乡后，也将应得的2万余两俸银全数充当军费。彭玉麟一生清俭，晚年敢理直气壮地自我评价："臣素无声色之好、室家之乐，性尤不耽安逸，治军十余年，未尝营一瓦之覆，一亩之殖；受伤积劳，未尝请一日之假；终年风涛矢石之中，未尝一日移居岸上求一日之安。"彭玉麟一生痴爱梅花，"平生最薄封侯愿，愿与梅花过一生"，"我似梅花梅似我，一般孤僻共无聊"，不媚俗，不谀世，卓然独立，斗雪傲霜，有梅的高洁，梅的风骨；"江南十月天雨霜，人间草木不敢芳。独有溪头老梅树，面皮如铁生光芒"，彭玉麟正是一株凌寒老梅，在污浊的大清官场绽放，散发着一股清新的暗香。

4. 敢为人先

"我湖南一变，则中国随之矣"，这是蔡锷的豪气，也是湖南人的豪气。确实，回顾历史，尤其是近代百年史，湖南人心系天下、敢为人先，已然成为一种自觉和标签。

（1）敢为人先的核心要义

敢为人先是湖湘几千年优秀文化的结晶，是湖湘精神的显著特征。敢为人先还是一种浩然独往的精神，是一种顺应潮流而总能站在时代前沿奋力前行的品格，是创新发展的动力之源。

（2）先天下，勇创新的湖湘习性

近代史上是谁第一个睁眼看世界？是魏源。鸦片战争的失败，很大程度上是对外夷的一无所知。魏源深知此道理，于是编撰《海国图志》。"是书何以作？曰：为以夷攻夷而作，为以夷款夷而作，为师夷长技以制夷而作。"这就是魏源作《海国图志》的目的，就是要先学习西方技术，然后以彼之道，还之彼身，御侮强国。显然，师夷是手段，体现的是魏源思想的开放性；制夷是目的，体现的则是魏源思想的爱国性。鸦片战争的惨痛教训，已使魏源初步认识到中国与世界的隔离与落后，落后就要向先进学习，并奋起直追，才能改变中国落后挨打的局面，才有战胜先进者的可能，才会使中华民族立于世界民族之林，这是一种反侵略的爱国主义思想。魏源首先提出的"师夷长技以制夷"的思想，是后来我们向西方学习的思想源头，在那个时代能够有如此的见地，可见魏源的伟大和洞见。

是谁首开洋务以自强？是曾国藩。曾国藩是务实的，两次鸦片战争的失败，使他看到了中外的巨大差距；镇压太平军的过程中，借洋枪洋炮使他正视西方的科技是大大强于中国的。当时，一般人要么被西方的坚船利炮吓破了胆，要么依旧抱持"立国之道，尚礼仪不尚权谋，根本之图，在人心不在技艺"的论调盲目自信。曾国藩既不盲目自大，也不妄自菲薄，而是愿意向西方学习,将魏源倡导的"师夷长技以制夷"主张付诸实践,并往前推进。作为洋务运动的倡导者和发动者,他第一个在安庆创办了安庆内军械所,这是中国近代第一个新式兵工厂。他所倡导和参与筹办的江南制造总局,是中国民族工业的摇篮,在近现代中国工业史上有举足轻重的作用。曾国藩所倡导、推动和参与的洋务运动,对推动近代中国的经济、军事、科技、教育的现代化起到了开拓性的作用。

谁是中国第一位真正走向世界的外交人物?是郭嵩焘。郭嵩焘与曾国藩、左宗棠等湖湘子弟均是中国近代史上举足轻重的人物。1875年,郭嵩焘出使英国,成为中国第一位驻外使节。他将国外见闻回传朝廷,主张开门看世界。原本以为大有作为,奈何在新旧两个世界的夹缠中,郭嵩焘的真知灼见并未为大多的国人所认同,他的深远眼光被时代的横木所遮蔽。郭嵩焘被逼早早回来了。不过,他并不屈服:"挈舟出海浪翻天,满载痴顽共一船。无计收帆风更急,那容一枕独安眠!"[1] 即便被旧世界批判,他依然坚信"流传百代千龄后,定识人间有此人"。是的,当年他的《使西纪程》被唾骂、毁版,而今多次再版。只是对旧世界而言,郭嵩焘走得太远了。

是哪个省,维新变法最为热烈?是湖南。是谁在维新变法时流下第一滴血?是湖南人谭嗣同。甲午战争的失败,使得中国人再次思考,中国向何处去?被寄予厚望的湘军在甲午战争中败于"蕞尔小国"日本,一向自负的湖湘人士受不了了。"国破山河泪溅花,横流沧海哭牛车"(皮锡瑞),沉重的负罪心态变成忧愤的眼泪,强烈的危机感、责任感、成就感和湖南人固有的踔厉敢死的士风民气一并迸发出来了。不变法,何以图存?民族的危机促成了湘人再次走向变法的中央舞台。在湖湘大地上,变法风起云涌,新任巡抚陈宝箴是中心人物,主导了维新运动;黄遵宪是新政运动的灵魂;江标和徐仁铸先后主持学政,新观念、新认识来自他们的推动;谭嗣同、梁启超、唐才常、熊希龄、皮锡瑞等人是新政的鼓吹者,这批人热

---

[1] 据《郭嵩焘全集》(十一),岳麓书社,第295页。

血喷涌，推动者湖南维新运动走向高潮，使湖南成为维新运动的中心。面对变法失败，谭嗣同本可以逃，然而他早已"视荣华如梦幻，视死辱为常事"，决计以死来唤醒民众，"各国变法，无不从流血而成，今日中国未闻有因变法而流血者，此国所以不昌也，有之，请自嗣同始！"随后慷慨就义。这是一种横绝一切，勇猛向前，敢于负起民族责任，敢于追求独立人格的风范。也使无数接下来者为之继续奋斗，看清楚了改良不能救国，革命才能救国，辛亥革命就是在这种情况下发生的。

在辛亥革命中，全国性资产阶级革命政党同盟会成立后，在同盟会领导下率先发难的是谁，是在哪里？是湖南人刘揆一、马福益领导的萍浏醴大起义。是谁屡败屡战终于取得了辛亥革命的成功？是黄兴。孙中山称赞黄兴"无公则无民国，有史必有斯人"。是谁直接推动了武昌首义？是湖南人蒋翊武。组织辛亥武昌起义，是蒋翊武革命一生最突出的贡献。1909年，蒋翊武投入湖北新军后，发起组建文学社，名为研究文学的组织，实为推翻清政府的革命团体。1911年夏，他积极促成文学社与共进会联合，被推举为武昌首义总指挥。在起义计划遭泄露的紧急关头，他以总指挥的名义下达起义的十道作战命令，促使起义在仓促爆发的情况下有序地走向成功。孙中山曾评价他："辛亥武昌发难，以公功为冠。"二次革命爆发，蒋翊武奋起反袁，不幸被捕，临刑前，他心有不甘，写道："当年豪气今何在？如此江山怒不平。"蒋翊武没有看到反袁的胜利，他的湖南老乡蔡锷帮他实现了。当袁世凯复辟帝制时，谁最不答应？当然是蔡锷。面对封建余孽袁世凯称帝，蔡锷"但为四万万人争人格起见，非拼着命去干一回不可"！他是这样说的，也是这样做的。1915年12月，蔡锷带两千兵，毅然北上，最终使帝制永绝于中国。

是谁带领共产党人缔造了社会主义新中国？是毛泽东！为了国家独立和人民解放，为了新民主主义革命和社会革命与建设的伟大胜利！毛泽东家里就牺牲了六位亲人：妹妹毛泽建、夫人兼战友杨开慧、弟弟毛泽覃和毛泽民、侄子毛楚雄、儿子毛岸英。为了新中国，在毛泽东身边，聚集着一群无产阶级革命家,其中著名的湘籍人物就有蔡和森、刘少奇、任弼时、彭德怀、贺龙、罗荣桓……他们接受了马克思主义,以俄为师,继承、探索和创新了马克思主义,并使之中国化,从而武装中国人民,最终打败了各种反动势力,建立了历史上从未有过的人民当家做主的人民共和国。

敢为天下先,需要非凡的胆识、博大的胸怀、勇于牺牲的精神,而这恰恰是湖南血性文化的一种集中体现,是湖南人的英雄气。在新的时代,湖湘儿女依然会敢先天下,为国家富强而努力拼搏。

5. 经世致用

何以见得经世致用是湖湘精神的典型特征？王兴国先生曾讲:"诚然,经世致用是中国传统学术的重要特征之一,但是它在不同时期和不同地域的表现是有程度不同之区别的。例如,清代汉学盛行时,在某些省份,经世致用思想是不被重视的,但是在湖南却是始终一贯的,到了近代则在全国处于领先的地位。"是的,经世致用本是哲学上一大命题,是与空谈义理性命之学相对的。但在湖南却发展成了务实的学风和担当有为的作风。

（1）经世致用的精髓

何为经世致用？就是无论学习还是行事均应关注社会现实,而不谈空虚之学;面对社会矛盾,以治事、救世为急务并用所学解决社会问题。用今天的话说,就是理论与实践相结合以达到国治民安的实效。

（2）求实、务实的湖湘作风

追溯历史,春秋战国时期的屈原、西汉的贾谊,虽未提出经世致用这个命题,但在事实上,其学问文章均为国治民安着想,可说是湖湘经世致用的先行者。宋代,以胡安国、胡宏为代表的湖湘学派兴起,面对日益空疏的"心性之学",面对日益严重的民族危机,十分留心"经济之学"。如胡安国认为,治学的目的在于"康济时艰"。胡宏认为治学的着眼点在国家的治乱兴亡之道,其《中兴业》就是经世之学的治国方略。胡宏的弟子张栻继承了这一思想，更是把"传道以济斯民"作为岳麓书院的宗旨。

明末清初王夫之继承了湖湘学派的经世致用思想。他经世致用的思想理论基础是建立在知行合一的基础之上的，同时把"行"作为检验真知的标准，通过实践，证明原先掌握了的"理"是否行得通，这是一种以实践为基础的认识论，这样的经世致用思想是唯物主义的。清乾嘉时期，汉学大行，然而湖湘学者仍坚持经世致用的实学精神。如岳麓书院院长王文清虽是考据名家，却在岳麓书院强调"通晓时务物理"(《岳麓书院学规》)。到嘉道时期，陶澍、魏源、贺长龄则在全国首倡经世之学，编撰了《皇朝经世文编》，"凡讲求经济者无不奉此书为矩矱，几于家有其书"（俞樾：《皇朝经世文续编序》)。

咸同时期，清王朝的统治危机愈加严重，经世致用见诸事功最为迫切。从全国而言，倭仁、吴廷栋、何桂珍、曾国藩等理学家不同程度地把理学与经世思潮结合起来，而曾国藩是理学经世思潮的集大成者。曾国藩虽军旅、政务在身，但时刻不忘理学经世。在学理上，曾国藩明确把经济之学从传统学术门类中单列出来，化三为四。曾国藩言，圣人之学有四，"有义理之学，有词章之学，有经济之学，有考据之学。义理之学即宋史所谓道学也，在孔门为德行之科；词章之学在孔门为言语之科；经济之学在孔门为政事之科；考据之学即今世所谓汉学也，在孔门为文学之科。此四者阙一不可"(《问学》)。曾国藩以理学经世，并见诸事功，如以理学统湘军，经营洋务，均取得了巨大的成功。

如果说曾国藩属于理学经世一派的话，在晚清，经世思潮在湖湘尚有今文经学经世派和霸王经世派。根据王兴国的研究，晚清魏源、皮锡瑞、王闿运大体属于今文经学经世人物。魏源主张"以经术为治术"；皮锡瑞明确提出"通经所以致用"，并以此积极参与维新变法；王闿运在《王志》中曾言："治经致用，莫切《春秋》，非谓其政法多也。多为其法者，《周官》是也；不立一法者，《春秋》是也。"王闿运曾主讲成都尊经学院，培养了著名学者今文经学家廖平，廖平的思想又直接影响了康有为。康有为以今文经学为理论武器,领导了戊戌变法。至于霸王经世派,代表人物则是谭嗣同和唐才常,他们继承了浙东学派陈亮的事功之学。谭嗣同在1896年致唐才常的信中说:"来书盛称永嘉,以为可资经世,善哉言乎。……夫浙东诸儒,伤社稷阽危,蒸民涂炭,乃蹶然而起,不顾瞀儒曲士之訾短,极言空谈道德性命无补于事,而以崇功利为天下倡。揆其意,盖欲外御胡虏,内除秕政耳。使其道行,则偏安之宋,庶有瘳乎。今之时势,不变法则必步宋之后尘。"经世致用之学正是谭嗣同变法图存的理论依据之一,也是他愿为变法流血的"任侠"行为的依据。

经世致用到了新民主主义革命时期,则是毛泽东率领中国共产党以马克思主义为经,将其中国化,"离开中国的特点来谈马克思主义,只是抽象的空洞的马克思主义","洋八股必须废止,空洞抽象的调头必须少唱,教条主义必须休息,而代之以新鲜活泼的、为中国老百姓所喜闻乐见的中国作风和中国气派"(毛泽东:《中国共产党在民族战争中的地位》)。中国化的马克思主义,指导了新民主主义革命和社会主义革命与建设并取得胜利。

6. 百折不挠

百折不挠是湖湘精神的高贵品质。湖南人民历来是追求理想而坚韧不拔,战胜困难而义无反顾,这是湖南人奋发图强的品质。

(1) 百折不挠的核心意义

何为百折不挠?就是有敢于为人类的命运而拼搏的坚定信念,就是愈挫愈奋、不达目的决不罢休的韧劲,就是不怕死、不惜死、至死不休的死士精神。百折不挠也可以称为霸得蛮的湖湘精神。

(2) 不怕死、霸得蛮的湖湘禀赋

"楚虽三户,亡秦必楚",这是楚人百折不挠、敢于斗争推翻暴秦的必胜信念,是湖南人霸得蛮的精神象征,是湖南人敢于为自己的命运和他人的命运而拼搏的坚定信念。百折不挠中有湖南人的忠义血性,如曾国藩

"打脱牙齿和血吞"的屡败屡战；百折不挠有湖南人的坚忍执着、宁死不屈，如谭嗣同"三户亡秦缘敌忾，勋成犁扫两昆仑"，血洒京师；再如唐才常"七尺微躯酬故友，一腔热血溅荒丘"，再接再厉率自立军起义，既为挚友谭嗣同报仇，也为中国谋出路。

"若道中华国果亡，除非湖南人尽死"，出自杨度《湖南少年歌》的这两句话，正是湖南人百折不挠、不怕死、不惜死、至死不休的死士精神的概括。新化人陈天华还在县城学堂念书时就写下了《述志》一文，其中言大丈夫当"立功绝域，决胜疆场，如班定远、岳忠武之流"，这是陈天华愿意为国献身的志愿。他多么希望"猛睡狮，梦中醒，向天一吼！百兽惊，龙蛇走，魑魅逃藏。改条约，复政权，完全独立；雪仇耻，驱外族，复我冠裳。到那时，齐叫道中华万岁！才是我，大国民，气吐眉扬"（《猛回头》）。这是陈天华的心声，是湖南人的心声，也是中国人的心声。陈天华感情炽烈，恨不得立即杀身救国。1905年，陈天华恨于清廷与日本政府勾结迫害留学生，不惜投海自杀，警醒国民。像陈天华这样以身殉国的湖南人还真不少。1904年长沙起义失败，1905年起义领导人之一，也是会党领袖的马福益（湘潭人）图谋再举，未能成功，不幸被俘，英勇就义。1906年萍浏醴大起义又一次失败，同盟会员、起义的领导者之一，22岁的刘道一（衡山人）也从容就义。同年，民主革命家姚洪业（益阳人）也如陈天华一样，因争新学无望，愤于清朝无能，投江自杀，以感情救国。1907年，同盟会湖南分会会长禹之谟（双峰人）冲破阻力为陈天华、姚洪业举行公葬"以彰义烈"，触犯了反动派而被捕被绞死。在监狱里，他留下了《告在世同胞遗书》，大声呼吁："同胞！同胞！其善为死所，宁可牛马其身而死，甚毋奴隶其心而生！"1907年，同盟会会员杨卓林（醴陵人）因策划暗杀两江总督端方，事泄被捕。端方亲自审讯，杨卓林怒而掀翻案桌，慨然道："我志不遂，死耳，天下岂有畏死杨卓林耶！"随即在南京英勇就义。1911年，同盟会会员杨毓麟（长沙人）在英国听闻黄兴领导的黄花岗起义失败，悲愤交加，留下遗书，将留学所积经费转寄黄兴作为革命经费，之后赴利物浦海边蹈海自尽，以唤醒国人。1911年，武昌首义三烈士中有常德人刘复基，首先响应武昌起义的湖南都督焦达峰（浏阳人）、副都督陈作新（浏阳人）均殉难于长沙……

百折不挠不仅仅是拼死到底，还有愈挫愈奋，不成功决不罢休。辛亥革命时期，黄兴从组织长沙起义开始，直接策划和领导了十余次武装起义，如同盟会成立前的长沙、鄂宁、洪江起义，同盟会成立后的萍浏醴、镇南关、钦廉上思、河口、广州新军、黄花岗、阳夏之役，辛亥革命因此而有机会成功。1912年10月10日，黄兴在武昌起义周年纪念时，自豪地题写了一副联语概括了这一切："百折不回，十七次铁血精神，始有去年今日；一笔钩尽，四千年帝王历史，才成民主共和。"这就是百折不挠，这就是屡败屡举、愈举愈奋、勇猛前进而最终成功的结果。遗憾的是，辛亥革命之后，革命的果实被袁世凯篡夺，但革命者绝不答应。黄兴再次奋起，发动了二次革命；袁世凯称帝，蔡锷率护国军起兵云南；护法运动，刘建藩（醴陵人）、林修梅（临澧人）宣布衡（阳）永（州）独立，从湘南北伐，刘建藩虽兵败株洲而犹荣，林修梅再接再厉不幸革命未成身先死，然而其百折不挠之精神永远鼓励后人继续革命。

中国共产党成立后，一代伟人毛泽东率领中国共产党建立新中国，也可谓百折不挠、历尽艰辛。由于历史的原因，在井冈山、在中央苏区，毛泽东也受到过"左"倾错误的迫害，甚至被解除兵权。毛泽东曾为此忧虑成疾而吐血，但他从没忘记一个共产党员的初心和责任，身处逆境不灰心，终于在遵义会议上再次扭转乾坤，领导红军继续长征，带领共产党人继续纠正"左"右倾错误，最终建立起了人民当家作主的新中国。

7. 实事求是

实事求是是湖湘精神的又一显著的特征。千年岳麓书院讲堂的上方，悬挂着一块"实事求是"的匾额，这个匾额告诉天下，这就是湖南人的世界观。

(1) 实事求是的含义

用毛泽东的话解释就是："'实事'就是客观存在着的一切事物，'是'就是客观事物的内部联系，即规律性，'求'就是我们去研究。"

(2) 实事求是的湖湘精髓

"实事求是"一词最早出自东汉史学家班固所撰写的《汉书·河间献王传》。原本是称赞河间献王刘德"修学好古，实事求是"，是赞扬刘德在做学问时的那种求实精神。唐代学者颜师古解释"实事求是"是"务得实事，每求真是也"，提倡的是一种学风。显然，实事求是，原本是中国古代传统学术文化中的一个命题，主要是指重实际的一种治学思想。从学术演化史看，应该说古代的知行观、经世观也是实事求是思想的源头，而且在不同时期、不同的地区有不同的表达方式。只是在湖湘文化中，知行观、经世观、实学更为发达，故而在湖湘人眼中，实事求是不仅是一种学风，即严谨治学、务求真谛的治学方法和治学态度，还是一种勤勉笃实、注重实践的务实精神。

宋代湖湘文化奠基者胡宏、张栻的"留心经济之学"的实学思想，明末清初王夫之的"言必征实""义必切理"的思想，晚清魏源的"以实事程实功，以实功程实事"的思想，都是实事求是的最好体现。乾嘉学派也提出过"实事求是，不偏主一家"，不过依旧停留在文献考据上而忽视了现实问题，与社会实践需求尚有相当的距离。对此，主张以"经济"作为学问施加于社会的曾国藩曾严厉批评过这种埋头故纸堆的"实事求是"。曾国藩言"近世乾嘉之间，诸儒务为浩博。惠定宇、戴东源之流，钻研诂训，本河间献王实事求是之旨，薄宋贤为空疏。夫所谓事者，非物乎？是者，非理乎？实事求是，非即朱子所称即物穷理者乎？"（《书学案小识后》）这里，曾国藩把实事求是与"即物穷理"联系起来，认为都是探求事物的规律，这就从认识论的角度表明了"实事求是"的意义。民初杨昌济是赞同曾国藩将"实事求是"与"即物穷理"统一起来的观点的，他说："近世汉学家言，薄虚悟而尚实证，夫其尚实证是也。然但求实证于古而不求证于今，但求证于文字而不求证于事物，又岂得谓实哉？"（《达化斋日记》）。显然，杨昌济更希望学者"求证于事物"，在现实中求是。

中国共产党是真正懂得实事求是并把之作为领导中国革命、建设、改革的思想路线的。把实事求是作为党的思想路线，是伟大领袖毛泽东的创造。他将"实事求是"这个中国传统的治学态度和方法的命题与马克思主义认识论结合起来，进行马克思主义意义上的改造，最终创造性转化为我党的思想路线。

青年时代，毛泽东受杨昌济的影响是显然的，岳麓书院"实事求是"的匾额也给了毛泽东灵感。但是，社会实践才是毛泽东实事求是思想的来源，比如1927年毛泽东在湖南亲自调查以后所写的《湖南农民运动考察报告》就回答了解决农民的土地问题已经不是宣传而是立即实行的问题；并提出了解决中国民主革命的中心问题——农民问题的理论和政策。循着这条思路，毛泽东在大革命失败后发动了秋收起义并转向井冈山，在此基础上依据中国的实际，总结并走出了一条农村包围城市，最后夺取全国胜利的中国革命道路。

至1941年，毛泽东同志在《改造我们的学习》的报告中，对"实事求是"这一传统命题做了全新的科学解释，他说："'实事'就是客观存在着的一切事物，'是'就是客观事物的内部联系，即规律性，'求'就是我们去研究。"并要求全党同志，"我们要从国内外、省内外、县内外、区内外的实际情况出发，从其中引出其固有的而不是臆造的规律性，即找出周围事变的内部联系，作为我们行动的向导"。从此，"实事求是"作为中国化的马克思主义哲学的核心命题，成为党的思想路线的精髓。实事求是是湖湘文化为中国共产党和中华文化做出的杰出贡献。时至今日，要在中华民族的伟大复兴中贡献湖南力量，更必须实事求是。

8. 忠诚担当

忠诚，铸就湖湘之魂；担当，彰显湖湘之责。忠诚担当是湖湘优良传统的继承和发展，是社会主义核心价值观在湖南的具体体现。

（1）忠诚担当的精神实质

忠诚是理想信念，是一种道德品质，是爱国主义精神中最深沉的部分。担当，是一种尽职尽责的品格，是一种舍我其谁的气质。

（2）忠于国家、敢于担当的湖湘品格

忠诚于国家，忠诚于人民是湖湘精神的核心内容，忠诚于国家和人民本身就是一种最大的担当。沧海横流方显英雄本色，湖南人低调，但湖南人务实；湖南人并非少言语，只是不喜欢空谈，关键时刻能不能顶得上，非常时期敢不敢拼命，危难时期怕不怕死，这才是湖南人衡量英雄的标准。"楚虽三户，亡秦必楚"，这是楚人对楚国的忠诚，屈原沉汨罗江就是忠诚于楚国的极端表现。三国时，蒋琬（零陵人）理政，"以安民为本"（诸葛亮语）。正如此，诸葛亮临终遗言将蜀国政务托付给他。蒋琬忠诚于蜀国，表现在既忠诚于诸葛亮治国的遗嘱，又实事求是修正诸葛亮北伐策略，休养生息，积蓄力量。东晋车胤（常德人）忠诚于国，为人刚正不阿。他为吏部尚书时因揭露权臣司马元显而被迫自杀。临死前，车胤大义凛然："吾岂惧死哉？吾求一死以露权奸耳！"北宋陈遘（零陵人）忠诚于大宋。金兵南下，陈遘守中山城（属今河北），弹尽粮绝，依旧视死如归。面对割地求和和金兵逼迫，陈遘遥对前来代表朝廷宣旨的弟弟陈适说："主辱臣死。吾兄弟平居以名义自处，宁当卖国家为囚孥乎？"陈适泣曰："兄但尽力，勿以弟为念。"最终陈遘一直坚守中山城，直至被叛徒所害，全家遇难。金兵入城，见其尸，感叹陈遘一家的忠义节气，称颂道"南朝忠臣也"，并收敛了陈遘的尸首而把他葬在铁柱寺。南宋末年，元兵南下，李芾（衡州人）临危受命为潭州知府兼湖南安抚使，别人都劝他别去，李芾泣曰："吾岂昧于谋身哉？第以世受国恩，今幸用我，我以家许国矣。""以家许国"是李芾的誓言，也是他的行动。到潭州（长沙）后，他激励军民抵抗，最后举家殉城。明末，岳麓书院山长吴道行（善化人）在明朝灭亡之时，郁郁不自得，空有报国之志而无力回天，望阙痛哭展拜，绝食而卒于岳麓山中,可谓以身殉国殉君,表现了衡湘贤哲的清白与忠诚。同时代的王夫之(衡阳人)抗清失败后,隐逸明志,埋首著述,完成"六经责我开生面"的重任。

近代,面对国家日益衰微,面对外族入侵,湖南人忠诚担当的事例很多。陶澍、魏源、贺长龄、贺熙龄、汤鹏、唐鉴等以变革者的担当响亮提出经世思想,并应用于盐政、漕政、水利、矿物、币制等改革中,对外主张师夷而制夷。随后的曾国藩、左宗棠、胡林翼、郭嵩焘等则以先行一步的担当主张办洋务以强军强国,特别是左宗棠以湘人的担当不顾七十高龄,毅然上西北,捍卫疆土,保家卫国。中法战争,法军欲侵占台湾,湘军名将孙开华(慈利人)誓死守卫疆土,在淡水率湘军以弱胜强,以铁血护宝岛。辛亥革命时期,黄兴、宋教仁、刘揆一、蒋翊武、焦达峰等一批湘人表现出特有的爱国担当和革命忠诚。如与孙中山并称的黄兴不计个人名位,以"无我""笃实"的理念和作风,坚决反对分裂同盟会,尽心尽意维护同盟会的团结。在维护孙中山的领袖威信方面,他说"党只有国民党,领袖惟有孙中山,其他不知也"。

五四新文化运动,在杨昌济先生救国思想的影响下,毛泽东、蔡和森等一批湖南志士担负起救时的重任,他们创立新民学会,创办《湘江评论》,不断探寻救国真理,接受了马克思主义,转而以俄为师,参与创建了中国共产党,并将马克思主义中国化,把反帝爱国与新民主主义革命结合起来,内救民于水火,外抗侵略,建立起了真正的人民共和国。

忠诚担当还是尽职尽责,无私奉献,这在湖南人中表现特别突出的是雷锋。雷锋是一名普通的湖南人,他是一个孤儿,在新中国成立后,由共产党培养,先后成为乡政府通信员、县公务员、农场拖拉机手、工厂工人、解放军汽车兵战士。雷锋是一个普通人物,是一个愿做革命的螺丝钉的人。他说:"革命需要我去烧木炭,我就去做张思德;革命需要我去堵枪眼,我就去做黄继光。"这是一个普通的人为国家、社会做贡献的朴实的想法。他也许做不了惊天动地的事,但他"出差一千里,好事做了一火车"，平凡的人、平凡的岗位，做出了不平凡的担当。这种不平凡的好人好事精神，就是雷锋精神，就是忠诚于这个国家和人民的精神。

9. 自强不息

钱基博在《近百年湖南学风》中道："吾湘之人，厌声华而耐艰苦，数千年古风未改。惟其厌声华，故朴；惟其耐艰苦，故强。"的确，数千年来，湖湘大地上一直演绎着艰苦奋斗、自强不息的湖湘精神。

（1）自强不息的价值意义

自强不息，必是坚韧不磨。自强不息，是一种自信，是一种自觉，是一种自力更生、图强求存的使命感，更是一种刚劲有为、振兴国家的责任感。

（2）自强有为、奋斗不息的湖湘之路

身处逆境，不自强不息，何以生存？钱基博在《近百年湖南学风》开篇中就说："湖南之为省，北阻大江，南薄五岭，西接黔蜀，群苗所萃，盖四塞之国。其地水少而山多。重山迭岭，滩河峻激，而舟车不易为交通。"如此恶劣的环境，先民不自强如何生存。老祖宗炎帝、舜帝披荆斩棘，靠的就是自强不息。蛮族首领蚩尤传说铜头铁额，食沙石子，能造五种兵器，手执大刀大弩，威震天下，乃为战神，这既是湖南人崇武的精神源泉，也是湖南人英勇无畏自强不息的精神来源。曾国藩招兵为什么喜欢招山民，是因为山民身处险境，有坚韧不磨之性格，有剽悍顽强之作风，有自力更生之能力。

自强不息，必是坚忍不拔。陈独秀在《欢迎湖南人的精神》中说道："二百几十年前的王船山先生，是何等艰苦奋斗的学者！几十年前的曾国藩、罗泽南一班人，是何等'扎硬寨'、'打死战'的书生！黄克强历尽艰难，带一旅湖南兵，在汉阳抵挡清军大队人马；蔡松坡带着病，亲领子弹不足的两千湖南兵，和十万袁军打死战，他们是何等坚忍不拔的军人！"在陈独秀时代，他之所以盛赞王船山、曾国藩、黄兴、蔡锷，是因为他们身上体现的是湖南人自强不息、坚忍不拔的精神。实际上，此后还有一班以毛泽东、刘少奇、任弼时、彭德怀等为代表的湘籍无产阶级革命家，他们以强烈的使命感和责任感，以天下舍我其谁的自信，自强不息，刚劲有为，为我们留下了宝贵的精神财富。

近代以来，在推进中国经济现代化的过程中，也涌现出了一批自强不息振兴中国经济的杰出湘籍人物。洋务运动中曾国藩、左宗棠、刘坤一是洋务事业的开创者，是中国近代工业兴起的拓荒者。清末民初湘潭人梁焕奎，双目失明，但自强不息，他所创办的民营华昌公司是世界上技术最先进、规模最大的锑业公司，是直接将公司的分销处设到美国纽约的中国公司，扩大了中国工业在世界的影响力。衡东人聂云台是中国近代棉纺织的一面旗帜，20世纪初在上海等地成功地开办了复泰公司、恒丰纺织新局、大中华纱厂、大通纺织股份公司、中国铁工厂、中美贸易公司、恒大纱号等顶级企业。湘阴人范旭东是中国重化学工业的奠基人，被称为中国化学工业之父。他以自强不息、敢为人先的精神，以"粉身碎骨，我也要干出来"的坚韧魄力，创造了中国化学工业诸多第一：中国第一家现代化工企业——久大精盐公司，中国第一座纯碱工厂——永利制碱公司，中国第一家化学工业科研机构——黄海化学工业研究所，中国第一座合成氨工厂——永利硫酸铵厂。毛泽东一句"工业先导，功在中华"，范旭东得之可谓名副其实。长沙人李国钦出生在一个穷书生的家庭中，但他自强不息，最终成为举世闻名的国际贸易商。尤其是二战时期，他为世界反法西斯战争提供战略物资，被聘为美国政府战略物资顾问，还获得巴西、意大利、泰国等国政府相继颁发的"南十字座"勋章、"最高荣誉勋章"和"王冠勋章"。李国钦逝世后，美国政府为表彰他的功绩，将他的名字镌刻在纽约港口自由女神像基石的铜牌上，还将他的肖像悬挂在美国国会图书馆，永志纪念。近代以来的湖南实业家自强不息的故事很多，正是他们的自强不息，在推动中国经济的现代化方面做出了湖南贡献，也是湖南人充满经济自信的历史明证。

10. 兼容并蓄

湖湘文化有着一种海纳百川的博大气魄，在历史长河中，湖湘人士之所以在蛮夷之邦能够开出"道南一脉"，在"四塞之地"能够"最富生气"，就是这种海纳百川、兼容并蓄的开放精神孕育的结果。

（1）兼容并蓄的核心要义

兼容并蓄是湖湘文化的活力源泉。兼容并蓄就是博采众长，从而使湖湘文化具有极强的开放性、创新性，最终达到与时俱进。

（2）兼容并蓄、与时俱进的湖湘胸怀

在长期的历史发展进程中，湖湘文化正是通过兼容并蓄而与时俱进。就民族文化融合而言，上古时代炎舜华夏文化与三苗文化、先秦时期越文化与楚文化以及后来的苗、瑶、土家、回等文化不断沟通与融合，形成了具有湖湘特色的民族民风文化。就地域文化而言，古代中原地区的文化、宋代北方人口大量南流带来的文化以及明清江南移民文化和本地文化融合交流，深深地影响着湖湘大地。在湖南还有极具特色的流寓文化，一些代表人士如屈原、贾谊、柳宗元、刘禹锡、元结、胡安国、胡宏、张栻等外省籍人士，不仅向湖南传入了其他地区的特色文化，而且在其原有思想文化基础上，在受湖南地域文化的影响后又闪烁出新的思想光芒。

在中国思想史上，秉持兼容并蓄、博采众长的精神，湖湘大地曾多次在重要时刻出现了影响重大的思想理论大综合和创新的局面。

在宋代，以周敦颐、胡宏、张栻为代表，开创发展了理学。周敦颐本是儒学大家，他援佛、道入儒，吸收、改造佛、道思想，并融会诸家学说，开创了理学。南宋时期，胡宏、张栻主讲碧泉书院和岳麓书院，开创了湖湘学派。胡宏、张栻都不是湘人，但是他们不仅继承了周敦颐的思想，而且与其他理学学派讨论学术，比如著名的朱（熹）张（栻）会讲，正是这种学术讨论以及不囿于门派之见，光大了湖湘学，也显示了湖湘学派的博大胸怀。

明清之际三大儒之一的王夫之集中国古代学术之大成，集众家之长，对传统学术进行了全面的总结，其学以易为宗，以六经开生面，以史为归，还涉及佛、道等家学问。正是融洽会通各家，王夫之总结和发展了中国古代朴素的唯物主义和朴素辩证法，把中国古代哲学思想推到了一个新的高度，王夫之的思想也成为后来近代史上各种变革的理论源泉。

近代以来，随着湖湘文化向近代转型，其兼容并蓄、博采众长的精神更得以发挥。自魏源提出"师夷长技以制夷"的思想后，向西方学习先进技术从而实现国家的近代化可以说成为时代的潮流，这其中曾国藩、左宗棠、郭嵩焘、刘坤一等一大批湖南人既是王夫之的追随者，也是魏源思想的实践者。谭嗣同更进一步，其熔铸古今，萃取中西，将儒、释、道、墨各家和西方资产阶级自然科学、社会政治经济学说融合起来，形成了独特的"仁学"哲学体系，目的在于找出一条挽救国家民族危亡的资产阶级革命道路。

新文化运动和五四运动以来，以毛泽东、蔡和森、刘少奇为代表的一批现代湖湘杰出人物，将马克思主义与中国传统文化和社会实践融会贯通，创立了中国特色的革命理论，为新民主主义革命的胜利奠定了思想理论基础。

这些历史上的思想理论以及实践大融合，正是湖湘兼容并蓄精神的最好体现。"洞庭波涛八百里，湘楚文明数千年"，当我们浸润在湖湘精神的荣光里的时候，当我们以海纳百川的气概吸收世界一切优秀文明成果的时候，今日湖南人不仅要继承和发扬先辈们昂扬奋发的湖湘精神，更要在时代的变迁中，以天下为己任，与时俱进，创造新时代特色的湖湘精神，更有力地为中华民族的伟大复兴提供精神支柱！

| 第三章 |

语不惊人誓不休

——湖湘十大名句品牌

如果说思想文化是人类文明的皇冠，那么名人的金句无疑就是镶嵌在这顶皇冠上的宝石。湖湘文化的魅力，反映到传播的广度、为民众与社会所接受认知的程度，也确确实实与一大批湖南前贤所流传下来的箴言名句紧紧相连，名人就是文化最好的代言人，名言就是文化最醒目的商标，现在的湖南人耳熟能详，心口相传，而湖南以外的国人乃至于华人华侨亦特别认同，把它们看成中华优秀传统文化中最精彩、最重要的内容。

一 湖湘名句品牌概述

1. 基本情况

惟楚有材，这已是一种社会历史认同。我们可以从容地选出几位，看一看他们的代表性和历史影响力。比如屈原，他是被1953年世界和平理事会通过决议纪念的四大文化名人之一。比如明末清初的衡阳前贤王夫之，从党的十八大以来，习近平总书记在不同场合重要讲话中先后提到六七次之多。又比如从湘乡偏远农村走出来的曾国藩，被青年毛泽东评价为既是办事之人，又是传教之人。[①] 毛泽东的历史影响力则更加毋庸赘述。有名

[①] 《讲堂录》，《毛泽东早期文稿》，湖南人民出版社。

人，必有名言。名言就是这些杰出的湖南人物留给世界的思想和智慧，值得认真学习和总结。此次我们适时推出十大名句品牌，它们是：

路漫漫其修远兮，吾将上下而求索。（屈原）

先天下之忧而忧，后天下之乐而乐。（范仲淹）

出淤泥而不染，濯清涟而不妖。（周敦颐）

六经责我开生面，七尺从天乞活埋。（王夫之）

惟楚有材，于斯为盛。（袁名曜）

吾道南来，本是濂溪嫡派；大江东去，无非湘水余波。（周系英）

不为圣贤，便为禽兽；莫问收获，但问耕耘。（曾国藩）

身无半亩，心忧天下；读破万卷，神交古人。（左宗棠）

我自横刀向天笑，去留肝胆两昆仑。（谭嗣同）

为有牺牲多壮志，敢教日月换新天。（毛泽东）

2. 名句品牌特色

湖湘名句品牌的最大特色，来源于湖湘文化的强力支撑，湖湘文化就是这些名言品牌的最大底色。湖湘文化与中华传统文化既一脉相承，又具有鲜明的三湘地域特征和湖南文化个性。湖湘文化存在于中华传统文化这个母体之中，它的特殊性对于中华传统文化的普遍性是相对的，不是绝对的；对于中华传统文化，是补充的，而不是颠覆的；是丰富的，而不是否定的；是从属的，而非超越的。长期以来，湖湘文化因其独有的忧国忧民、敢为人先、自强不息、崇尚务实等优良品格而广为传颂。特别是其中的崇尚务实、敢为人先的实践品格是湖湘文化最富个性的特征，它彰显了湖南人忧国忧民的爱国主义精神，激励了湖南人奋斗不息的不屈意志，赋予了湖南人开拓创新、勇于进取的实干性格。[①] 湖湘文化作为中华区域文化中的重要板块，还在于它有其核心的哲学思想，即宋代以来逐渐形成的

---

① 李跃龙：《论流寓对湖湘文化的影响》，《湖南社会科学》2003 年第 1 期。

湖湘学派，或者湘学。与邻省相比较，贵州、广西、重庆乃至湖北、江西和广东，它们便没有形成与湖南省的湘学比拟、稳定而有历史共识的核心思想哲学和价值观体系。扩大到全国视角，也只有关学、洛学、闽学、蜀学、徽学、浙东学派等，可以比肩。这是湖湘文化馈赠给当今湖南经济社会发展的一笔丰富遗产。十大名句品牌基本上包含了湖湘文化的绚丽光谱，既为湖南人所熟知，也为广大中华儿女所认同和接受。

3. 影响力与评价

曾经有人认识到了湖南前贤名言金句的重要性，并作过一些搜集、发掘、整理和研究工作。清宣统三年，邵阳人蔡锷就任云南新军协统时，受上司委托编写"精神讲话"，他特别摘取自己所崇拜的乡贤曾国藩、胡林翼的论兵言论，分门别类编辑成《曾胡治兵语录》，每章之后加上评语，以阐发其军事思想。目的在于厉兵秣马，驱逐列强。1917年此书由上海振武书局刊行。1924年，蒋介石还将此书作为黄埔军校的教材，并增辑"治心"一章，以《增补曾胡治兵语录》出版。这既是一部军事著作，又是一部分类辑录湖南名人名言的专门著作。还有一位在近现代政治和文化上影响巨大的人物梁启超，他也非常崇拜曾国藩，赞其为"有史以来，不一二睹之大人"，而对于他的遗著则是"一日三复"。[①] 为了便于每日诵读和自省，更是从上千万字曾氏遗著中，精选最实用、最容易记诵的名言，摘抄成册，编成《曾文正公嘉言钞》一书。需要补充的是，梁启超在曾国藩之外，对另外两名湖南杰出人物胡林翼、左宗棠的言论也做了选辑，以"胡文忠公嘉言钞""左文襄公嘉言钞"作为全书的附录。从蔡锷和梁启超两位在发掘整理曾国藩等湖南人物的言论所做的工作，我们可以看到湖南名人名言的影响力。

湖南人的言论和语录传播之广、影响之深，毛泽东达到了极致。《毛

[①]《曾文正公嘉言钞序》，《饮冰室合集》文集之三十四。

主席语录》单从印数、翻译成各种语言文字等指标上衡量，应该仅次于《圣经》。《毛主席语录》作为20世纪60年代初编辑出版、"文化大革命"期间风靡全国乃至世界的毛本人名言警句选编本，据传发行量达50亿册，位居世界第二。那时候，人们饭可以不吃，觉可以不睡，但这种红皮封面的"红宝书"不可不带，连结婚送礼也必少不了一本"红宝书"。这至少是一部空前绝后的名言金句著作，除当时的政治气候因素助力外，其实也还有文化方面的原因。而从湖南人的角度看，绝不能排除《毛主席语录》中湖湘文化特有的魅力。毛泽东是从湖湘文化沃土中成长起来的伟大人物，他又创造性发展和丰富了湖湘文化的内容，为这种历史文化烙印厚重的地域文化赋予了鲜活的时代特征。比方说，在反映名言方面，湖南方言中经常能听到看到"吃得苦""霸得蛮""扎硬寨""打死仗"一类豪言壮语，但在毛泽东的词典里就不是人云亦云，一成不变，而是有创新、有发展。他也霸蛮，但更强调"文明其精神、野蛮其体魄"，[①] 他不反对"扎硬寨"，但绝不同意"打死仗"，更主张灵活机动。1937年3月5日，他为中国人民抗日军政大学的亲笔题词是，"坚定正确的政治方向，艰苦奋斗的工作作风，机动灵活的战略战术"。他曾诙谐地讲军事斗争的原则就是打得赢就打，打不赢就跑，不打宋襄公蠢猪式的仗。不管社会如何发展进步，《毛主席语录》中的很多名句是不会过时的，因为他既具有过人的智慧，又特别重视实践，他的思想均来源于社会实践。

从专业的角度发掘、整理和研究湖南的名人名言，《湖湘文化经典百句》的编辑和出版做了一次初步的尝试。该书上起先秦，下迄近现代，共收录从屈原、周敦颐、王夫之、陶澍、曾国藩、左宗棠、谭嗣同、黄兴、蔡锷到毛泽东等86位前贤的名言名句共113条，以人系言，因言说事，逐条逐句进行诠释和解读，[②] 展示了湖湘文化名句所包含的意蕴、智慧和精

---

① 毛泽东：《体育之研究》，见《毛泽东早期文稿》。
② 李跃龙：《湖湘文化经典百句》，湖南人民出版社，2018。

神，应该说基本上实现了作者的意图，第一次全面系统地论证了湖湘名言经典的影响力。

把名言金句纳入文化品牌思考，是学术研究工作要适应社会现实需求的一次新尝试，它的要求高，难度也更大。英国文豪莎士比亚曾说，一千个人眼里有一千个哈姆雷特。在人才辈出的湖南，在浩如烟海的湖湘高文典册之中，遴选十句名言有很多种可能，选谁或者不选谁，选这一句或者选那一句，都会有很多的理由，不会有一个绝对的答案，而只能是一个相对的标准。在充分考虑到时代的平衡、人物的影响力，以及言论本身的文化内涵和知名度等因素后，屈原、范仲淹、毛泽东等10位湖南人或流寓、关注湖南人士的以上10条语录，只能是相对而言的湖湘名句经典十大品牌。

二　湖湘十大名句品牌及其评价

1. 屈原：路漫漫其修远兮，吾将上下而求索

语出屈原名著《离骚》。

我们遴选屈原的这句话作为湖湘十大名句之首，有几个原因。第一，湖湘文化的起源虽然还可以往上追溯更久远，比如神农、舜帝、蚩尤等，但是他们是传说中的人物，无法采信。只有屈原，是第一位留下了大量文字作品的世界级文化名人。第二，把屈原定为湖湘文化的开篇，符合历史事实。屈原虽然不是湖南人，但他与湖南的联系非常紧密。他流放湖南长达十年之久，从洞庭湖溯沅水，再到湘江流域，足迹遍布三湘，他的著作多写于湖南，思想定型于湖南，也在湖南汨罗江投水殉国，湖南和长沙号称"屈贾之乡"，是历史文化积淀已有的共识。湖南是屈原的第二故乡。第三，屈原是湖湘文化的开山人物，是湖湘文化的精神源头。刘勰在《文心雕龙·辨骚》中说："故其叙情怨，则郁伊而易感；述离居，则怆怏而

难怀；论山水，则循声而得貌；言节侯，则披文而见时。是以枚（乘）、贾（谊）追风而入丽，马（迁）、杨（雄）沿波而得奇，其衣被词人，非一代也。"用这句话来说明屈子和湖湘文化的关系，也是符合历史的。湖南人后来莫不祖述屈原，受其思想熏陶，包括爱国、忠君、关心民瘼以及宁折不弯的心理性格，都与屈原一脉相承。

屈原作品是一座成语和名句的金矿，许许多多的名言警句琳琅满目，不在先秦诸子百家之下，让我们不好取舍。比如说《渔父》中"举世皆浊我独清，众人皆醉我独醒"，《离骚》中"虽九死其犹未悔"，励志的、警世的、做人的，可谓应有尽有。

文学史上有"国家不幸诗家幸、赋到沧桑句便工"[①]的说法，屈原被放逐到湖南，最后在汨罗怀石投江，是否也可以说诗人不幸湖南幸呢？确实让人无言以对。

毛泽东也非常喜欢屈原。他年轻的时候曾以工工整整的楷书抄写过《离骚》，他送给与他一起开辟中日友好睦邻关系的日本首相田中角荣的国礼，就是一套线装本朱熹《楚辞集注》。老年毛泽东用行草艺术表达的喜好仍然还是抄《离骚》。我们选用《离骚》中的"路漫漫其修远兮，吾将上下而求索"这句诗作为湖湘十大名句之首，最重要的一个理由是，屈原思想中最闪耀光芒的就是上下求索精神，正是人类的求索精神，探索知识，追求真理，推动着人类自身前行，不断推动着社会发展与进步，由低一级的层次走向更高的层级。

2. 范仲淹：先天下之忧而忧，后天下之乐而乐

语出范仲淹名篇《岳阳楼记》。

范仲淹不是湖南人，目前也有童年在湖南安乡生活和没有来过湖南两种说法。但《岳阳楼记》写在河南邓州花洲书院，看法则较为一致。曾经

---

① 赵翼《题遗山诗》。

有多人在整个华人生活圈做过多次"最喜欢的文章""最喜欢的名言金句"调查问卷,票数最高的是《岳阳楼记》,是"先天下之忧而忧,后天下之乐而乐"。

范仲淹被列为宋朝第一流的人物,谥号"文正"。把范仲淹以及其名言列入湖湘文化的范围是否可行?完全可以。一是范仲淹借情景抒发其感想的主体是岳阳楼和洞庭湖,二是他倡导的先忧后乐思想已成为湖湘文化的重要命题。可以把《岳阳楼记》与邓州挂钩,但把先忧后乐思想与中原文化融入一体似乎有点勉强;也可以把其家乡吴县看成范仲淹最早的出发地,但要把先忧后乐思想与吴文化有机融合在一起,则无法自圆其说。《湖湘文化经典百句》的收入标准定有4条:①湖南知名人士的名言警句、家训、诗词、联语等;②能代表湖南人性格、理想信念、为人处世、功业,能反映湖湘文化特质和重要内容的语句;③流寓湖湘地区人士的名句;④历史上知名人士,虽然不在湖南,但其评价湖南或湖南人士的名言名句特别有名,酌情收入。沿用第4条收入范文正公以及名言,是可行的,也是必需的。

"先天下之忧而忧,后天下之乐而乐"这一句14个字,之所以有如此多的中国人认同,主要在于它的穿透力,它拨动了所有中国人的家国天下情怀。我们可以从中华优秀传统文化价值导向和范仲淹本人久宦磨炼的人生经历两个方面来考察,缺一而不可得。古之仁人志士,他们的上下求索,我们可以追根溯源。崇尚自然的老子这样开导众生,"天地之所以能长且久者,以其不自生也,故能长生。是以圣人后其身而身先,外其身而身存,非以其无私邪,故能成其私。"① 好一句"后其身而身先,外其身而身存",真是不言利而有利,不念私而得私。到荀子那里,则变成是吃苦在前,享受在后。"劳苦之事则争先,饶乐之事则能让。"② 一部托名诸葛

---

① 《道德经》第七章。
② 《荀子·修身》。

亮所著《将苑》，把荀子的思想向前再推进一步，"古之善将者，养人如养己子。有难则以身先之，有功则以身后之"。[①] 我们爱护自己的儿女，有难自己先当，有功则让给子女，这是本能，生活中最普遍的常识，人人皆可为之。前贤的不平凡在于教育开导大家把对待自己子女的态度和方式转移到对待他人。这个说法到"先忧后乐"，只差最后一公里，差一位圣贤最后来破题。

三湘四水的神奇在于，历史选择了范文正公最后做总结，也为湖湘文化奠定了一块基石。庆历新政失败后，范仲淹被贬，沦落沉浮于宦海，写《岳阳楼记》时已58岁。这个时节是他人生最灰色的阶段，幼年丧父，孤苦伶仃但不失青云之志；晚年备受政治对手打击，官场失败但意志始终没有消沉。他与滕宗谅曾同事于泰州，在五言诗《书海陵滕从事文会堂》中用"君子不独乐，我朋来远方"赓续孟子"独乐乐"不如"众乐乐"这个话题。中国的传统文化以儒家文化为核心价值，儒家的人生目的又以积极用世为优先，强调通过人物自身的主观努力来改变客观现实世界。人能有自己合理的个人欲望吗？应该有，也可以有。但它会有一个前提条件，那就是只有在所有人享受了，你才能享受人生的欢娱，君子生于忧患，死于安乐，先天下之忧而忧，后天下之乐而乐。他代圣贤立言，也开导和安慰滕宗谅。通过《岳阳楼记》，我们几乎都记住了范仲淹，也记牢了这句千古名言。

3. 周敦颐：出淤泥而不染，濯清涟而不妖

语出周敦颐《爱莲说》。

周敦颐是道州人，一生为基层的芝麻小官，著作也不多，但他是理学的开山，名联"吾道南来"写的就是他。懂得高深理学的国人着实不多，但知道并热爱短文《爱莲说》的人还真不少。

[①] 《将苑》卷二《哀死》。

喜欢百花争艳，万紫千红，这是人之常情。但中国人爱花，时常能上升到哲学层次。《诗经》《楚辞》开其先河，比如"桃之夭夭""沅有芷兮澧有兰"等，后来有所谓"岁寒三友"，人们常用红梅品格来夸赞某人道德之高尚。总之，梅、兰、菊、牡丹等都被赋予了高于花花草草本身的意义。咏荷的名句，从《山有扶苏》起，作品纷呈。杨万里用"接天莲叶无穷碧，映日荷花别样红"送别友人，烘托热烈气氛。李商隐用"荷叶生时春恨生，荷叶枯时秋恨成"来表达一种惆怅，勉强也说得过去。而贺铸的《踏莎行》说荷花"断无蜂蝶慕幽香，红衣脱尽芳心苦""当年不肯嫁东风，无端却被秋风误"，总感觉特别拧巴。"荷尽已无擎雨盖，菊残犹有傲霜枝"，苏东坡拿菊来这么作贱荷莲，就不敢苟同了。

周敦颐爱莲，这位理学开山会从什么角度表现荷莲的新境界呢？"出淤泥而不染，濯清涟而不妖。"这正是周敦颐心中的君子形象。在恶浊的环境下洁身自好，不随波逐流，不同流合污；处顺境不忘乎所以，不得意扬扬。《爱莲说》被千古传诵，是因为作者用荷莲的高洁来表达君子人格为世人高度认同。文末"莲之爱，同予者何人"与稍早的范仲淹"微斯人，吾谁与归"一样，嘤其鸣矣，求其友声，就是广发英雄帖，寻求志同道合的朋友。湖南本来就是荷花的王国，"莲之爱同予者"当然比比皆是，到处都会有这位老乡的拥趸。

4．王夫之：六经责我开生面，七尺从天乞活埋

观生居堂联语，出自《船山诗文集拾遗》卷一。

康熙八年船山先生因败叶庐居所年久失修而在宅后新筑茅舍，开南窗，以"观天地生生之化也"之意，命名为观生居，此后冬春住观生居，夏秋居败叶庐。

王船山是湖湘文化的灵魂级人物，船山之于湖南，犹如孔子之于齐鲁。他是宋明理学的总结者与终结者，又是初具近代人文主义性质的新思想的开创者和先驱者，在哲学、史学、道德、伦理、政治经济、文艺美

学、宗教等方面都表达了前所未有的独到见解,其思想体系的博大精深可以说是前无古人,但绝不仅仅局限在湖南,也不仅仅停留在他那个时代,而是深刻影响了后世,从谭嗣同起,到梁启超、章太炎等一批思想家。据最近的研究者披露,王船山经学著作最多,已点注的易学论著中还只占其三成,而在他的整个著作中经学著作内容只有百分之五左右。[①] 我们还不懂王船山,对这座思想宝库的研究还有许多的空白。

王船山作为卓越的思想家,其著作中闪耀着光芒的名言金句俯拾即是,不取诸邻。他可以说是湖南前贤中第一位妙语连珠能编出专著的人物,屈原留下的名句虽然也多,但还出不齐一本书。我们采撷"六经责我开生面,七尺从天乞活埋"这一句,是属于励志方面的。其实,船山先生关于励志言论经典的段子还很多,如"抱刘越石之孤愤,而命无从致;希张横渠之正学,而力不能企。幸全归于兹丘,故衔恤以永世"[②] 与"六经责我"异曲同工。梁启超称他为"湘学复兴之导师",显然把王船山局限到了区域文化一隅,他本人参加反清斗争而加入南明的阵营只是表象,实际上是要"开生面",以复兴中国文化为己任。在中国古代思想史上,具有集大成而又开创新规模的思想家,为数寥寥,孔子集周代文化之大成,删削六经而开启两汉以后中国经学思想的整体规模,经过两千多年思想家与政治家的共同诠释,成为传统思想与文化的主流和大宗。其后有董仲舒、朱熹二人承其余绪,朱子五百年之后,只有王船山一人做到了。

名句"六经责我"的魅力,还在于下句"七尺从天乞活埋",尤其是对"活埋"的理解上各有不同。揣度船山先生的本原,可能"隐居"的意思更符合当时实际一些。儒家是倡导生生之仁的,从理学的开山周敦颐到集大成的朱子都承继了这个说法,王船山把居所取名为观生居,并为观生居堂撰联,当然也有以"生生之化"为自己的行为做注解。同类型句子

---

① 王兴国《近四十年来船山学研究综述》,2019 年纪念王船山诞辰 400 周年暨第一届 21 世纪船山学——船山学与 21 世纪湖南人精神研讨会发言。
② 《自题墓志》,《王船山诗文集·姜斋文集补遗》。

"抱刘越石之孤愤"中因使命闻鸡起舞、枕戈待旦之后不还有"幸全归于兹丘"吗？船山先生把这一层意思说了两遍。在神州陆沉、猪羊色变的时代，要上下求索，复兴文化继往开来，也只有隐居避世，埋首深山，偷活人间，生死当前而不变一途了。湖南人与船山先生是有心灵感应的，晚清画家李世瑱绘有《王船山先生栖伏图》册页，①"双髻峰""石角山""方广寺""浮乡亭""白石峰""涓江峡""系龙洲""崧台""佛山""圆通庵""永福水寨""驴脊峡""枫木岭""石狮岭""西明寺""耶姜山""北洞""西庄园""败叶庐""小云山""湄水""虎塘""驳阁岩""观生居""铁墙城""钟武故城""伊山""青草湖""水陆洲""昭山""东台山""石船山""回雁峰""石鸡村""珍珠岩""大罗山"共36幅画作，真实还原船山归隐时期的行止，栖伏林谷，变姓瑶人，布衣蔬食，孤光远躅。第11幅图中船山困于水寨，霪雨两月，绝粮4日，屡濒于死；第29幅图中有船山诗"凭君写取千茎雪，犹是先朝未死人"。李世瑱是清末民国长沙籍艺术家，同时期长沙诗人黄兆枚有题跋于其上，我们仔细琢磨，这些册页，每一幅都是对"未死人""活埋"的艺术表达。

5. 袁名曜：惟楚有材，于斯为盛

岳麓书院门联，见《岳麓书院续志》卷之四《艺文》。

"惟楚有材"由《左传》中"虽楚有材、晋实用之"转换而来，元代诗人方回首用"惟楚有材"。"于斯为盛"则来自《论语·泰伯》。康熙四十八年（1709年），安陆知府杨绿绶撰《创建阳春书院记》，内有"词擅《阳春》，文赓《白雪》，惟楚有材，于斯为盛"。②第一次把"惟楚有材""于斯为盛"两组词语联为一体。袁名曜任岳麓书院山长后，用它作为书院门联刻挂，这是援引散文名句作对联使用的一例。

---

① 原件藏湖南省博物馆。
② 李权《钟祥金石考》卷五。

从对联的视角看，它的出句与对句在意义和语法结构上主要是上下相承，在语言结构上有一定的先后次序，是典型的流水对。因为上下联脚落底字正格要求上仄下平，但门联上联句脚"材"字属平声，下联句脚"盛"是仄声字，不太合规。我们可以把它当成特例，不值得提倡。此外，它的上联、下联还能自行对仗，自成对偶，即"惟楚"对"有材"，"于斯"对"为盛"，所以它又是一副别有韵味的自对（边对）。

这副对联非常有名，有研究者认定它为湖南第一联，确有其道理。无论你到没到过长沙，熟不熟悉湖南，但对于悬挂在岳麓书院大门的这副对联却多多少少不会太陌生。说到湖南，一般会联想到岳麓书院；说到书院，自然会首先想起这副对联。甚至可以这样说，即使没有来过岳麓书院，外省人士说到湖南，也多会提及这副对联。湖南还有哪一副对联比它更有名气？没有了。它已成为宣传和介绍湖南的一张最亮丽名片。

有名言必有名人，有名胜亦必有名文，相辅相成，有如对联左右相对，缺一不可。"惟楚有材，于斯为盛"8个字闻名遐迩，也有很多原因，可以写入传播学教科书。第一，它的知名度与人们对它的误读有重要的关系。民众都认为"惟楚有材"这句话表明湖南人口气大，而且在吹牛皮。"惟"者，唯一也，只有也。只有湖南才有人才，只有湖南才出人才。这是非常错误的理解。但是，恰恰是被误读后的对联，表现出它张扬的个性，强烈地冲击读者内心的认同感或者不认同感，它是用一种有别于传统的、逆向述事的方式，所以特别吸睛。第二，名人和名胜加持，蕴含了湖湘文化的氤氲底色。岳麓书院有天下四大书院之一的美名，特别是清代中叶以后，岳麓书院培养了一大批国家栋梁之材，科举鼎甲有彭浚、胡达源、龚承钧、曹诒孙、尹铭绶等人，状元、榜眼、探花郎，非浪得虚名；开官场经世风气之人物如陶澍、魏源、贺长龄等，哪一位是等闲之辈？中兴将相如曾国藩、胡林翼、刘长佑、郭嵩焘、曾国荃，都是岳麓书院的学生，他们的名字串在一起就是半部中国近代史。而用之于岳麓书院，地因人显，人以文传，它拥有了巨大的传播能量，从而闻名遐迩，妇孺皆知。

第三，我们不能小觑楹联的影响力。汉语之美、中文之美，最集中表现就在楹联，它蕴藏了中国人的审美方式，具有思想之美、哲学之美、韵律之美和意境之美，与旧诗词相比，虽然也用典，但它可文言可白话，相对更加开放，是传统文化中最具亲和力、认同度也最高的一种文化符号，有哪一位中国人没有听说过对对子？楹联活动可以说地域不分南北，年龄不分老幼，或者是曾经参与者，或者是念兹在兹、乐此不疲的对联粉丝。看一看书院的门联，"造化赋形，支体必双"，八个大字，排成两行，美观且醒目，朗朗又上口。我们可以认为，楹联的表现方式似乎更加具有传播力，人们也更加易于接受。①

6. 周系英：吾道南来，本是濂溪嫡派；大江东去，无非湘水余波

联出《古今联语汇选初集》之《杂题三》。

这是一副清代旧联，近年来特别出彩，经常成为媒体版面上的热词。但是它的联语主体有不同版本，作者也有几说，没有定论。目前在岳麓书院文庙、永州濂溪书院等多个地方纷纷刻挂，是好事者所为，蹭热点而已，也恰好说明了它的知名和传奇。附带指出的是，这副对联原本为湖南而作但并不刻挂在湖南，大名鼎鼎的岳麓书院是没有必要移花接木、拾人牙慧的。

"吾道南来，原是濂溪一脉；大江东去，无非湘水余波"，是它的另一个版本，意思上没有差别。我们在标题上选用"嫡派"这个版本，主要是考虑它出自《古今联语汇选》这部著作在对联学历史上比较权威，也更古老一点。著作权署周系英，也是这样一个理由，而不是定论。湘潭周氏人才辈出，进士出了好几位，在湖南算得上名望较高的文化世家，左宗棠就是他们家的上门女婿。明末的周圣楷，著有《楚宝》，是研究湖南地方历

---

① 李跃龙：《岳麓书院门联解读》，《湘学研究》2019 年第 2 期。

史文化的资料性著作。周系英就出生在这个文化世家,乾隆五十八年(1793年)进士,先后任四川、山西、江西学政,工部、户部侍郎,在政、学两界都具有一定的影响。《古今联语汇选》中说周系英"督学江西,年甚少,人颇轻之。校士日题出,即拟作一篇揭示署外,群惊其敏捷。尝撰一联张署首……"[①] 作此联来压一压赣人的傲气。但联中的"湘水余波"语境与江西的几条江河都不搭界,逻辑上说不通,这也是我们不下结论而存疑的主要原因。

也还有曾国藩、左宗棠、王闿运、王先谦等人所作的说法,他们中有人在南京为官,情节与江西大致相同,只是为金陵贡院所题。曾、左早已声名显赫,以曾的为人用不着也不可能以这种语气写联,可以排除。王闿运为人狂傲狷介,在江南宦游时间也长,极有可能拿吴越的文人士子开涮。王先谦在光绪十一年(1885年)做过江苏学政,写这副对联也不是没有可能。一副对联,对作者究竟是谁的猜测和考订,客观上增加了它本身的传奇色彩。

"吾道南来"联,睥睨天下,气势磅礴,把湖湘文化的强势写得既酣畅而又淋漓尽致,赢得湖南人的高度认同。上联把理学的道统追根溯源到开山祖师周敦颐,这个是符合历史事实的。从理学发展的脉络看,周敦颐的《太极图说》第一次完整呈现了道学思想基本体系,发挥了为往圣继绝学的关键作用。从师承关系上看,周敦颐是程颐、程颢的老师,二程又是杨时的老师。李侗曾师从杨时,他又是朱熹的老师。这种渊源关系脉络十分清晰,理学的集大成者朱熹是认可周敦颐为祖师爷的。乾隆八年(1743年),朝廷特别颁发"道南正脉"匾给湖南,所以上联的"吾道南来,本是濂溪嫡派"肯定理学的开山是湖南周敦颐,是立得住脚的,这也是湖湘文化的亮点,湖南的光荣历史。

下联"大江东去,无非湘水余波",无疑带有一种强烈的地域群体心

---

① 《古今联语汇选》第五册。

理的优越感、自信或者自负情绪。我们可以从两个层面来分析解读：湘、资、沅、澧四水汇洞庭而入长江，湘江属于长江水系，是支流。把"大江东去"的滚滚长江东逝水看成"湘水余波"，特别是非湖南籍的人士心里会比较别扭，怎么是这样的口气呢？有一点说得太满甚至过了头的感觉。这是第一层。但是，我们如果从作者周系英督学江南，是向那些轻视新上司的士林发出一份警示来看，则无不可。又假设该联出自王闿运或者王先谦之手，当时的湖南人打下南京后，权倾天下，两江、闽浙乃至其他地区，上至督抚下至道、府、州、县，到处都是湖南来的官员，指点江山，激扬文字，也只有"大江东去，无非湘水余波"这样的句子，才对得起那个时代。

有点纠缠的东西在里面，往往更有味道，名句也这样。

7. 曾国藩：不为圣贤，便为禽兽；莫问收获，但问耕耘

语出《坐右为联语以自箴》，见《曾国藩日记》咸丰元年（1851年）七月十二日条。

曾国藩在湖南是一个特殊符号，他代表湘军那个世代。曾国藩那一代湖南人到底有多牛呢？王闿运有一个说法："湘军南止交趾，北及承德，东循潮、汀，乃渡海开台湾，西极天山、玉门、大理、永昌，遂度乌孙，水属长江五千里，击柝闻于海。"① 换个说法就是，清朝有多大，湘军规模差不多就有多大。曾国藩成为湖南杰出人物的一个符号，欧阳兆熊说他一生有三变：做京官时以程朱为依归；外出带兵一变为申韩；咸丰八年（1858年）二度出山而以黄老处世，此为三变。曾国藩的三观中还有一招，慈禧太后佩服得不得了。湘军打下南京后曾国藩首先裁军，居然是从自己嫡系的嫡系下手。估计绝大多数人不愿意也不甘心这么做，左宗棠会不屑于这么做，也只有曾国藩一人做得出，而且让人目瞪口呆。对于权力来

---

① 王闿运：《湖南防守篇》，《湘军志》。

说，军队就是命根子，李鸿章还有后来的袁世凯，你要他的命也不会这样干。以至于老佛爷一直想亲眼看一看，这位说一口湖南方言的老头子，到底长一副什么模样。

慈禧太后找到的答案就是，曾国藩是讲求理学之人，其他人会造反，他不会造反；他是办事之人，他会竭尽全力把每一件事办到极致。这一句"不为圣贤，便为禽兽；莫问收获，但问耕耘"被曾国藩奉为座右铭的话，意思是一个人如果不向圣贤看齐，去追求做一名高尚完美之人，那么就等于是禽兽；做任何事情，不要在乎最终的结果是什么，而是先用心去做并且尽力做好。听其言而想见其为人，这是太史公在《史记》每一篇结尾都忍不住要说上的一句话。

曾国藩的老家在湘乡县一处偏僻的乡下，他的天赋并不高，家族祖辈世代务农，几乎没有任何背景。他是一位靠勤奋苦读、虔诚内省、永不懈怠、成功逆袭的农家子弟，在《曾国藩全集》中有太多的这一类励志、修身、做人的名言，在他的家书中，苦口婆心地奉劝自己的兄弟，循循善诱、不知疲倦地教育子侄后辈，基本上都是些为人做事的道理。他又把这一套推己及人，运用在带兵、御将、治民、理财、待人、接物等各个方面。蔡锷编辑《曾胡治兵语录》，就是把曾国藩的名言金句运用到如何带兵打仗，言论集变成了一部兵书。梁启超编辑《曾文正公嘉言钞》，则收录范围涉及更宽，内容也更丰富。

不是人人都能成为曾国藩，但曾国藩确实人人都可以学习。

8. 左宗棠：身无半亩，心忧天下；读破万卷，神交古人

语出家塾联，见《左宗棠全集》第十三册之联语。

湖南人言必"曾左彭胡"，左宗棠小曾国藩一岁。曾左两人事功差距不大，但人生经历和性情却大为不同。左宗棠科场不顺，办事果敢也喜张扬，他推崇诸葛孔明，自号"今亮"。但从传世的名言警句数量上看，左宗棠要明显少于曾国藩。

左宗棠写下"身无半亩，心忧天下；读破万卷，神交古人"时，年方24岁，从这副励志八言联可以品读出主人刻苦学习、效法古贤的远大志向和不畏清贫、先忧后乐的家国情怀。湖南人的精神，表现在技能方面是会读书、会种田、能打仗，表现在性情方面是心忧天下、敢为人先。左宗棠是体现得最充分而且可以当成表率的模范。

左宗棠一生以诸葛亮为学习榜样，鞠躬尽瘁，死而后已。他临终前这样上书朝廷："方今西域初安，东洋思逞，欧洲各国，环视眈眈。若不并力补牢，先期求艾，再有衅隙，愈弱愈甚，振奋愈难，虽欲求之今日而不可得。伏愿皇太后、皇上于诸臣中海军之议，速赐乾断。凡铁路、矿务、船炮各政，及早举行，以策富强之效。然居心为万事之本，臣犹愿皇上益勤典学，无怠万机；日近正人，广纳谠论；移不急之费以充军食，节有用之财以济时艰；上下一心，实事求是。臣虽死之日，犹生之年。"① 这是一份左宗棠格式的《后出师表》，是心忧天下的真实写照。

近年来网络热传华人企业家李嘉诚所喜欢的一首对联："发上等愿，结中等缘，享下等福；择高处立，寻平处住，向宽处行。"文字与内容俱佳，为联中上品，有道是左公为无锡梅园的主人所题。但此联的个人情趣与左宗棠为人处世的风格不尽相同，不太可能是左的作品，它与"身无半亩，心忧天下；读破万卷，神交古人"的左宗棠差异也比较明显。对左的题跋、联语等，《左宗棠全集》已做了广泛搜集、整理和研究，但没有收入此联，态度是严谨的。据专家的研究，这副联应为安徽桐城人姚元之所作，他是嘉道时期进士，也是左宗棠的前辈。这是我们推出左宗棠名言金句，顺便应该予以澄清的。

9. 谭嗣同：我自横刀向天笑，去留肝胆两昆仑

语出谭嗣同《狱中题壁》诗。

---

① 左宗棠：《奏稿八》，《左宗棠全集》第八册。

谭嗣同，湖南浏阳人。这个人物增添了湖南历史的丰采和湖湘文化的底色，缺了他拼图就不完整。同样，湖南的名言金句，如果没有收录谭嗣同，也将失色。

梁启超同湖南的渊源很深，南下长沙筹办时务学堂过程中与谭嗣同开始合作，百日维新时期他们共事并成为生死之交。谭嗣同殉难后，遗言都是由梁启超整理。《狱中题壁》这首诗最早由梁启超在《戊戌政变记》中刊布，原文为："望门投宿怜张俭，直谏陈书愧杜根。手掷欧刀仰天笑，留将公罪后人论。"后来梁启超撰写《饮冰室诗话》，又一次刊载此诗："望门投止思张俭，忍死须臾待杜根。我自横刀向天笑，去留肝胆两昆仑。"对于这一首诗中多处字词变动，包括"两昆仑"的原意，以及梁启超的个人动机，学术界有多种解读。东汉的杜根上书劝太后归政，被太后下令捕杀，幸诈死而逃脱。谭嗣同用此典正可影射慈禧专权，梁启超改为"忍死须臾待杜根"，是有点说不通。末句的"公罪"，指的就是计划包围圆明园，兵谏太后归政光绪皇帝。梁启超回避此事主要是出于政治上的考量，为维新派遮掩。没有人比梁启超更了解谭嗣同，我们也不能否定梁启超这位文章圣手带着政治目的为戊戌变法定调。但没有他，谭嗣同的英雄形象不会这样鲜活，"各国变法无不流血而成"，是梁启超回忆谭嗣同的话；戊戌维新失败后，梁启超劝谭嗣同一起逃亡，谭嗣同说"不有行者，无以图将来；不有死者，无以酬圣主。今南海（康有为）之生死未可卜，程婴、杵臼，吾与足下分任之"。[①] 这也是梁启超的回忆，梁有没有为自己脸上贴金的成分？有也是可以的，我们今天才有还原当年场景的可能。只有通过他，谭嗣同身上的英雄主义和牺牲精神，才是真实的，具有温度的，也是值得永久纪念的。

读谭嗣同的名言，能让人莫名感极而涕下。谭嗣同是铮铮铁汉子，从奉诏赴京起就做好了万全准备。他为尽孝道保护身为湖北巡抚的老父亲，

[①] 《殉难六烈士传》，见《饮冰室合集》第六册《戊戌政变记》。

已做足预案让朝廷找不出破绽。他慷慨赴难高呼"死得其所，快哉快哉"，但只要读到他写给夫人李闰的诀别信，人人都会肝肠寸断，他的儿女情长与我们每个人都一模一样，"结缡十五年，原约相守以死，我今背盟矣！手写此信，我尚为世间一人；君看此信，我已成阴曹一鬼，死生契阔，亦复何言。惟念此身虽去，此情不渝，小我虽灭，大我常存。生生世世，同住莲花，如比迎陵毗迦同命鸟，比翼双飞，亦可互嘲。愿君视荣华如梦幻，视死辱为常事，无喜无悲，听其自然。我与殇儿，同在西方极乐世界相偕待君，他年重逢，再聚团圆。殇儿与我，灵魂不远，与君魂梦相依，望君遣怀"。[①]

谭嗣同字复生，复生长已矣，已不复生，但他的名句和精神会永生。

10. 毛泽东：为有牺牲多壮志，敢教日月换新天

语出毛泽东的七律诗《到韶山》。

毛泽东非常多的名言金句，来源于他的人生经历、思想和事功，他超越了湖南的前贤，是第一流的人物。《毛主席语录》到底有多少个版本？它发行了多少册？这是一个弄不清楚的事情。毛泽东的名言有如下几个特点。一是时间跨度长，最早的大约可以上溯到1916年。二是涉及的范围广，政治的、军事的、经济的、文化的、励志的、怡情的，可以说包罗万象。三是分布在各种语体形式中，有诗、词、楹联、信札、书牍、笔记和语录等，非常丰富。四是通俗易懂，妇孺皆知。即使佶屈聱牙、晦涩难懂的语言，专业和政策性极强的文字，他都会转换成老百姓明明白白并且能接受的东西。

毛泽东的名言金句大部分能入列湖湘名句，但是，要选出一句进入十大名句，我们考量的出发点主要在于，除它的思想性外还要与其他名言在内容上的整体平衡。"为有牺牲多壮志，敢教日月换新天"一是表现湖南

[①] 信函原件藏湖南省博物馆。

人士的奋斗和牺牲精神，二是也包含了毛泽东一生打破旧世界、建立新中国的"壮志"。湖湘文化的奋斗和牺牲精神发源于屈原时代。"虽九死其犹未悔"出自屈原的《离骚》，"举家自杀尽忠臣，仰面青天哭断云"，① 这是南宋诗人郑思肖对潭州军民反抗外来侵略视死如归精神的由衷赞美。我们再看一看近现代以来的湖南前贤自己怎么说。"曾左彭胡"中的彭玉麟，他有一段著名的"三不要"："惟秉诚实无欺之血忱，不要官，不要钱，不要命！"② 既反映出一种血性，也充满斗争和牺牲精神。戊戌六君子之一的谭嗣同，变法失败后梁启超劝其流亡，他不为所动选择留在北京，"各国变法，无不从流血而成。今日中国变法而流血者，此国之不昌也。有之，请从嗣同始！"最后喋血京师街头，这是湖南人"变法流血从我始"的血性。民国"孙黄并称"的黄兴："天下事，所谓不爱钱、不要命，无不成者也。"③ 这是继彭玉麟讲"三不要"后再说"二不"的湖南人。再看蔡锷，"吾人以一隅而抗全局，明知无望，然与其屈膝而生，毋宁断头而死。此次举义，所争者非胜利，乃中华民国四万万众之人格也"。④ 这是蔡锷在云南起兵反袁世凯称帝时的心志表白，是湖南人在誓死捍卫共和、争国民的人格。毛泽东本人也有许多这一类型的名言，比如，"一不怕苦，二不怕死"；"下定决心，不怕牺牲，排除万难，去争取胜利"；"中国人连死都不怕，还怕困难吗"；"成千成万的先烈，为着人民的利益，在我们的前头英勇地牺牲了，让我们高举起他们的旗帜，踏着他们的血迹，前进吧！"只有敢于牺牲，才能争取胜利，打败帝国主义，打败国民党反动派，才能建立人民共和国。

毛泽东首先是一个革命者，同时他又是一位深受中华传统文化熏陶浸润的风流人物，他工诗、擅词，擅草书。遴选"为有牺牲多壮志，敢教日

---

① 《咏制置李公芾》诗。
② 《奏报赴粤部署大略折》，见《彭玉麟集》之光绪九年九月十九日奏稿。
③ 《致胡汉民函》，见《黄兴集》。
④ 梁启超：《护国之役回顾谈》，见《护国文献》上。

月换新天"作为湖湘十大名句，而没有选择上述毛泽东的其他语录式的名句，主要在于兼顾毛泽东人生定位的另一个方面。这一句话来自中国诗歌格式中的顶尖，七言律诗的五、六句——颈联，它格律严密，必须对仗。毛泽东大半生戎马倥偬，指挥千军万马，但他并不是赳赳武夫，他的才华是全方位的，否则，怎么去解释"惜秦皇汉武，略输文采；唐宗宋祖，稍逊风骚"呢？十大名句以屈原开篇，也只有横空出世的毛泽东名言，适合作收尾。

| 第四章 |

不到潇湘岂有诗

——湖湘十大文学品牌

宋代陆游有诗云:"挥毫当得江山助,不到潇湘岂有诗?"此语用了非常夸张的修辞手法,表达了潇湘楚水对他诗歌创作的影响。但湖南这片土地,确实有让诗人们流连忘返的理由,巫风楚雨和湘水湘情激发起他们的忧生之嗟,融合各自的境界和风格,创作出来诸多诗歌,或驰骋云游,或自哀形秽,或忧国忧民,或寄情山水,组成了颇为壮观的湖湘诗篇。这些诗篇不仅仅展现了湖湘的山水风情,更是滋润了湖湘文人的心怀,为湖湘文学在后来的厚积薄发提供了丰厚的养料。

一 湖湘文学概述

1. 基本情况

据陈书良主编的《湖南文学史》所言,湖南文学的产生和发展,大致经历了四个时期。[①] 第一个时期,从两千多年前战国时的南楚到明代,为古代湘楚文学时期。湖南文学的开始是横空出世的屈原,他先后被流放至汉北和沅湘流域,最后怀石自沉于汨罗江,以身殉国。他的创作开创了新

---

① 陈书良主编《湖南文学史》,《湖湘文库》,湖南教育出版社,2008。

的诗歌传统，与《诗经》并列成为中国诗歌的两座高山。之后，湖南文学出现了较长时间的沉静，到唐代渐有起色，宋元出现了一批著名的本土作家，如欧阳询、李群玉、胡曾、曹松、齐己、刘蜕、周敦颐等。值得注意的是，唐宋时期著名文人如李白、孟浩然、王昌龄、杜甫、韩愈、柳宗元、李商隐等都曾流寓湖南，并留下了很多不朽之作。明朝的李东阳更引领了茶陵诗派，并使其成为具有全国影响力的诗派。第二个时期，从清代到中日甲午战争，为湖湘经世文学时期。经过宋元湖湘学术的发展和沉淀，湖湘文化在这一时期突飞猛进，诗文创作在"经世致用"的思想浸染下，出现了影响文坛的作家和文派。他们推崇王船山的爱国忧时思想，讲究力矫空疏，经世致用，在诗歌方面，有何绍基、王闿运等名家；在散文方面，形成了以曾国藩为领袖的桐城古文湘乡派。第三个时期，从中日甲午战争到辛亥革命前后，为清末文学时期。在这一时期，湖南文人积极参与政治军事斗争，将文学作为推广思想启蒙大众的武器，谭嗣同、陈天华、易白沙等革命诗人将自己炽热的爱国之情、壮志难酬的悲愤和视死如归的英雄气概融入诗文创作中，对推动革命做出了杰出的贡献。第四个时期，从"五四运动"前后到现在，为新民主主义文学和社会主义文学时期，这个时期堪称湖南文学史上空前繁荣时期，名家辈出，如田汉、欧阳予倩、成仿吾、沈从文、丁玲、周立波、张天翼、蒋牧良、叶紫、康濯、谢冰莹等，在文学领域中取得了杰出的成就，并逐渐形成了湖南文学独有的思想风格和艺术特色。当代湖南文学更是精彩纷呈，一批批文学新人轮番上场，"文学湘军"脱颖而出，成为中国文学不可小觑的创作力量。

2. 特色亮点

湖南文学的开端可以说是一鸣惊人，从《离骚》开始就形成了这一地域文学的诸多特点，就像烟花的迸发，从这一中心展开了绚丽的色彩，突出形成了湖南文学特色亮点。首先，具有强烈的爱国情怀。从屈原开始，湖南文学总蕴含着一种浓浓的底色，就是对家国"九死犹未悔"的热爱。

湖南文人不仅仅在诗文中抒发着这种情感，更是以行动来保卫自己的家园，在动荡的乱世中，可以看到湖南士子们一次又一次奔赴在时代的前沿，迸发出救亡图强的愤慨。其次，具有经世致用的入世精神。"经世致用"是湖湘文化经久不衰的情结，也是湖湘人士一直引以为自豪并高高擎起的一面旗帜。反对脱离实际的高谈阔论，也反对学而不去力行，主张从现实的政治、经济、生产活动出发，问天事、问地事、问人间事，立足于现实而有所作为。特别是，湖南作家从辛亥革命开始，就从政治的角度充分表现文学的才华，写下了一批鼓舞人民斗志的传世之作，造就湖湘现当代文学的磅礴大气和灿烂辉煌。最后，具有独特的人格魅力。众所周知，湖南人以独特的性格闻名于世。湖南文学创作品中，众多人物形象都具有鲜明的个性特征，体现出了"忠诚，担当，求是，图强"的湖南精神，令人印象深刻。

3. 地位影响

从湖南文学的发展来看，其文学及其精神的传统构成，首先是自然山水构成的光彩世界，与中原文化若即若离的文化背景，寒热交织和阴湿晦暗的气候条件，孕育了一种独特的湖湘气质，有着一种野性、蛮力、坚硬和刻苦朴拙，有一种巫性的蒙昧和想象力，还有一种灵动、飘逸、浪漫的神话式的思维习惯与氛围，在屈原的《离骚》中集中、热烈地迸发出来，是"温柔敦厚"的儒家美学所没有的传统。以"凤歌笑孔丘"的姿态，楚文化对中国古代文学影响即像《论语》中那位楚狂人一样，那些饱读经文的士大夫既被震惊又不免被他的独特魄力所折服。再则，湖湘学派所孕育的"经世致用"的哲学精神，使得他们的文学像对社会人生亮剑的利器，要求诗文包含纯粹的情感，为天地立心的使命，直指现实，勇担文人的职责，这是湖南文学所展现给世人的另一面。裹挟着"虽九死其犹未悔"的壮烈决心，为中国文学树立了一根爱国、恤民、传道的标杆。在湖湘文化的影响下，湖南文学还体现出独树一帜的气质风格。毛泽东的文艺实践，所体现的那种大气与深刻，不难看出其所受到的湖湘文化的影响。毛泽东文艺思想所透露的经世致用的风格，也是湖湘文化的要义。湖南作家与艺术家也以前所未有的阵容出现在中国文坛。沈从文、丁玲、白薇、田汉、周立波，他们身上无不可以见出楚地的血脉和湖湘文化的基因，显示出湖湘水土特有的诗性与灵性，其中还可以见到端肃方正的主体精神与品质、严格苛刻的情感与趣味要求。

二　湖湘十大文学品牌及其评价

1.《离骚》——楚风楚语创楚辞，一曲离骚万古吟

（1）作品背景

屈原，主要活动于楚怀王时期，曾任左徒，参议国事。根据《史记·屈原列传》记载，屈原是一个能力学识出众、行为磊落的楚国贵族，但受到了的楚国内部的打击和排挤，使得他的理想才干难以实现，"屈原放逐，著《离骚》"，在流放的时候用诗歌来倾诉自己忧愁幽思、绵缠悱恻的情绪。正所谓"信而见疑，忠而被谤，能无怨乎？屈平之作《离骚》，盖自怨生也"。屈原的创作与他的身世遭遇密不可分，也和楚国兴衰密不可分。他被起用之时，也正是楚国国富兵强、威震诸侯的上升时期，当他被弃用的时候，是楚国多次战败、楚王客死他乡的时期，个人与家国命运的重叠，使得《离骚》不单单是抒发个人悲愤的"牢骚"之作，而是将个人融入对楚国热爱之中，他所挂念的是楚国的兴亡、百姓的疾苦，正如诗中所述"长太息以掩涕兮，哀民生之多艰"，超越了小我的得失，而树立洁而不群的爱国诗人形象，是《离骚》所以引起千古共鸣的关键之所在。

（2）艺术特色

《离骚》是一首充满激情的抒情长诗，它给人印象最深的是其无穷的想象，屈原游逸在沅湘水域，感受着巫风楚语，诗中充满了如幻如真的现

实与想象的交织对话,一方面,是诗人真实的经历,如"初既与余成言兮,后悔遁而有他。余既不难夫离别兮,伤灵修之数化",是讲述楚王与他的几次交往;另一方面,又是大量香草美人意象,占吉日、驾飞龙准备游历昆仑。《离骚》以花草、禽鸟、山川寄托情意,看似奇幻不经。但是,诗人难以排解的悲愤情绪就如同滔滔江水一样,时而裹挟着对往昔的回忆,时而驻足在芳草英华之间,时而怒视着恶草恶木,时而浮游求女。最终"陟升皇之赫戏兮,忽临睨夫旧乡。仆夫悲余马怀兮,蜷局顾而不行。"马如同主人的心境一样,离开故国,种种的不满与委屈,还是敌不过爱国之心。《离骚》的艺术特色首先体现在意境大开大合、浩浩荡荡,难见端绪,惊人的想象似梦话一样,都是诗人情绪流转表达,体现了诗人不凡的艺术匠心。其次,《离骚》还开创了新的美学传统。在继承发扬《诗经》"赋比兴"手法的基础上,创造了"香草美人"象征手法。诗中有大量的比喻,如采摘香草来象征自身对修为的重视,并以香草的名称来象征美好的品德,以美人来象征贤人。同样的,也有恶草恶女的象征。这些象征手法的运用,使得《离骚》叙事抒情不流于直白,含蓄且充满了韵味,加深了作品的美感。自屈原以来,"香草美人"就已经成为高洁人格的象征。最后,《离骚》创造了新的文学样式。屈原吸取了楚地民歌的形式,又加上了散文的笔法,独创了"骚体"的样式,突破了诗歌的局限,适合叙述复杂丰富的内容,表达强烈而又绵长的情感。在语言结构上,《离骚》基本上是四句为一章,每句字数并不相等,中间还用"兮"字连接着上下句,使得诗歌读起来有一定的节奏感,而又不呆板,整饬中又富有变化。《离骚》的语言十分精练,并大量地吸收了楚国的方言,虚字也运用得十分灵活,又常以状词冠于句首,造句也颇有特点。此外,《离骚》除了诗人内心独白外,还设为主客问答,又有大段的铺张描写,绘声绘色,对后来辞赋有很大影响。

(3)影响地位

《离骚》在文学史上开创了"楚辞"(即骚体诗)体裁。汉魏以后甚至以"骚"概称楚辞,最后成为楚辞的代名词,"骚人"也成为诗人的代名词。而它对后世的影响更为重要的是,它在儒家传统之外,开创了个性鲜明的精神主体,主要表现在殉身无悔的态度、上下求索的精神、"香草美人"的喻托和悲秋伤逝的传统等方面,为中国文化的多样性添上了最为浓厚的一笔。《离骚》诗中包含的殉身无悔的执着和坚韧,激励着后世诗人在诗歌中以这种顽强执着的态度去追求理想的政治和社会,追求理想的人格和爱情。后世诗人还从诗中继承了对美好事物、美好情感、美好理想的追求精神,也继承和发展了诗中以香草美人比喻美好品质这种独特的比兴手法。

《离骚》不仅在中国备受推崇,在世界上也享有崇高声誉,很早就传入日本、朝鲜、越南。1852年德国费兹曼在维也纳皇家科学院报告上的德译本《〈离骚〉和〈九歌〉——公元前三世纪的两篇中国诗歌》问世以后,法、英、意、俄、匈等译本相继产生,有些语种不止一种译本。

2.《桃花源记》——林尽水出有仙境,此地只在桃花源

(1)作品背景

陶渊明(约365~427年),字元亮,又名潜,私谥"靖节",世称靖节先生,浔阳柴桑人。曾任江州祭酒、建威参军、镇军参军、彭泽县令等职,最末一次出仕为彭泽县令,八十多天便弃职而去,从此归隐田园。他是中国第一位田园诗人,被称为"古今隐逸诗人之宗",有《陶渊明集》。作为一位伟大的诗人,他将"自然"提升为一种美的至境;将玄言诗注疏老庄所表达的玄理,改为日常生活中的哲理;使诗歌与日常生活相结合,开创了田园诗这种新的题材。

《桃花源记》是陶渊明的代表作之一,是《桃花源诗》的序言,选自《陶渊明集》。元熙二年(420年)六月,刘裕废晋恭帝为零陵王,次年,刘裕采取阴谋手段,用毒酒杀害了晋恭帝。残酷的政治斗争激起了陶渊明思想的波澜。他无法改变,也不愿干预这种现状,只好借助创作来抒写情

怀，于是借武陵渔人行踪这一线索，把现实和理想境界联系起来，通过对桃花源的安宁和乐、自由平等生活的描绘，表现了作者追求美好生活的理想和对当时现实生活的不满。《桃花源记》就是在这样的背景下产生的。

（2）艺术特色

首先，虚景实写。桃花源虽是虚构的世外仙境，但是由于采用写实手法，如开头的交代，时代、渔人的籍贯，都写得十分肯定，似乎真有其事，给人以真实感。其次，细致描写。陶渊明的文笔生动简练、隽永，看似轻描淡写，但其中的描写使得景物历历在目，令人神往。他的细致描写不仅仅是对自然景物的白描，对事情的叙述也有精彩的铺垫。如第一段就用了"忘""忽逢""甚异""欲穷"四个心理描写把武陵渔人进入桃花源的心理活动表现出来，实则以此来表现桃花林的绝美景色。而后面的桃花源内部的景物的描写也很精彩，将土地、屋舍、良田、美池、桑竹、阡陌、鸡鸣犬吠诸景一一写来，所见所闻，历历在目。之后由远而近，由景及人，描述桃源人物的往来种作、衣着装束和怡然自乐的生活，勾勒出了一幅理想的田园生活图景。陶渊明的描写从容不迫娓娓道来，与桃花源的仙境气质是十分契合的。最后，结构安排。尽管武陵渔人来到桃花源的经历和仙境景物描写得十分真切，给人以游记的印象，但是，桃源人的叮嘱和故事结尾安排的"不复得路""规往未果"等情节，又将桃花源从现实中渐渐抹去，暗示着"桃花源"在现实中难以见到，给人一种虚虚实实、恍惚迷离的回味。

（3）影响地位

《桃花源记》以武陵捕鱼人不经意间来到桃花林开篇，经"林尽水源"之处的山之小口，偶然间探得这么一个人间仙境，而后渔人离开桃花源时，留下了标记，欲引太守复寻此处之时，却"遂迷，不复得路"。在《桃花源记》的后面还有一首《桃花源诗》，描写了桃花源人民生活的安宁、祥和，并表达了自己对这种宁静生活的向往之情。全诗的思想内容及表达意趣，与《桃花源记》是一致的。《桃花源记》开篇道："晋太元中，武陵人捕鱼为业。"即点明了文章所述故事发生的年代、地点与主人公的基本情况。"武陵"指的是"武陵郡",郡治在今湖南省常德市一带,时至今日尚所辖一县,名曰"桃源"。

陶渊明笔下的桃花源,是他所倾心的理想生活环境,也成为后世文人所向往的一种生活境界,或者说是理想的社会生活场景,并逐渐成为一种逃避现实追求理想的精神家园。千百年来,不知道有多少人在寻找心中的桃花源。这样的桃花源,可以说为湖湘文化带来了神妙的一笔。仿佛在烟波浩渺的洞庭一湖之畔,通过弯弯小河可以找到那纯真和谐的生活,无论对于古代人还是现代人来说,是超越时空的至美追求。这是陶渊明为湖湘人民乃至全天下人民留下的宝贵精神财富,也是湖湘文化遗产中不可忽视的光辉一页。

3.《发潭州》——孤舟远行泛湘江,黯然神伤百感集

(1) 作品背景

杜甫(712~770年),字子美,自号少陵野老,与李白合称"李杜"。他们都写过洞庭湖,但诗歌意境有很大不同。就如儒道互补一样,李白写洞庭"划却君山好,平铺湘水流",是奇绝恣意,杜甫表达出来的更多是以天下为己任的责任感和强烈的忧患意识。《发潭州》一诗,是诗人在大历四年(769年)春离开潭州赴衡州时所作。作诗的前一年,杜甫因为回洛阳无望,以一叶小舟为家,漂泊在湖湘地区。在这里杜甫度过了人生最后的两年。在凄惨的晚境中,杜甫作了这一首伤世之作,一年后作者在一个风雨交加的夜晚逝世于平江的一条小船上。

(2) 艺术特色

很多场景可以让人感伤,比如一响贪欢之后的寂寥。"夜醉长沙酒,晓行湘水春。岸花飞送客,樯燕语留人。"首联就点题,从昨夜的酒醉醒来,孤舟远行。这种伤感的情绪沿着航程一路蔓延,前来送别的只有岸边飞舞的落花和船樯上呢喃的飞燕。如果李白醉酒观景是万物皆浸染了自己

的情绪可以恣肆想象；而杜甫酒醒离行，是在清醒中看待万物，看似平铺直叙，却更为寂寥凄楚，点点滴滴都透露着人生离场的伤感。诗人晚年辗转流徙于湘楚大地，这样的离别肯定经历了不少，一次次离别最终走到了生命的尽头。作者似乎习惯了这种场景，漫不经心地随江而去，心中却感慨万千。"贾傅才未有，褚公书绝伦。名高前后事，回首一伤神。"他所感慨的不是昨夜酒席的离散，而将思绪引到在湘名人。西汉的贾谊、初唐的褚遂良都被贬到长沙，他们在不同的时代都名高一时，但俱被贬抑而死。杜甫此时也漂泊江湖，一生抱负未成实现，这两位古人的遭遇引起诗人感情上强烈的共鸣。所谓世事不堪回顾，沉郁悲愤之情在这里达到了高潮。诗歌在此戛然而止，就像画中的留白，作者的忧愁正如小舟下的江水绵绵流去。这首五言律诗在艺术表现手法上，或托物寓意，或用典言情，或直接抒怀，句句含情，百转千回，创造了深切感人、沉郁深婉的艺术意境，成为杜甫晚年诗作中的名篇。

（3）影响地位

杜甫漂泊湖南时，共写下诗作一百余首。正是晚年的不幸，激发了他的创作，正应了"诗人不幸诗家兴"。"文如其人"杜甫的诗歌体现了他可贵的诗人情怀。首先，这些诗歌中充满了爱国忧民的情感。其心怀天下的思想，才是开创他诗歌境界的关键所在。其次，杜甫一生颠沛流离，直面民间疾苦。在他的作品中，可以看到他对百姓的关怀和同情，在他的诗歌中爱国与忧民是一体的。最后，难能可贵的是，杜甫具有反思的精神，让他跳出了一般诗人囿于炫技滥情浅薄的局限，在诗句中展开了对当时社会的思考和批判。这些在湖南所创作的诗歌对湖湘文化影响很深，都沉淀到湖湘文化的"爱国忧民""经世致用"优良传统之中，这也是杜甫对这片热土的回报与贡献。

如今，在长沙市湘江大道边，有一座杜甫江阁耸立在江畔。2005年，为纪念这位伟大的诗人，长沙市人民政府兴建该建筑。忆往昔，杜甫在湖湘浅吟低唱，满是凄凉的悲歌。千年之后，湖南乡亲给予崇高的礼赞，纪念这位在小舟中漂泊的爱国诗圣。

4.《永州八记》——永州十年为辞章，潇湘山水寄忧思

（1）作品背景

柳宗元（773~819年），字子厚。河东（今山西省永济市）人，唐代文学家、哲学家和政治家，唐宋八大家之一，世称"柳河东""河东先生"。永贞元年（805年）九月，革新失败，他被贬邵州刺史，十一月加贬永州司马（永州市零陵区）。那时，永州还是比较偏远的地方。柳宗元在这里待了十年，也是他最为失意的十年。但是，他一方面并没有消沉，在永州兴办学堂来推广教育，反对巫术来教化民众，开荒垦田来发展经济，做了很多有利于永州发展的好事；另一方面，又寄情于永州的山山水水，将自己的不得志消解在山水诗文之中，《柳河东全集》中500多首诗文有300多首创作于这一时期。可以说永州山水寄托了诗人无限的哀愁，反之，永州山水因柳宗元增添了别样的人文色彩，从僻远野村一跃成为世人皆知的名胜故地。

（2）艺术特色

《永州八记》是柳宗元山水游记的代表作，也是我国游记散文中的一朵奇葩，其艺术魅力历久弥新。清人刘熙载《艺概·文概》："柳州记山水，状人物，论文章，无不形容尽致；其自命为'牢笼百态'，固宜。"柳宗元极力挖掘永州山水的别样风致，使其具有了别具洞天的审美特征。首先，是以小见大的独特视角。《永州八记》多描写的是作者眼前的小景观，所谓的小丘、小石潭、小石涧等，这些身边的乡村小景，浸染了诗人的诗情雅致，成了独此一家的精妙艺术小品。其次，是清美悠长的意境创造。柳宗元写小石潭，"四面竹树环合，寂寥无人，凄神寒骨，悄怆幽邃"，不过是一弯小水塘，却因诗人孤独的心境，展现出独特的审美趣味。可以说，柳宗元笔下的永州山水成为其灵魂投射，将之性格化了。最后，是字句简练的语言之美。凭着简练而又生动的文笔，柳宗元借山水之题，发胸

中之气。正如《愚溪诗序》所言："清莹秀澈,锵鸣金石。"如对石渠的风,作者仅用了"风摇其巅,韵动崖谷。视之既静,其听始远",寥寥几笔,就把这冷寂清幽而又毫无影踪的风描写得韵味十足。这样的金句妙笔,在《永州八记》中俯拾即是。柳宗元曾经说:"余虽不合于俗,亦颇以文墨自慰,漱涤万物,牢笼百态,而无所避之。"可以说,在柳宗元的诗文中,人与自然融为一体,情怀和文字融为一体,形势与情感得到了完美的和谐统一。

(3) 影响地位

柳宗元和韩愈齐名,同被列为唐宋八大家。韩愈称柳"雄深雅健,似司马子长"。他的散文论说性强,笔锋犀利,讽刺辛辣,富于战斗性。永贞革新失败后,改革派柳宗元被贬至湖南永州,在这山清水秀的边远小城里写下不朽的名篇。深藏闺中的山清水秀,点点滴滴地慰藉了诗人,诗人以心中的柔软和细腻待之,借眼前之山水,浇心中之块垒。情景交融,物我和谐,精裁密致,璨若珠贝。永州以此组文章奠定了古城的文化底蕴,柳宗元已成为永州的一张文化名片,永州秀异的风景、特有的药材、醇厚的人情都因柳宗元而四海闻名。

5.《岳阳楼记》——观图写尽巴陵状,先忧后乐览物情

(1) 作品背景

范仲淹(989~1052年),字希文,苏州吴县人,著有《范文正公集》。《岳阳楼记》是他应好友巴陵郡太守滕子京之请,于北宋庆历六年(1046年)九月十五日为重修岳阳楼写的。相传范仲淹是看着一幅画写出来的,不禁让人产生怀疑,诗人怎能有如此的想象,将岳阳楼风景描写得如此贴切,将登楼之情抒发得如此真切?这要从作者的一段经历说起,《安乡县志》记载:"范仲淹,苏州人,幼孤,从其母归朱轼,令安乡,仲淹随之。"也就是说,范仲淹随着他改嫁的母亲,与继父一起曾经在安乡生活过一段时间。在来去的路上,范仲淹应该路过洞庭湖,自然也受到烟

波浩渺的湖光山色震撼。后来也曾追忆道："回思洞庭湖，无限胜长沙。"更为重要的，成长时期的范仲淹也在湘中，耳濡目染地受到"心忧天下"的湖湘文化的影响，汲取着湖湘精神淳朴、务实的养分，埋藏了忧国忧民的思想种子。《范文正公年谱》记载："其（范仲淹）于富贵贫贱毁誉欢戚不一动其心，而慨然有志于天下。常自诵曰：'士当先天下之忧而忧，后天下之乐而乐也'。"

知道这样的背景，我们就不难想象诗人看着洞庭山水图，心中所泛起的波澜，一段段年少往事不断涌上，忧国爱民的初心不断闪现，下笔便是这洋洋洒洒的不朽名篇——《岳阳楼记》。

（2）艺术特色

滕子京被诬陷擅自动用官钱而被贬岳州，范仲淹正是借作记之机，含蓄规劝他要"不以物喜，不以己悲"，试图以自己"先天下之忧而忧，后天下之乐而乐"的济世情怀和乐观精神感染老友。这是本文命意之所在。因此，此文写景状物洋洋洒洒，皆为了文章结尾的纵横议论，以"忧乐"精神点睛全篇，扩大了写景文章的意境，成为此类文章的典范。就艺术而论，《岳阳楼记》有以下几个特点。首先，记楼不写楼，而是描写了登岳阳楼所见洞庭湖的不同景致。他着重描写了登楼的迁客骚人所见不同景色，以及所蕴含的不同情感。从多种不同之中，"览物之情，得无异乎"，范仲淹又发问，以引出最后一段所谓"古仁人之心"，千头万绪归结一处。文章立意高远，意义深刻，这样的记叙可谓别出心裁，独具匠心。其次，全文记叙、写景、抒情、议论融为一体，动静相生，明暗相衬，文词简约，音节和谐，用排偶章法作景物对比，成为杂记中的创新。最后，这篇文章的语言很有特色。全文妙语连珠，读上去一气呵成，朗朗上口，全篇结构精简，用词精妙，句句皆是名句，词词都是名词。它虽然是一篇散文，却穿插了许多四言的对偶句，如"日星隐曜，山岳潜形""沙鸥翔集，锦鳞游泳""长烟一空，皓月千里；浮光跃金，静影沉璧"这些骈句为文章增添了色彩。作者锤炼字句的功夫也很深，如"衔远山，吞长江"这两句的"衔"字、"吞"字，恰切地表现了洞庭湖浩瀚的气势。"不以物喜，不以己悲"，简洁的八个字，像格言那样富有启示性。"先天下之忧而忧，后天下之乐而乐"，把丰富的意义熔铸到短短的两句话中，字字有力。

（3）影响地位

范仲淹文学素养很高，他的诗词也脍炙人口，如《渔家傲》《苏幕遮》，苍凉豪放、感情强烈，为历代传诵。而对后世影响最大的，应该还是《岳阳楼记》。本文表现作者虽身居江湖，却心忧国事，虽遭迫害，仍不放弃理想的顽强意志。《岳阳楼记》的影响力来自文中的思想境界崇高。"先天下之忧而忧，后天下之乐而乐"，成了后世不少仁人志士一生行为的准则。范仲淹写这篇文章的时候正贬官在外，"处江湖之远"，本来可以采取独善其身的态度，落得清闲快乐，但他提出正直的士大夫应立身行一的准则，认为个人的荣辱升迁应置之度外，"不以物喜，不以己悲"要"先天下之忧而忧，后天下之乐而乐"，勉励自己和朋友，这是难能可贵的。它的思想力量正如北宋文学家欧阳修所说："磊磊落落，确实典重，凿凿乎如五谷之疗饥，与世之图章绘句、不根事实者，不可同年而语也。"可谓为千古骚客文人立心之文。

6.《爱莲说》——以花喻人赞自洁，湖湘伴有莲花香

（1）作品背景

周敦颐，原名周敦实，字茂叔，谥号元公，北宋道州营道楼田堡（今湖南省道县）人。周敦颐是北宋五子之一，是宋朝儒家理学思想的开山鼻祖，文学家、哲学家，著有《周元公集》《爱莲说》《太极图说》《通书》。周敦颐创办了濂溪书院，从此开始设堂讲学，收徒育人。他将书院门前的溪水命名"濂溪"，并自号"濂溪先生"。嘉祐八年（1063年），周敦颐应邀与一群文朋诗友游玩聚会。兴之所至，大家便相约写诗作文。周敦颐一气呵成挥笔而就散文《爱莲说》。他写《爱莲说》并不是应景之文，而是

他真心喜欢莲花。在他创办的书院内就有一座爱莲堂，堂前凿一池，名"莲池"，以莲之高洁，寄托了自己毕生的心志。

（2）艺术特色

作为一篇小品文，这篇作品通过对莲的形象和品质的描写，歌颂了莲花坚贞的品格，从而也表现了作者洁身自爱的高洁人格和洒落的胸襟。因此，这篇作品最大的特点就是托物言志。首先，文章从"出淤泥而不染"起，以浓墨重彩描绘了莲的气度、莲的风节，寄予了作者对理想人格的肯定和追求，也反射出作者鄙弃贪图富贵、追名逐利的世态的心理和追求洁身自好的美好情操。其次，文笔简要直切。全文119字，篇幅较短，内容却非常丰富。从他人爱花说起，既有对莲花的描写，又议论对比了其他花的品德，把叙述、描写、议论、抒情融为一体，使之相得益彰，如此丰富的内容一气呵成，可见周敦颐的用笔之妙。最后，拟人的恰当。实际上，我们可以看出周敦颐是爱花之人，他对各种花的习性和特点了如指掌，对花相关的历史知识也非常熟悉，所以他总结各种花并赋予了人格属性是非常恰当和精妙的。如菊花，是隐逸者的形象；牡丹，是富贵者的形象。莲花更符合作者理想的人格，他栩栩如生地表现了莲花的外部特征，做到了形似，而赋予了莲花内在气质，注入了灵魂，使得莲花形神兼备，寄寓着作者的理想和情怀，折射出作者追求洁身自好的美好情操。

（3）影响地位

周敦颐是理学的开山鼻祖，因为他所提出的无极、太极、阴阳、五行、动静、主静、至诚、无欲、顺化等理学基本概念，为后世的理学家反复讨论和发挥，构成理学范畴体系中的重要内容。受学术思想影响，他的文学观念提倡"文以载道"，提倡"文辞是艺，道德为实"。《爱莲说》可谓这种文学思想在创作上的典范，它融入了中华民族的传统美德，提炼出"出淤泥而不染，濯清涟而不妖"的莲花精神，以表达对高尚人格和操守的追求。

如果上面的《岳阳楼记》体现的是一种外放的湖湘精神，那么《爱莲说》就是向内的精神自我塑造。浊浪排空的洞庭湖，激发起仁人志士担负天下的斗志；亭亭净植的莲花，引起文人君子的涵养之思。所以，《爱莲说》对于湖湘文化来说无异于一种补充，对以往诗文中激昂、悲怆的基调来说，带给湖湘士子一种较为从容、自省的君子之风。当然，这两者并不是矛盾的。支撑着昂扬奋斗精神的是内心独立正直的高尚人格，两者是和谐统一的。所以，作为理学家的周敦颐在学术上有众多精妙的观点和论述，但从广度来说，对世人、湖湘精神面貌影响最大的非这篇《爱莲说》莫属。

7.《偶读旧稿有感》——好诗来自好山水，一语道尽湖湘美

（1）作品背景

陆游（1125～1210年），字务观，号放翁，山阴（今浙江绍兴）人。绍兴二十三年（1153年）应试，名列第一，次年试于礼部，为秦桧所黜。后任宁德主簿。乾道六年（1170年）入蜀，任夔州通判，曾先后入王炎、范成大幕府，投身军旅生活。几次因坚持主张抗金而遭黜免，晚年归老故乡，怀着没有实现"九州同"的理想，悲愤地死去。他的诗歌，风格雄浑奔放，语言清新流畅，与王安石、苏轼、黄庭坚并称"宋代四大诗人"，又与杨万里、范成大、尤袤合称"中兴四大诗人"。著有《剑南诗稿》《渭南文集》《南唐书》《老学庵笔记》等。陆游是一个多产诗人，现存诗词九千多首。他一生几度入湘，晚年曾发出"挥毫当得江山助，不到潇湘岂有诗"的感叹。

（2）艺术特色

此诗是一首七言绝句，见于《陆游集》第三册，原题为《予使江西时以诗投政府丐湖湘一麾会召还不果偶读旧稿有感》。全诗虽然只有短短的28个字，却极为精练地将湖湘风物与文学的关系点明了，可以说是古代湖湘诗歌创作秘诀的总结。诗人采用欲扬先抑的手法突出潇湘景色之美。"文字尘埃我自知，向来诸老误相期。"作者将自己的诗文比作"尘埃"，

可谓非常谦虚了。既然自己的文笔"平凡",那么绝妙的诗句来自何处呢?"挥毫当得江山助,不到潇湘岂有诗",陆游将自己在湖南的好诗归功于"江山",是潇湘的美丽山水,画龙点睛,突出中心,揭示主题。这一句也成了千古名句,不但高度赞扬了潇湘山水的美丽,而且总结了自己的创作经验,上升到理论的高度,蕴含着美的力量的审美客体,能给审美主体以美的启示,才能激发创作灵感和动力。

(3)影响地位

陆游是一个充满抱负的诗人,他曾经出仕投军,即使因力主抗金几遭黜免,但并没有熄灭他的爱国热情。到湖南之后,受到湖湘文化的影响,陆游创作出许多优秀的诗歌,把报国之心展现得淋漓尽致。其中最有名的是《哀郢》《屈平庙》这两首诗,他在湖湘文化中找到了屈原这一精神偶像,追念屈子成为陆游笔下的重要题材,在诗歌中表达了对屈原忧国精神的强烈共鸣和对屈子伟大人格的无限崇敬。同时也借古伤今,伤感自己不能为国家出力,以追吊古人来抒发自己的家国之情。陆游在湖南创作的诗歌不仅仅是山水之美所激发的诗性,更是湖湘文化所带来的共鸣与表达。多少代诗人都和陆游一样,湖湘文化与之精神相交,湖湘美景与之审美相融,创作出一篇篇美诗妙文。

8.《沁园春·雪》——伟人临雪抒情怀,指点江山主沉浮

(1)作品背景

《沁园春·雪》创作与传播的过程还有一段曲折的故事。1936年1月,为巩固陕甘根据地,开通抗日前进道路,毛泽东亲率红军主力准备东渡黄河打到山西去。2月5日清晨,部队来到陕西清涧县袁家沟休整。飘了几天的鹅毛大雪,雄浑壮观的北国雪景触发了毛泽东的诗兴。2月7日,毛泽东奋笔疾书,写下了气吞山河的词作——《沁园春·雪》。时间流转到1945年,毛泽东应邀飞抵重庆,与蒋介石为代表的国民党政府进行和平谈判。8月30日,柳亚子到重庆张治中的寓所桂园拜会了阔别多年的老朋友

毛泽东。回到家中夜不成寐，欣然命笔作诗一首以发感慨，并发表在9月2日的重庆《新华日报》上。9月6日，毛泽东偕周恩来、王若飞去南开中学回拜柳亚子。柳亚子请毛泽东校正《七律·长征》在传抄过程中出现的错字，并将自己8月30日所作诗赠给毛泽东。10月7日，毛泽东抄赠《沁园春·雪》与柳亚子，这首词在内部就流传了出去。重庆《新民报晚刊》副刊编辑吴祖光几经周折找来几个不同的毛词传抄本，将之拼凑起来，得到一份完整的《沁园春·雪》。11月14日，该报在副刊显著位置以《毛词·沁园春》为题隆重推出。

11月28日，重庆《大公报》以《转载两首新词》为题，在显著版面转载了毛泽东的《沁园春》及柳亚子的和词，随即重庆各大报纸竞相转载，《沁园春·雪》不胫而走，轰动山城。

（2）艺术特色

毛泽东在这首词中采取了时空转换的方式，将"风流"一脉贯穿始终。开篇咏雪便恣显北国雪飘之风流；继而评价赫赫有名的历史人物，纵论"武功有余，文治不足"之历代帝王之风流；卒章之处又展现中国共产党人的伟大抱负。从写景到咏史可谓一气呵成。

上阕整个篇幅铺陈，极力描绘、尽情歌咏北国之雪飘。下阕纵论中国历史舞台上历代帝王风流人物，词人通过"江山如此多娇，引无数英雄竞折腰"将当前的自然时空迅速切换到历史长河之中，于是，那些曾在中国历史舞台上建功立业、叱咤风云的历代风流人物便一一亮相于词人的笔端：秦始皇首称皇帝，开创统一中国历史之先河；汉武大帝强盛大汉之王朝；唐太宗开创贞观之治，奠定开元盛世之根基；宋太祖举杯敬酒，智揽大权，稳定大宋之江山；等等。"俱往矣"顿然又将时空转换到当下，毛泽东面对着的不仅仅是漫山的白雪，更是如火如荼进行着的革命斗争，是改造中国现实社会、改变中国未来命运的伟大事业，一句"还看今朝"，向世人道出以毛泽东为代表的共产党人无比的自信和坚定的决心，既是追昔抚今的历史抒怀，更是面向敌人的战斗号角，开创新世界的冲锋号！

（3）影响地位

柳亚子看到毛泽东的《沁园春·雪》时，就被毛词那磅礴的气势、丰富的内涵、深刻的思想所折服，不禁称赞道："展读之余，以为中国有词以来第一作手，虽苏、辛未能抗，况余子乎？"此词一发表，就引发了国共两党的"雪战"。不愿服输的蒋介石，指示国民党的宣传部门组织创作类似诗词，要把《沁园春·雪》比下去。可是得来的作品，哪有这样的气魄？后来有人回忆道："可惜国民党党徒虽多，但多的只是会抓人、关人、杀人、捞钱的特务贪官；是只会写写党八股的腐儒酸丁级的奴才文官和奴才学者。结果，一直到逃离大陆时，国民党连一首'毛泽东级'的《沁园春》都没有写出来。"

其实，《沁园春·雪》之前，毛泽东在1925年回到长沙的时候，在即将去广州创办农民运动讲习所之际，还写过一首《沁园春·长沙》。词章中，他回忆起青年时代的峥嵘岁月，提出"谁主沉浮"的宏大历史问题。两首词相隔11年，前呼后应，一脉相承，后者对前面的提问，做出了横贯古今的回答。

9.《边城》——小城渡船吊脚楼，湘西风情赤子心

（1）作品背景

沈从文（1902~1988年），中国著名作家，原名沈岳焕，笔名休芸芸、甲辰、上官碧、璇若等，乳名茂林，字崇文，湖南凤凰人。《边城》是沈从文的代表作，成书于1933年至1934年初，那时正是民族命运激烈动荡、东西方文化碰撞融合的年代。此时的沈从文从乡下到城市，眼看着上流社会的堕落，他选择用优美的文笔描述一个纯净的世界，以此寄托自身的愿景。沈从文用清新、朴实的文笔描绘出的湘西世界充满祥和的风景、淳厚的乡情和最为诗性的人格。《边城》通过对翠翠、摊送、天保、爷爷等人物关系的描写，从简单的人物关系着手诠释了人性美，用文学作品的形式，为我们提供了一个审美的乌托邦，去安顿自己的灵魂，慰藉人们的情

感。沈从文还在《边城》中表达出发源于其内心深处强烈的民族忧患意识。他在《边城·题记》中这样写道，这篇小说是奉献给那些"极关心全个民族在空间与时间下所有的好处与坏处""很寂寞地从事于民族复兴大业"的人们，以重新"点燃起青年人的自尊心与自信心"。翠翠父母的无谓牺牲，翠翠与摊送有情人不能相依相守的原因，源起于封建文化中落后与野蛮的缺憾。在《边城》中，作者反复表现出对于民族忧患极其矛盾的思想，一方面沈从文沉浸于乡村世界之中，鄙夷都市文化的侵袭；但另一方面他又渴求现代文化的熏陶，借以摆脱封建文化的纠缠。

（2）艺术特色

《边城》描绘了一幅清幽的田园画。小说中自然风光和湘西的风俗人情融合得天衣无缝。那悠悠荡漾的渡船纤索，朦朦胧胧的小河山城，碧绿密布的竹林树丛，仿佛是不染尘埃的世外桃源。正是这样的自然风光，孕育了小城中朴实善良的湘西边民，他们都如翠翠的眼睛一样，充满了清雅和灵动，令人神往。《边城》塑造了一群清纯的人物。在小说中，我们又能结识到一群纯净自然、极富性情的可爱人物，如青春灵动的翠翠、强壮无畏的天保、历尽沧桑的爷爷等。在他们身上体现出一种"优美、健康、自然，而又不悖乎人性的人生形式"。特别是翠翠情感的流动，从母亲的故事中，从傩送的歌声中，从自然的律动中，朦胧的情爱意识渐渐萌芽，连绵在心中无法释怀。从这样的人物之中，我们感受到了一种可以跨越时空的情感体验。《边城》谱写了一首清越的情歌。它好像是一篇散文一样，没有波澜起伏的情节，读来却感人肺腑。翠翠父母的爱情故事，像一首哀伤清雅的情歌。父母相爱而不能厮守，最后含恨殉情。这样的情愫也像基因一样遗传到了翠翠的故事之中，又似情歌的第二段，相同的曲调诉说着相似的经历。最后，作者借翠翠的口又表达了另一层意思，她说："这个人也许永远不回来了，也许明天回来。"在伤感的情歌结尾，又表达了一些期望，回味悠长。如我们常常所面对的人生，在无常的现实中，寻觅着永恒的意义。这一首情歌没有落入自怨自艾的俗套，反而给了我们慰藉和解脱。

（3）影响地位

沈从文继承和代表的是古代湘楚尊重自然人性、歌颂原始的旺盛生命力、崇尚传统道德境界的浪漫主义文学传统。他在中国现代文学发展时期取得了令人瞩目的文学成就，为后来湖南文学创作开创了新的传统。首先，他是现代文学时期湖南作家文学成就最高的代表。另外，20世纪80年代以后，沈从文的文学成就日益受到文学界的推崇，成为湖南文学界的骄傲。其次，他始终以湖南人自居，始终以湘西山水和风情来展现其美学追求。虽然沈从文离开故乡在北京生活很多年，但他一直认为自己是客居在外地的湖南乡下人，他写的多是湘西的生活。最后，他对湖南作家的影响很大。湖南不少青年作家，尤其是湘西作家把沈从文当作自己的楷模，模仿沈从文的文学创作，甚至有些作家还被冠以"小沈从文"的称号。无论在小说还是散文领域中，沈从文都给了湖南作家，尤其是湘西作家以很大的影响。

10.《山乡巨变》——记录时代大变革，展现乡土美意境

（1）作品背景

周立波（1908~1979年），原名周绍仪，字凤翔，湖南益阳人。1934年参加中国左翼作家联盟，翻译肖洛霍夫的长篇小说《被开垦的处女地》（第一部）和基希的报告文学《秘密的中国》。1939年赴延安，1946年7月，随着人民解放战争的全面展开，作家奉派来到东北哈尔滨，随后又积极响应中共中央东北局的号召，作为一名土改工作队员深入松江省珠河县（不久改为尚志县）元宝区，参加了轰轰烈烈的土地改革运动。并以当时东北农村进行土改运动的真实场景为素材，于1947~1949年间创作发表了长篇小说处女作《暴风骤雨》，成为我国现代文学史上最早反映农民土改革命斗争的作品。1951年，《暴风骤雨》获斯大林文学奖，奠定了周立波在新中国文坛的著名作家地位。

为了深入了解认识已在全国展开的农业合作化运动的情况，周立波于

1954年末回到故乡湖南益阳县邓石桥乡清溪村体验了一段时间的生活,参加了该县谢林港区发展互助组、建立初级农业社的工作。1955年10月,举家离京,搬到益阳县郊区的桃花仑乡竹山湾居住。1957年,他迁居邓石桥公社清溪大队。为了便于做群众工作,他就任桃花仑乡党委副书记等职务。正是实行了农业合作化,农民热情高涨,农村面貌一新,这种巨大的变化激励作家拿起笔来,描绘家乡的风土人情以及乡亲们的音容笑貌和美好心灵。他自1956年开始构思、酝酿并着手创作长篇小说《山乡巨变》,次年12月修改定稿。从1958年1月起,该小说由《人民文学》杂志分6期连载完毕,7月由作家出版社出版发行。1959年初,作家开始写《山乡巨变》续篇,11月完稿;1960年初,该小说续篇由《收获》杂志第1期全文发表,4月由作家出版社出版发行。1963年6月,经作家修订,正续两篇合并为一卷出版发行。

(2)艺术特色

在《山乡巨变》中,周立波完整地描写了湖南省一个叫清溪乡的农业生产合作社从初级社到高级社的发展过程,艺术地展现了合作化运动前后的变化,全面地展现了中国农民走上集体化道路时的精神风貌和新农村的社会面貌,剖析了农民在历史巨变中的思想感情、心理状态和理想追求。建立起宏伟叙事的基石是作者最为真挚的描写。首先,用细腻笔触描写生活细节。作者举家搬到益阳,与当地村民打成一片,亲身经历了各种事件,敏锐地观察着乡村生活,使得他能够多方面描写乡村生活。这些乡村生活不仅仅是外在的细节和特征,更反映了农民们的内在精神世界。特别是,作者在叙事和人物语言中加入了熟悉的当地方言和口语,更显得笔下的乡村世界是那么的真实而又生动。其次,用优美的笔触展现美丽山水。在《山乡巨变》中,我们又能看到火热运动之外的湖南山水。不同于诗词中常出现的湖湘名山名水,这些山水实实在在地处于人们生活之中,是农村生活全景画的一部分。周立波对这一方热土饱含着感情,他笔下的那些优美自然风物,以清新淡雅艺术写作风格为基调,在潇湘风情中添上了一抹淡淡的农家清风。最后，用浓重的笔墨塑造鲜活的人物。周立波采用细腻的笔吻刻画出乡间生活中人性的复杂性和人物命运多样化，体现出对人的关怀。作者在人物塑造上下了很多功夫，他用个性化语言展现人物个性，同时深层次挖掘人物的内心世界，展现了农村人物特有的质朴。各种各样的农民角色，如进步的代表邓秀梅、李月辉、刘雨生等，在历史洪流前犹豫的人物亭面胡，都在他的笔下有血有肉，他们的言行是那么贴切。现在来看，他们所展现出的性格特征和精神气质，仿佛我们也曾在乡村田间遇见过一般。不仅是单个人物的塑造，村民之间关系刻画也非常精彩。以《山乡巨变》为核心，周立波描述乡村世界充满对故乡深深怀恋之情，就渗透在他对人情、人伦的观察和描写之中。周立波用重墨挖掘乡村叙事中人伦情怀，以自己的思想和感悟对乡村人伦情怀进行了高度还原。

（3）影响地位

周立波的创作经历和文学精神，受湖南经世致用文化传统的影响，他的创作强调文学要反映和参与社会的变革。周立波的《暴风骤雨》是他在黑龙江创作的小说，《山乡巨变》则是湖南农业合作化运动的真实记录，代表周立波创作风格已经成熟。他以自身的体验，加上对时代洪流的把握和认识，促使这篇小说一面世便赢得了评论界和广大读者的一致好评。1959年9月，《文艺报》刊登了人民文学出版社"建国十年来优秀创作"目录，其中已经出版的《山乡巨变》正篇排在第三的位置，初步确立了其作为我国当代优秀长篇小说的突出地位。在他的小说中，湖南的民俗风情显得格外的贴合和生动，成为湖南青年作家创作学习的范式，开创了湖南文学的一个重要传统。20世纪50年代出现了小说流派"茶子花"派，其不但在创作思想和文学追求上深受周立波的影响，而且在作品中带有"周立波味"，即富于生活气息和生活情趣，具有强烈的湖南乡土味。

| 第五章 |

历史深处见性情

——湖湘十大名胜品牌

纵览湖南境内的风景名胜，从远古至近代，从地下考古发掘到地表古城遗址，种类繁多。有帝王陵墓、古城遗址，有寺庙、书院，有楼台、石刻，有名人故居，亦有平民村落。这些名胜古迹，经历了千百年的历史风雨，凝结了丰富的文化底蕴，将自然景观与人文历史完美地融为一体。正因为如此，湖南才被认可为名副其实的旅游资源大省。为了宣传湖南，让更多的人了解湖南，我们需要打造能够代表湖南风景名胜的响亮品牌。打造湖南名胜品牌，实质上是进一步壮大湖南省的旅游产业、文化产业，是实践文化强省战略的重要举措。

一 湖南名胜品牌概述

湖南幅员辽阔，风景优美，具有独特的民俗风情，名胜古迹享誉中外，蕴藏着十分丰富的旅游资源。

1. 基本情况

湖南境内名胜古迹遍布湘中、湘南、湘北、湘西地区。著名的名胜古迹有中华民族始祖炎帝陵、舜帝陵，有举世闻名的马王堆汉墓，有全国十大考古发现的澧县城头山古城址，有里耶战国古城、秦简、走马楼吴简等重大考古发现，有人文景观与自然景观交相辉映的岳麓山，有被联合国教科文组织列入世界自然遗产名录的张家界武陵源景区，有陶渊明笔下的"世外桃源"桃花源，有名山大川之中遗存下来的摩崖石刻与碑刻，有历经沧桑的古城、古寺庙、古祠堂、古村镇，有大量古今历史文化名人的故居……无数人文名胜古迹就像一颗颗璀璨夺目的明珠镶嵌在湖湘大地，为三湘四水增添了无穷的魅力。

2. 特色亮点

湖南名胜的特色亮点就是历史悠久、文化底蕴深厚，自然景观与人文景观融为一体，保存完整，多层次多种类的名胜古迹成为当地的文化地标。

远古时期，湖南先民在此生息繁衍，筚路蓝缕，以启山林。中华民族的始祖炎帝葬于炎陵，道德文化始祖舜帝葬于零陵。湖南一省之地，拥有两位始祖的陵寝，何其之幸。湖南远古农业文明起源甚早，澧县城头山古文化遗址区内有世界迄今所发现的历史最早、保存最好的稻作遗址，也是长江流域城邑文化遗存保留得最系统、最具代表性的遗址。

湖南在先秦时期属于楚国，创造了神奇瑰丽有别于中原文化的巫楚文化。马王堆汉墓的考古发掘，出土大量珍贵文物，展现了湖南辉煌灿烂的古代文明，成为世界考古史上的奇迹。以"马王堆汉墓陈列"为主题的湖南省博物馆，成为历史与艺术的殿堂。

汉唐盛世，湖南多为迁客骚人的流寓之地。李白、杜甫、孟浩然、韩愈、刘禹锡、白居易、柳宗元等著名诗人纷至沓来，他们所到之处，即成就了一处名胜。其中以岳阳楼最为著名，诗人登楼望湖，吟诗作赋，将岳阳楼歌颂成天下第一楼。元结被贬谪为道州刺史，后辞官隐居浯溪，形成了以"大唐中兴颂碑"为主体的浯溪摩崖石刻，为后世留下了一座书法艺术的宝库。随着经济中心逐渐南移，湖南迎来了文化发展的良机，儒释道三家融合发展。麓山寺有"汉魏最初名胜，湖湘第一道场"之誉；密印寺召集名僧汇聚沩山，成为中国佛教禅宗五派之一的沩仰宗祖庭；位于沅陵虎溪山麓的龙兴讲寺，始建于唐代贞观二年（628年），是专门用于传授佛学的寺院，是湖南现存最古老木构寺庙建筑群。

宋代是湖南文化发展史上的一个高峰。"吾道南来，原是濂溪一脉。"周敦颐被公认为理学开山之祖，道县濂溪故里成为海内外周氏后裔寻根问祖、专家学者研讨理学的文化圣地。湖南各地书院教育纷纷兴起，最显著的标志就是创建了岳麓书院，宋真宗亲自书写"岳麓书院"匾额。南宋张栻主教岳麓书院，革新教育理念，邀请朱熹前来讲学，莘莘学子慕名而来，"朱张会讲"成就学术史上的一段佳话。岳麓书院这座由门、堂、亭、台、楼、轩、斋、祠组成的古建筑群，是世界上最早的高等学府之一。

自明清以来，湖南地区湘、资、沅、澧四水流域依靠发达便利的水运条件，兴起一座座商贸古城。如今保存下来的有洪江古商城，有如一幅直观明清至民国时期社会市井全貌的"清明上河图"，是我国保存下来的完整而丰富的古商城之一。位于湘西永顺县的老司城遗址，史书称其为"五溪之巨镇，万里之边城"，老司城是土司制度的物化载体，是中国古代民族区域自治制度发展的活标本，被列入世界文化遗产名录。闻名中外的凤凰古城极富民族特色，被誉为"中国最美丽的小城"，这"梦里的故乡"，吸引着众多海内外游客。

近代以来，湖南人才辈出。他们的事功，影响了中国近代的历史；他们在湖南老家的故居，如今被评定为重点文物保护单位，备受世人瞩目。诸如陶澍、魏源、曾国藩、左宗棠、谭嗣同、蔡锷、黄兴等名人故居，大量游客慕名而来，成为当地政府对外宣传的名片、促进旅游发展的热点。尤其是毛泽东、刘少奇、彭德怀、贺龙、粟裕、李达等无产阶级革命家的故居，成为全国著名的红色旅游景区。

当前湖南省提升文化软实力，实践文化强省战略，其中一个重要途径是推动历史名胜品牌化发展，通过文化品牌带动文化传播。这就要充分挖掘省内名胜品牌的文化元素，并赋予其新的丰富内涵，树立品牌标志，打造具有湖湘特色、国内乃至国际闻名的历史名胜品牌。

二 湖湘十大名胜品牌及其评价

　　湖南历史悠久，文化底蕴深厚，境内名胜古迹众多。一个地方的名胜是经过漫长历史的洗礼之后沉淀下来的客观物质的精华，是展现一个地区软实力的标志，是一个城市的地标和灵魂。从湘南到湘北，从湘东到湘西，湖南地区有许多独特而闻名的历史名胜，我们从中选择十大名胜品牌，加以宣传和评价。每一个名胜品牌能够代表一个区域，或者是同类型名胜古迹中的标杆。经过综合比较，选择祖陵圣地炎帝陵、考古史上的奇迹马王堆汉墓、千年学府岳麓书院、古代土司制度的活标本老司城遗址、人人向往的桃花源、艺术宝库浯溪摩崖石刻、天下第一楼岳阳楼、中国最美丽的小城凤凰古城、湘西明珠洪江古商城、红色旅游胜地毛泽东故居作为湖湘名胜十大品牌。通过打造湖南有标志性的名胜品牌效应，挖掘湖南旅游文化资源，对于彰显优秀湖湘文化、增强湘南文化自信、提高湖南的文化地位具有重大意义。

1. 炎帝陵：祖陵圣地，华夏根源

　　炎帝陵享有"神州第一陵"之誉，是中华民族始祖炎帝神农氏的陵寝。坐落于株洲市炎陵县城西的鹿原陂，陵园内主要建筑有炎帝陵殿和神农大殿。炎陵是中华民族始祖炎帝神农氏的安寝福地、全球华人的精神家园，现为国家级风景名胜区、全国重点文物保护单位、全国爱国主义教育示范基地、中华全国归国华侨爱国主义教育基地。炎帝陵祭典被列入国家首批非物质文化遗产，并被评为全球最具影响力的根亲文化盛事。

　　（1）炎帝的历史传说与炎帝陵的史籍记载

　　炎帝，是中国上古时期姜姓部落的首领尊称，号神农氏。炎帝所处时代为新石器时代，传说姜姓部落的首领由于懂得用火而得到王位，所以称为炎帝。炎帝制耒耜播种五谷，制陶器垒土建居，为御寒织麻成布，尝百

草首创医药，是东方华夏文明的创始者。炎帝神农氏为炎黄子孙的繁衍成长和中华民族的发展繁荣、为缔造中华古国文明做出了开创性的伟大贡献。华人自称炎黄子孙，将炎帝与黄帝共同尊奉为中华民族人文初祖，成为中华民族团结、奋斗的精神动力。

关于炎帝神农氏安葬地的记载，最早见于晋代皇甫谧撰写的《帝王世纪》，炎帝"在位一百二十年而崩，葬长沙"。宋代罗泌撰《路史》记载炎帝"崩葬长沙茶乡之尾，是曰茶陵，所谓天子墓者"。王象之编著的《舆地纪胜》明确记载"炎帝墓在茶陵县南一百里康乐乡白鹿原"。

炎帝陵自宋太祖乾德五年（967年）建庙之后，迄今已有千余年历史，随着历代王朝的兴衰更替，炎帝庙也历尽沧桑，屡毁屡建。直至道光十七年（1837年），由知县俞昌会主持，召集当地士绅百姓募资捐款重修炎陵。这次修复后的炎帝陵殿，高大宽敞，蔚为壮观，基本奠定了炎陵的规模和格局。炎陵各附属建筑因地制宜，与周边山水融为一体，与主殿交相辉映，形成了一个统一的整体，也为炎陵山增添了亮丽风景。

中华人民共和国成立后，炎帝陵被列为湖南省重点文物保护单位。1954年除夕之夜，因香客祭祀不慎失火，炎帝陵正殿和行礼亭被焚，之后陵殿及其附属建筑又重遭破坏。至党的十一届三中全会以后，修复炎帝陵庙时机和条件日趋成熟。1986年6月，由酃县人民政府主持，陵殿修复工程正式破土动工，两年后顺利竣工。重修后的炎帝陵殿，规模较前稍有扩大，整个建筑金碧辉煌，重檐翘角，气势恢宏，富有民族传统风格，成为海内外华人寻根祭祖的朝拜圣地。

（2）炎帝陵祭祀与华夏精神文明的象征

炎帝陵祭典是千百年来后人为缅怀炎帝丰功伟德所形成的一套祭祀活动。炎帝陵的祭祀活动，历代王朝都很重视。宋太祖赵匡胤于乾德五年（967年）建庙以后，"三岁一举，率以为常"，形成定例。元明两代，虽未有明确规定，但祭祀活动不曾间断。进入清代后，炎帝陵祭祀更加频繁隆重，盛极一时。民间祭祀更是千百年来香火不断。中华人民共和国成立后，特别是改革开放以来，随着祖国的日益强盛，炎帝陵祭祀再度成为海内外炎黄子孙共同向往的盛典。仅1986年陵殿修复以来，各级政府、企事业单位、民间社团、港澳台同胞、世界华人华侨等举办的大型祭祀活动就达90多次。

尊崇炎黄始祖，传承炎黄文化，是炎黄子孙凝聚民族情感、建设和谐社会、实现民族伟大复兴的时代需要。祭奠炎帝，表达的是华夏后裔对炎帝精神的崇敬之情。打造"炎帝陵祭祀大典"的中华祭祖大格局，有利于传播中华文化，有利于团结、凝聚各方面的力量，增强全球华人的文化认同。因此，通过扩大炎帝陵祭典的社会影响力，能进一步弘扬爱国主义精神，增强民族凝聚力，增强炎黄子孙的归属感，激发炎黄子孙同心协力，为实现国家的繁荣昌盛、中华民族的伟大复兴而努力奋斗，有利于祖国统一、社会和谐发展。

2. 马王堆汉墓：考古史上的奇迹

马王堆位于湖南长沙市区东郊五里牌，这里地面残存两个东西相连的土堆，曾经被认为是五代时期楚王马殷及其家族的墓地，"马王堆"由此而得名。后经考古证实，马王堆实为西汉初期长沙国丞相利苍及其家属的墓葬。马王堆汉墓的发现，为研究汉代初期埋葬制度，手工业和科技的发展及长沙国的历史、文化和社会生活等方面提供了重要资料。2013年5月3日，国家文物局将马王堆汉墓列入第七批全国重点文物保护单位。

（1）马王堆汉墓陈列

长沙马王堆汉墓被誉为"20世纪中国与世界最重大的考古发现之一"。马王堆汉墓陈列馆设在湖南省博物馆内，根据考古发掘过程和出土文物内容可分为"惊世出土、千年女尸、陪葬木俑、漆器之美、丝国之宝、简帛之珍"六部分。数百件精美文物吸引众多游客前来参观，欣赏湘楚大地古代文明的神奇与瑰丽。

"惊世出土"展现的是马王堆汉墓的考古出土过程。1972年1月，考古队正式对神秘的墓葬进行了科学挖掘,这是一个方形的墓,深20米,从上到下逐渐缩小,像漏斗的模样,墓坑的底部摆放着4米多长、1.5米高的椁室,如此罕见的巨大椁室让经验丰富的考古学家感到惊讶。考古人员花了整整一个星期的时间,揭开裹在古尸外面的丝绸物品,墓主人终于露出了面容:古尸的外形保存完整,全身润泽,皮下软组织柔软而富弹性,关节尚可活动,手指、脚趾纹清晰,内脏器官、结缔组织、骨组织和软骨组织保存较好。这是世界上发现的第一具年代久远、保存完好的软体湿尸,被认为"创造了世界尸体保存记录中的奇迹",学术界亦将此类古尸统一命名为"马王堆尸"。在文物清理过程中,人们发现了一枚印章,上面刻着"妾辛追"几个字,说明墓主人的名字叫辛追。另外在一些随葬器物上,印有"轪侯家丞"和"轪侯家"的字样。由此基本确定墓葬的年代属于西汉初期长沙国丞相、轪侯利仓及其家属的墓葬。根据漆器款识、封泥、印章等,及一号墓发现的年约50岁的女性尸体和墓内又出"妾辛追"骨质印章,推断墓主为利苍之妻。二号墓发现"长沙丞相"、"轪侯之印"和"利苍"三颗印章,表明该利苍墓的墓主为本人。三号墓墓主遗骸属30多岁的男性,是利苍之子。

马王堆出土大量木俑,这些木俑大都是轪侯家的奴婢、家臣的替身,每件木俑都是精美的艺术品,其中的女性木俑被誉为"东方的维纳斯"。汉墓出土五百多件漆器,制作精致,纹饰华丽,光泽如新,是当时一种高档奢侈品。

一号墓的大量丝织品,保护完好。品种众多,有绢、绮、罗、纱、锦等。有一件素纱禅衣,轻若烟雾,薄如蝉翼,该衣长1.28米,且有长袖,重量仅49克,织造技巧之高超,真是巧夺天工。出土的帛画,为我国现存最早的描写当时现实生活的大型作品。

二号墓出土的地形图,其绘制技术及其所标示的位置与现代地图大体近似,先后在美国、日本、波兰等国展出,评价极高,被称为"惊人的发现"。

三号墓出土的十多万字的大批帛书，是不可多得的历史文献资料。帛书的内容涉及古代哲学、历史和科学技术等方面。经整理，共有28种书籍，12万多字。另外还有几册图籍，大部分是已失传的佚书。

（2）历史与艺术的殿堂

马王堆汉墓的发掘，为研究西汉初期手工业和科学技术的发展，以及当时的历史、文化和社会生活等方面，提供了极为重要的实物资料，对我国的历史和科学研究均有巨大价值，其出土文物异常珍贵。

马王堆汉墓出土文物反映了中国古代在政治、经济、天文、地理、历史、哲学、艺术、医学等方面的辉煌成就，是中国古代文明的历史见证。其出土文物保存之完好、器物之多样、制作之精美、内涵之丰富，都是前所未有的，其文物价值和学术价值无可估量，至今仍是研究汉初社会发展最为珍贵的原始材料。正因为如此，马王堆汉墓自发掘以来一直是世人和学界关注的焦点和热点，慕名前来湖南省博物馆参观"马王堆汉墓陈列"的观众络绎不绝，以此为基础产生的多学科的学术研究也长盛不衰。马王堆不再是一个简单的地名，而是成为一个世界性的著名人文景观。马王堆汉墓也不仅仅是一座古墓，更是集历史与艺术为一体展现中国古代文明的殿堂。这里出土的大量珍贵文物和文献，成为中外学者广泛研究探索的一个人文社会科学的知识宝库，马王堆早已超出了地域界限，构成了一门博大精深的揭示中国古代文明的综合性学科——马王堆学。马王堆汉墓以其无与伦比的历史文化价值，将永远作为中国考古史上的传奇而被载入史册。

3. 岳麓书院：纳于大麓，藏之名山

岳麓书院位于湖南省长沙市湘江西岸的岳麓山东面山下，是中国古代传统书院建筑，属于中国历史上著名的四大书院之一。北宋开宝九年（976年），潭州太守朱洞在僧人办学的基础上，由官府捐资兴建，正式创立岳麓书院。北宋祥符八年（1015年），宋真宗召见山长周式，并赐书

"岳麓书院"四字门额。嗣后,历经宋、元、明、清各代,至清末光绪二十九年(1903年)改为湖南高等学堂。1926年正式定名为湖南大学。岳麓书院历经千年,弦歌不绝,故世称"千年学府"。

(1)千百年楚材导源于此

北宋大中祥符年间(1008~1016年),岳麓书院进入了北宋的鼎盛时期。宋真宗召见山长周式,对周式兴学颇为嘉许,亲书"岳麓书院"匾额。在周式执掌下,岳麓书院的从学人数和院舍规模都有很大发展,遂成为天下四大书院之一。

南宋理学家张栻主教岳麓,加强了岳麓书院在教育和学术上的地位。张栻在教育宗旨、教学方法、教学内容等方面焕然一新,以培养传道济民的人才为办学的指导思想,湖湘士子纷纷求学于此。乾道三年(1167年),朱熹来访,与张栻论学,举行了历史上有名的"朱张会讲",推动了宋代理学和中国古代哲学的发展,这也是中国古代文化史上的一件盛事。

清代乾隆九年(1744年),乾隆帝又赐御书"道南正脉",岳麓书院在全国的重要地位再次获得肯定。乾隆后期至嘉庆、道光年间,罗典、欧阳厚均各主院27年,创建和恢复书院古迹数十处,培养了大量经世致用的人才。

在岳麓书院大门的两旁有一副著名的对联:"惟楚有材,于斯为盛。"意思是说,湖湘大地人才辈出,在岳麓书院这里尤为兴盛。这是前人对岳麓书院人才辈出的赞誉。书院集中了一批历史上著名的教育家和思想家,如朱熹、张栻、王阳明、罗典、欧阳厚均等。尤其近代以来,岳麓书院培养了大批杰出人才,影响中国近代历史的走向。其中有以陶澍、贺长龄、贺熙龄、魏源等为典型的经世派群体,他们提倡经世之学,睁眼看世界,进行思想启蒙;有以曾国藩、左宗棠、胡林翼、罗泽南、郭嵩焘等为首的湘军理学群体,他们捍卫儒家正统,发起洋务运动,学习西方科技文化,捍卫国家主权;有以谭嗣同、唐才常、沈荩、熊希龄等为先锋的维新派,他们撬动了历史的车轮,促进了中国近代的转型。可谓千百年楚材导源于此,实不为过。

(2) 人文历史与自然景观的完美结合

岳麓书院古建筑群分为教学、藏书、祭祀、园林、纪念五大建筑格局。岳麓书院主体建筑分为书院主体、附属文庙及新建的中国书院博物馆。主体建筑有头门、二门、讲堂、半学斋、教学斋、百泉轩、御书楼、湘水校经堂、文庙等，并先后恢复重建了延宾馆、文昌阁、崇圣祠、明伦堂及供祀孔子、周敦颐、程颐、程颢、朱熹、张栻、王船山、罗典等专祠建筑原貌，清代书院中的园林和书院八景也全部得到恢复。岳麓书院为中国现存规模最大、保存最完好的书院建筑群。

教学建筑的核心部分是讲堂。讲堂位于书院的中心位置，是书院的教学重地和举行重大活动的场所，也是书院的核心部分。檐前悬有"实事求是"匾，民国初期湖南工专校长宾步程撰。校长将其作为校训，旨在教育学生崇尚科学，追求真理。大厅中央悬挂两块镏金木匾：一为"学达性天"，由康熙皇帝御赐，意在勉励张扬理学，加强自身的修养；二为"道南正脉"，由乾隆皇帝御赐，是皇帝对岳麓书院传播理学的最高评价。讲堂壁上还嵌有许多极有价值的碑刻文物。

藏书楼是体现中国古代书院讲学、藏书、祭祀三大功能之一的藏书功能的主要场所，岳麓书院创建始即在讲堂后建有书楼，宋真宗皇帝赐书后更名"御书阁"，元明亦称"尊经阁"，位置有所变动，至清康熙二十六年（1687年），巡抚丁思孔从朝廷请得十三经、二十一史等书籍，建御书楼于今址。清代中期，岳麓书院御书楼已发展成为中国民间一座较大型的图书馆，藏书万余卷。

在书院的祭祀建筑群中，文庙是最显著的标志。文庙位于书院左侧，自成院落。由照壁、门楼、大成门、大成殿、两庑、崇圣祠、明伦堂等部分组成，岳麓书院祀孔子始于书院初创时期，北宋时期曾建礼殿于讲堂前，内塑先师十哲像，画七十二贤。南宋乾道元年（1165年）改为宣圣殿。明弘治十八年（1505年），改名大成殿。正德二年（1507年）迁于院左今址。天启四年（1624年）重修，正式称为文庙。

岳麓书院现存建筑大部分为明清遗物，其古建筑在布局上采用中轴对称、纵深多进的院落形式。主体建筑集中于中轴线上，讲堂布置在中轴线的中央，斋舍、祭祀专祠等排列于两旁。中轴对称、层层递进的院落，营造了一种庄严、古朴的幽深感和视觉效应，体现了儒家文化尊卑有序、等级有别、主次鲜明的社会伦理关系。岳麓书院的建筑群体，达到了建筑学理念上的最高境界，实现了人文历史与自然景观的完美结合，是中国书院史上最亮丽的名胜品牌。

4. 老司城遗址：五溪之巨镇，万里之边城

老司城遗址，位于湘西土家族苗族自治州永顺县城东20余公里处的灵溪镇老司城村。本名福石城，为区别新老两座司城，福石城又名老司城。老司城分内罗城、外罗城，有纵横交错的八街十巷，人户稠密，市店兴隆，史书有"城内三千户，城外八百家"，"五溪之巨镇，万里之边城"的记载，是南宋绍兴五年（1135年）至清雍正六年（1728年）永顺彭氏土司的政治、经济、军事、文化中心。老司城是土司制度的物化载体，是中国古代民族区域自治制度发展的活标本。

（1）老司城历史沿革

唐末五代时期，楚王马殷在湖南建立马楚政权，任命部将彭瑊担任溪州刺史，辖永顺、保靖、龙山等县。彭瑊以武力和恩惠凝聚苗人人心，日渐强大，诸苗颇服。彭瑊成为第一任土司，子孙世袭土司之职。湘西土家族聚居区土司制从彭瑊占据溪州起，到彭景燧改土归流止，子孙相传二十八代，历时八百余年。

南宋绍兴五年（1135年），彭福石宠担任土司后，将司治迁到了灵溪的福石山，并在此筑城，即今老司城。元代，原来的溪州被分割为永顺安抚司、葛蛮安抚司、思州安抚司，永顺彭氏土司实际所辖的空间变得极为有限。老司城遗址所代表的彭氏土司，级别较高，受中央王朝任命，实行封建世袭制，等级森严，在土司制度发展史上具有突出的代表性。

明代，永顺土司对老司城进行了重建，根据目前的考古资料证明，遗址现存的大部分建筑为明代所建，老司城生活区城墙修建于明代早期，衙署区及老司城周边的大量相关建筑也大多修建于明代，从已经发掘的紫金山墓葬和周边墓葬看，年代最早的是明代土司彭显英夫人墓。老司城周边石刻题铭的年代则主要集中在明代弘治、正德、嘉靖年间。

清雍正二年（1724年），永顺土司彭肇槐将司治迁到灵溪河上游的颗砂乡，称为新司城。清雍正六年（1728年），永顺土司彭肇槐自动献土，带着子孙离开湖南湘西，回江西祖籍地方立户，延续了八百余年的永顺土司政权宣告结束。从此，老司城逐渐冷落萧条。

现在，拨开历史的重重迷雾，老司城文化遗址又重现出她的魅力与价值。1995~2012年，湖南省文物考古研究所会同湘西自治州文物工作队、永顺县文物局，先后5次对老司城及外围遗址进行了考古调查、勘探与发掘，并于2001年被公布为第五批全国重点文物保护单位。2015年7月4日，永顺老司城遗址与湖北恩施唐崖土司城遗址、贵州遵义海龙屯土司遗址联合代表的"中国土司遗产"被列入世界文化遗产名录。2016年5月1日，老司城遗址作为风景区正式对外开放，老司城遗址的独特的文化价值展现在世人面前。

（2）老司城文物遗存：中国古代民族区域自治制度发展的活标本

老司城遗址是目前中国保存最完整、历史最悠久的古代土司城遗址，是湖南首个世界文化遗产。老司城遗址被喻为中国的"马丘比丘"，完整地反映了土司及土司制度的产生、发展和消亡全过程，填补了中国土司制度考古学的空白，为研究土司制度提供了物化载体，具有重要的历史价值和深远的现实意义。

老司城建立在峻峭的山区，依山傍水，因地制宜建立城池，主要出于军事上的防御目的，崇山峻岭形成了坚固的自然屏障，又在城市周围修建了一系列易守难攻的军事关隘和防御设施。城内原街巷密布、纵横相通，街巷全由红褐色卵石嵌砌路面。老司城遗址地表上现存体积庞大的城墙和建筑，遗址包括宫殿区、衙署区、街巷区、宗教区、苑墅区、墓葬区等部分。

宫殿区位于城区北部，依山而建，宫殿区共有四门，并以石灰、桐油胶结。大西门为正门，连接右街古道，残存局部台阶，两侧的城墙残高2米左右，以红砂岩错缝平铺叠砌包边。主体建筑处在宫殿区的中部偏南，正对着大西门，自下而上，形成四级阶梯状平台。地基用夯土筑成。遗迹包括保坎、墙基、墙体、台阶、排水沟等。

衙署区位于中心城址北部，北与生活区相邻，是土司及其职官行政办公和临时居住的衙署政务机构所在地，其东、南、西墙保存较为完好，衙署区西门残基至今仍出露在地面上，以条石作石阶，下通正街。

老司城南部有一片神圣的区域，这里是土司时期的宗教区，也是土司辖区广大民众的精神中心。据考古勘探并结合地方志，可以确认的寺庙有祖师殿、观音阁、五谷祠、关帝庙、将军山寺、八部大神庙等。各种不同类型的寺庙，通过定期举行宗教活动、祭祀仪式，达到聚集民众、加强社会凝聚力的目的。

翼南牌坊位于司城南面紫金山和若云书院的雅草坪，始建于明嘉靖年间，上刻"子孙永享"四字，系为表彰二十六代土司彭翼南抗倭有功而立。沿着灵溪河上溯，在老司城的背后，分布着众多的土司庄园、别墅、钓鱼台等设施，是土司时期的苑墅区。

老司城东南郊是紫金山土司墓地，整个墓地依山势修筑成四列，整个陵园的地表由封土、拜台、神道及石像等遗迹组成。据勘察，紫金山一处共有土司王及其贵族坟墓百余座。彭福石冲以后的土司、土官及其眷属，分别埋葬在这里。古墓的规模大小，视其官爵而定。从已挖开的古墓来看，基本形式是用土砖拱成半圆形，墓前有石人石马，四周筑有围墙，进出必经铁门。墓室四壁上刻有精美的花草图案和龙凤图案。棺材系楠木、梓木做成，用土漆漆成乌黑色，并用铁钩悬挂在石室之内。随葬器物也极为丰富，有金花、发插、耳环、莲蓬等金银饰物，还有各种玉器等。明代土司彭显英、彭冀南等人的坟墓至今尚保存完好。这对于复原明代土司陵园整体面貌，研究明代丧葬文化、土司世系、制作工艺等都具有重要的价值。

老司城遗址是西南少数民族地区的军事性城堡，是中国南方少数民族地区的古文化遗存，它既是物质文化遗产，又是非物质文化遗产；既是静止的文物，又是活着的文化；既是独立的考古遗址，又是复合的遗产体系。老司城遗址以自然风光、民族文化、考古发掘相结合为主要特点，独具艺术与旅游开发价值。自然风光集山石、洞穴、溪水、树木、河流于一体，景观奇特。人文景观以军事城堡、庄园、城墙、寺庙、牌坊、古墓等遗址为主，突出了古朴独特的少数民族风情特色。老司城基础设施保存完整，地上地下遗存丰富多样，文化遗址与周边秀丽的自然风景融为一体，有较强的观赏和美学价值，是民族文化直接而重要的载体，可以生动地反映出许多人类文化的信息，其观赏性、真实性、完整性为中国现存城市遗址中所罕见。

5. 桃花源：陶令不知何处去，桃花源里可耕田

湖南省常德桃花源旅游区位于湖南省桃源县西南的水溪附近，前面有滔滔不绝的沅江，后面是绵延起伏的雪峰山西北部群峰，境内山清水秀，鸟语花香，有村落良田，鸡犬之声相闻，石阶曲径、亭台楼阁点缀其间，宛若人间仙境。

（1）桃花源的流传与影响

桃花源这个名胜古迹，可谓家喻户晓，这主要归功于东晋大诗人陶渊明在《桃花源记》中描绘的"世外桃源"，诗人借武陵渔人偶然发现桃花源的经过，以优美的文字、虚幻的情节叙述了桃花源中人们安闲、自由自在的美好生活的情景，幻化出一个没有剥削、没有压迫、民风淳朴、社会和谐安定的理想社会，表达了作者对怡然自乐的桃花源生活的向往和对动乱黑暗、充满暴力的现实生活的不满。

由于陶渊明《桃花源记》的深远影响，之后历代文人、学者、官宦、商贾等各阶层的人士，莫不出于对理想社会的追求，向往心目中的世外桃源。《辞海》中记载"桃花源"的词条说："在湖南省桃源县西南桃源山下桃源洞。面临沅江，背倚群山，风景优美。相传因东晋诗人陶渊明所作《桃花源记》《桃花源诗》而得名。唐时建寺观，清光绪十八年（1892年）重修渊明祠，沿山配置亭阁，按陶渊明诗文命名。现存古迹有桃源佳致碑、菊圃、方竹亭、集贤祠、桃花观等。"

《桃花源记》中写桃源中人"不知有汉，无论魏晋"，这种没有朝代更迭观念的表现，反映出桃花源是一个没有等级制度、没有统治压迫的适合隐居的避世之地。作者以虚构的故事传达了和谐美满、自由平等的社会理想，引起世人广泛的共鸣与向往，人们乐意寻找到一块与《桃花源记》描述的一模一样的精神家园，于是湖南的桃源县就成为人们梦想中的"世外桃源"。

（2）桃花源景观：农耕文明的精神家园

现在桃花源景区内开发了桃仙岭、桃源山、桃花山、秦人村等，景区面积达到150多平方公里，临沅江，靠群山。同时还有沅江风景线、战国彩菱城遗址、热市温泉等可供游览。置身桃花源中，沿途可以欣赏新建的亭台楼阁，尽情享受宁静的田园风光，四周遍布古树修竹，《桃花源记》里所描绘的"芳草鲜美、落英缤纷"的意境随处可以寻觅。此外，沅江自西向东流向洞庭湖，流经桃花源风景区，这一带的沅江两岸悬崖峭壁，水流湍急，风光秀丽，为桃源增添了不少美景。

桃花山是纪念陶渊明的"陶公山"，桃花山以《桃花源记》为线索，依山构建人文景观，荟萃十余处全国文物保护单位，保留了历代文人墨客的诗词楹联和碑刻，古建筑群、崖洞、山溪点缀其间，人文景观与自然风光融为一体。将桃花山打造成名副其实的"国宝山"、"名人山"和"人文山"。

桃源山又名黄闻山，位于沅江南岸，这里是桃花源洞天福地的源头，是沅澧流域道教文化中心。山中有水府阁、桃川万寿宫、桃川书院三大建筑群落。登临桃源山，既可朝圣仙气缭绕的"桃川香火"，又可领略古潇湘八景之一的"渔村夕照"，山水人文让游人流连忘返。

五柳湖位于桃花山与桃源山两山之间，湖水将两山连为一体。湖岸坐落着传递"温暖、友善、和谐"价值观的光点聚落社区，集萃了桃源工艺术博物馆、百床馆、桃花源书画院、陋室等众多文化主题场馆。

秦溪又名水溪，是沅江的重要支流之一。相传这里就是《桃花源记》中武陵渔民误入世外桃源的所经之路。如今泛舟秦溪，仿佛化身武陵渔民依溪而行，沿途花团锦簇，青竹夹岸，展现在游客眼前。

秦谷南临秦溪，北接桃花山。这里完美呈现出陶渊明《桃花源记》所述"良田美池桑竹之属"的场景，游客云集，并怡然自乐。淳朴宁静的田园风光，原始古朴的民俗活动，穿越千年成为秦谷的真实写照。

桃花源中人过着男耕女织、与世无争的生活，桃花源社会理想中体现的平等、自由、和谐观念是勤劳的中国人民千百年来的美好追求，在乌托邦式的"世外桃源"中体现着朴素的民主主义思想，这是桃花源成为中华民族农耕文明的精神家园的原因。

6. 浯溪摩崖石刻：山川之美，天下公之

浯溪摩崖石刻位于湖南省祁阳县城西南、湘江西岸与浯溪交汇处，江边崖壁上保存有唐宋以来三百多位名人如元结、颜真卿、皇甫湜、黄庭坚、秦观、李清照、米芾、范成大、张栻、沈周、董其昌、顾炎武、王船山等的书画、诗词题刻四百多方，具有重要的历史、文学和艺术价值。

（1）浯溪胜景概览

浯溪摩崖石刻始于唐代中期，唐广德元年（763年），元结出任道州刺史，舟过祁阳，见这里怪石嶙峋，悬崖峭壁耸立江边，风景优美，心向往之。后来元结干脆弃官隐居此地，并自创"浯、峿、㾗"三字，命名溪为"浯溪"，山为"峿山"，建亭为"㾗亭"，合称"三吾"。并于大历二年

（767年）撰《浯溪铭》《峿台铭》，大历三年（768年）撰《吾庼铭》，请人用篆书写出，刻于石上。吾即是我，表面上看，元结似乎太自私了，把这里的山水说成是自己的，正如他说"为自爱之故，命曰浯溪"，实质上是表达了元结对浯溪风景的至爱之情。进入浯溪碑林之中，可以看到一块偌大的篆刻石碑，这是清代湖南巡抚吴大澂所撰写的《峿台铭》，他在此铭中介绍了浯溪山水的特点、历史沿革及重要历史价值，铭文最后写道："园林之美，家富所私；山川之胜，天下公之。公者千古，私者一时。"这是对元结当年经营浯溪的最佳评论。

浯溪本是一条小溪，当年元结爱其"凝流绿可染，积翠浮堪撷"才来这里隐居。曲折蜿蜒的溪水，清澈见底，穿过石涧，浪花飞溅，两岸点缀争艳的鲜花，这一胜景就叫"浯溪漱玉"。

溪口石峰上的亭子叫唐亭，这一胜景叫"唐亭六厌"，源于元结《唐亭铭》中"目所厌者远山清川，耳所厌者水声松吹，霜朝厌者寒日，方暑厌者清风"。他把一年四季在亭上的感受全写出来了。"远山、清川、水声、松吹、寒日、清风"正是"六厌"，"厌，犹爱也"，即"六爱"的意思。

峿台是浯溪的最高点，高虽只有百余米，但"山不在高，有仙则名"。当年元结在这里"登临长望，无远不尽，谁厌朝市，羁牵局促。借君此台，壹纵心目"。在这里登高远眺，举杯对饮，确实是畅抒胸臆的好地方。这里还流传着一个美丽的传说，称为"窊尊夜月"。千百年来，能留下如此美丽动人的传说，主要是因为元结"忠直方正"，为百姓做了很多好事，人民永远不会忘记他。

（2）文学与书法艺术的石刻宝库

浯溪摩崖石刻在山奇水秀之外，更以峿台崖壁上"大唐中兴颂碑"最为著名，因此碑刻的文绝、字绝、石绝，自古称作"摩崖三绝"，这块9平方米多的巨大石碑是浯溪碑林之精华所在。此石刻由元结撰文，颜真卿书写，笔力遒劲，珠圆玉润。

元结以"安史之乱"这段历史作为背景，明颂肃宗中兴，实讥玄宗中衰，即"以史为鉴，明颂实讥"，立意深刻，文采飞扬。可谓"文绝"。该石刻是颜体真迹，称得上是颜体成熟期的作品，也是他生平最为得意的佳作。字里行间凸显颜体流动刚健、秀丽圆润的运笔，落落大方而又平整坚实的结构，形成了一种质朴雄强的气势。可谓"字绝"。浯溪的石崖成层成块，高大平整，是刻碑的上好石材。碑前原有一副古楹联："地辟天开，其文独立；山高水大，此石不磨。"可谓"石绝"。从年代之古、碑面之大、字数之多、文章之奇、书艺之妙及现状保存之完好等方面综合比较，堪称我国现存"三绝碑"之冠。

如此三绝碑，自唐以后，历代名人无不为之倾倒，游此多留题字刻诗，以致浯溪周围好几里的岩石上刻满了碑文。其中有宋代米芾《浯溪诗》、黄庭坚《书摩岩碑后》，清代何绍基《题摩岩中兴碑有序》和吴大澂一诗三铭等真迹墨宝。另有秦少游、李清照、杨万里、范成大、解缙、董其昌、袁枚等历代名人的题刻。摩崖石刻集合篆、楷、隶、行、草各种书体，是研究中国书法艺术的珍贵实物，为我国史学、文学、文字、书法的研究和鉴赏保存了非常珍贵的文物资料。

7. 岳阳楼：洞庭天下水，岳阳天下楼

岳阳楼位于湖南省岳阳市古城西门城墙之上，下瞰洞庭，前望君山，自古有"洞庭天下水，岳阳天下楼"之美誉，与武汉黄鹤楼、南昌滕王阁并称为"江南三大名楼"。岳阳楼主楼为三层、四柱、飞檐、盔顶式纯木结构，楼中四根楠木金柱直贯楼顶，周围绕以廊、枋、椽、檩互相榫合，结为整体。岳阳楼作为保持原貌的古建筑，其独特的盔顶结构，体现了古代劳动人民的聪明智慧和能工巧匠的精巧设计和技能。北宋范仲淹脍炙人口的《岳阳楼记》更使岳阳楼名扬天下。

（1）岳阳楼历史沿革

岳阳楼始建于220年前后，其前身相传为三国时期东吴大将鲁肃的

"阅军楼"，西晋南北朝时称"巴陵城楼"。据相关文献记载，一千三百多年间，岳阳楼可谓命途多舛，屡毁屡建，先后经历五十多次修葺，重修二十四次。

唐开元四年（716 年），时任岳州刺史的燕国公张说在"鲁肃阅兵楼"的基础上，修建成一座高三层、六方形、斗拱飞檐的楼阁，因楼阁坐落于郡署之南，故称"南楼"。中唐李白赋诗之后，始称"岳阳楼"。此时的巴陵城已改为岳阳城，巴陵城楼也随之称为岳阳楼了。北宋庆历四年（1044 年）春，滕子京被贬谪，出任岳州知军州事。北宋庆历五年（1045 年）春，滕子京重修岳阳楼。

自宋元至明清，岳阳楼屡遭战乱火灾，屡次重修。至 1922 年 7 月湘军进占岳阳，岳阳楼窗梁栋柱等多半被毁。1933 年，湖南省政府拨款重新修葺，次年 2 月岳阳楼重修竣工，并举行落成典礼。

1983 年，国务院拨专款对岳阳楼落架大修，把构件按原件复制更新，历时十个月，保存了 55% 以上的构件原物。一楼民国时期加砌的三面砖墙换为明清式样的贴金雕花门窗。二楼镶嵌有清书法家张照书《岳阳楼记》雕屏原物。三楼镶嵌毛泽东书杜甫《登岳阳楼》诗雕屏。自 1984 年 5 月起，岳阳楼大修竣工并对外开放。

（2）名楼因名篇而名扬天下

千百年来，岳阳楼以天下第一名楼的名气著称于世，不仅在于岳阳楼本身的规模和历史，更在于以岳阳楼为载体所包含的人文、思想和精神。在漫长的历史长河之中，多少仁人志士、墨客骚人登楼望湖，欣赏气象万千的岳阳楼之大观。"登斯楼也，则有心旷神怡，宠辱偕忘，把酒临风，其喜洋洋者矣。"登临楼上的文人莫不深有同感，感慨万千，以致诗兴大发，留下千古名篇，岳阳楼美名远扬，让后来者肃然起敬。

诗仙李白流放途中喜闻赦免消息，路过岳阳而作《与夏十二登岳阳楼》诗："楼观岳阳尽，川迥洞庭开。雁引愁心去，山衔好月来。云间连下榻，天上接行杯。醉后凉风起，吹人舞袖回。"诗句之中洋溢着豪放的大唐气象，岳阳楼因此而得名。

孟浩然登临岳阳楼，烟波浩渺的洞庭湖水引发诗人无尽遐想，遂作《望洞庭湖赠张丞相》诗："八月湖水平，涵虚混太清。气蒸云梦泽，波撼岳阳城。欲济无舟楫，端居耻圣明。坐观垂钓者，徒有羡鱼情。"其中"气蒸云梦泽，波撼岳阳城"成为千古绝唱。

诗圣杜甫遭遇安史之乱，历尽磨难来到岳阳楼下，诗人登楼远眺，此时大唐盛世的繁华已成过眼烟云，诗人忧伤地吟诵："昔闻洞庭水，今上岳阳楼。吴楚东南坼，乾坤日夜浮。亲朋无一字，老病有孤舟。戎马关山北，凭轩涕泗流。"这就是杜甫的《登岳阳楼》诗所达到的艺术境界，已经使人不觉得有艺术方法的存在，只觉得与诗人的思想感情产生强烈共鸣。后世学者对此诗推崇备至，认为"岳阳楼赋咏多矣，须推此篇独步"。

宋代歌颂岳阳楼的诗篇虽然较唐代逊色不少，但宋代的古文又将岳阳楼推向了一个新的高度。在岳阳楼的历史上，一代名臣范仲淹的《岳阳楼记》瞬间让岳阳楼熠熠生辉。在岳阳楼保存的历代文物中，清代书法家张照书写的《岳阳楼记》12块巨大紫檀木拼成的雕屏，以其文章、书法、刻工、木料属于珍品，人称"四绝"。岳阳楼已并非一座普通的楼阁，也不仅仅体现古人杰出的建筑工艺和智慧，而是中华民族"先天下之忧而忧，后天下之乐而乐"崇高精神的载体和标志，岳阳楼已经融入了高尚的爱国主义情怀，其形象更为宏大。

除了大量诗文之外，岳阳楼的楹联是岳阳楼文化中不可分割的一部分，其中出自晚清窦垿之手的一副长联，在文采上堪称一流，可谓集岳阳楼历史文化之大成：

一楼何奇？杜少陵五言绝唱，范希文两字关情，滕子京百废俱兴，吕纯阳三过必醉。诗耶？儒耶？吏耶？仙耶？前不见古人，使我怆然涕下。

诸君试看，洞庭湖南极潇湘，扬子江北通巫峡，巴陵山西来爽气，岳州城东道岩疆。潴者，流者，峙者，镇者，此中有真意，问谁领会得来？

此联至今为人津津乐道，上联以人为主，囊括与岳阳楼密切相关的四位典型人物：杜甫、范仲淹、滕子京、吕纯阳，前三位均为著名诗人、文学家或一代名臣，唯第四位吕纯阳即吕洞宾从民间传说中走来，属于神仙一类。正是吕洞宾的出现，给岳阳楼增添了一层虚无缥缈的仙气。

岳阳楼以名楼为载体，以洞庭湖为铺张，汇集了悠久的人文历史，凝结了忧国忧民的情怀，成为天地间一道永恒的风景。"洞庭天下水，岳阳天下楼。"岳阳楼堪称天下名楼第一品牌，的确名副其实。

8. 凤凰古城：梦里的故乡，远去的家园

凤凰古城位于湖南省湘西土家族苗族自治州的西南部，地处武陵山脉南部，云贵高原东侧。古城因背依的青山酷似一只展翅欲飞的凤凰而得名。

（1）满城风光，满城文物

现存的凤凰古城始建于清康熙四十三年（1704年），至今已有四百多年历史，虽历经沧桑，仍保存完好，古风依旧。钱伟长先生称赞凤凰古城"满城风光、满城文物"。

古城内的建筑、遗址，既是文物，又是风景，人们流连期间，叹为观止。古城现有文物古建筑、古遗址、明清时代特色民居、各种庙祠馆阁数百处。凤凰古城内人文景点有沈从文故居及墓地、熊希龄故居、北门城楼、东门城楼、连接两城楼的城墙、虹桥、万名塔、文昌阁等。城内有古色古香的石板街道200多条，还有美丽的沱江及沿江两岸富有土家族风韵的吊脚楼等。

北门古城楼始建于明朝嘉靖年间。元朝至明朝初期凤凰城为五寨长官司治所，为土城，明嘉靖三十五年（1556年）将土城改建为砖城，开设四

大门，各覆以楼。清朝先后在这里设凤凰厅、镇竿镇辰沅永靖兵备道治所，康熙五十四年（1715年）遂将砖城改建为石城，北门定名为"壁辉门"，一直保存至今。北门古城楼采用本地红砂条石筑砌，做工考究，精钻细琢。城门呈一半月拱，有两扇铁皮包裹。圆头大铁钉密铆其上的大门。城楼用青砖砌筑，穿斗式木结构。北门古城楼现为凤凰古城内醒目的名胜景点。

位于沱江北岸的老营哨街的田家祠堂，始建于清道光十七年（1837年），为时任钦差大臣、贵州提督的凤凰籍苗族人士田兴恕率族人捐资兴建。民国年间，湘西镇守使田应诏又斥巨资最后修建完工，这是一处具有浓厚民族特色的氏族祠堂建筑群。

古城文物名胜数不胜数，中营街沈家的这座四合院即为闻名的沈从文故居，房屋以穿斗式木结构为主，小巧玲珑，古色古香，具有浓郁的湘西明清建筑特色。有学者称，游沈宅，追寻大师足迹，感受大师灵气，凤凰文化的密码，很大一部分就浸润和潜隐在这个看似极其平常的古宅之中。

（2）中国最美丽的小城

美丽的凤凰城位于沱江之畔，群山环抱，关隘雄奇。碧绿的沱江水从古城墙下蜿蜒而下，青翠的南华山麓倒映江心，交相辉映。江中渔船往来，山间晨钟暮鼓，悬崖上的吊脚楼升起袅袅炊烟。河畔的东门和北门城楼古朴典雅，气势雄伟。青石板铺就的街道纵横交错，明清时期的木房子鳞次栉比、错落有致。沱江河是凤凰古城的母亲河，河水清澈，水流缓和，泛舟河面可以看到柔波里纤细的水草，欣赏两岸古香古色的土家吊脚楼，别有一番韵味。顺水而下，穿过虹桥便是万寿宫、万名塔、夺翠楼，沱江与古城融为一体，犹如一幅颇有浓墨淡彩韵味的山水画。

凤凰古城是一个有着民族特色和气质的古城，来此旅游的游客一半是来看景色，一半是来体验文化。凤凰古城不仅山川秀美，而且人杰地灵。近代以来，凤凰人才辈出，涌现出一批将军、作家、书画家、工艺美术家。特别是随着民国第一任民选内阁总理熊希龄、文学家沈从文、著名画家黄永玉的出现，凤凰不仅闻名全国，而且蜚声世界。

如今，凤凰古城迎来了新时代，更加焕发出新的活力。2001年凤凰古城被授予国家历史文化名城称号，是中国历史文化名城、湖南十大文化遗产之一。2005年9月，凤凰景区被批准为国家地质公园；2007年6月，凤凰古城及沈从文故居被列为全国重点文物保护单位；2012年凤凰古城晋升国家级风景名胜区，被誉为"中国最美丽的小城"，每年吸引世界各地慕名而来的大量游客。

9. 洪江古商城：五省通衢

洪江古商城位于湖南省怀化市洪江区，坐落在沅水、巫水汇合处，这里江面宽阔，水势浩大，宛若一股洪流，于是就有了"洪江"的称谓。得天独厚的水运条件使洪江自古以来就是湘西南重要的驿站和繁华的商埠，明清时期发展成为烟火万家的巨镇，是滇、黔、桂、湘、蜀五省地区的物资集散地，是湘西南地区经济、文化、宗教中心，素有"五省通衢""湘西明珠""小重庆""小南京""西南大都会"之美称。现在洪江城区保存着明清以来的一座完整的古商城，有如一幅直观明清至民国时期社会市井全貌的"清明上河图"，是我国近代商业发展的一个标本，也是我国保存最完整、内容最丰富的古城之一，被誉为"中国内陆地区资本主义萌芽的活化石"，极具历史文化保护和旅游开发价值。

（1）古商城的兴起：赢得"湘西明珠""小南京""西南大都会"美誉

洪江历史悠久。明代万历年间，洪江犁头嘴（今沅江路）就已形成一定规模的物资交易、集散市场，是洪江最早的港口商埠。随着商品经济的进一步发展，桐油、木材、白蜡、鸦片等大宗商品在此集散贸易，洪江凭借便利的水运优势迅速崛起，成为湘西南扼守湘、滇、黔、桂、鄂物资集散通道的商贸重镇，被称为"五省通衢"。大量史料表明，明清时期，四方商贾云集洪江，街道两边店铺密集，沅江两岸商船往来，形成千帆竞发的繁荣景象。清代前期学者王炯在《滇行日记》中描述洪江城内有"烟火万家，称为巨镇"的记载，并且客观地记录本地"商贾骈集，货财辐辏，万屋鳞次，帆樯云聚"的商贸繁忙景象。洪江古城因商贸而积累了巨大财富，社会的慈善事业相应也发达起来，其中育婴堂最负盛名。

据光绪十三年（1887年）刊刻的《洪江育婴小识》所载，洪江城内各地商人建立会馆，有江西会馆、徽州会馆、湖州府馆、苏州府馆、贵州会馆、福建会馆、衡州会馆、宝庆会馆、辰沅会馆、湘乡会馆、长郡公所等。洪江古商城会馆之多，几乎涵盖当时国内绝大部分省份和湖南省内所有地区，这充分说明了洪江吸引了大量的商人，成为商贸之都。

《洪江育婴小识》中还详细地描述了洪江的繁华景象："当是之时，列肆如云，川楚之丹砂、白蜡，洪白之胶油，木材之坚美，乘流东下达洞庭，接长江而济吴越，连帆大舳衔尾而上，环货骈积，率以花布为大宗。南连桂林，西趋滇黔，利市三倍，居市者长子孙，百工技艺之流襁至而辐辏，地窄人众，至劈山湮谷，连屋层楼，栉比而居，俨然西南一都会。"

民国年间，洪江的常住人口中有半数以上从事商业贸易，积累了巨额财富。据《中国实业志》统计，当时洪江的货币流通量居湖南省第二位，仅次于省会长沙，成为湘西的政治、经济、文化中心。文学家沈从文在《沅江上游的几个县份》中写道："由辰溪大河上行，便到洪江，洪江是湘西的中心……通常有'小重庆'称呼。"据1938年的《湘水道查勘报告》，经常聚集在洪江运输桐油的木帆船便有511艘，可见市面之繁荣。抗日战争时期，地处大后方的洪江出现过战时繁荣，全国20多个省市和港澳台地区及外国的商人蜂拥而至，开设店铺达1300余家。

洪江凭借得天独厚的水运交通便利的条件，又顺应了历史上数次发展的契机，成为湘西南地区经济、文化中心，商业贸易盛极一时，成为名副其实的商业重镇，赢得"五省通衢""湘西明珠""小重庆""小南京""西南大都会"等系列美誉，并非虚名。

(2) 中国近代商业发展的标本，国内保存最完整的古建筑群

现今洪江城区较完好地保存了古商城的原貌，城内有明清古建筑，如窨子屋、寺院、镖局、钱庄、商号、洋行、作坊、店铺、客栈、青楼、报社、烟馆等共 380 多栋，总面积约 30 万平方米。还保留有苏州会馆、四川会馆、常德会馆、永州会馆、徽州会馆等各地部分会馆，以及北辰宫、炎黄宫门坊等旧址。2002 年 10 月，国家历史文化名城专家组考察洪江古商城后做出评价："洪江古商城历史悠久、文化内涵丰富，380 多栋明、清古建筑群，多按井字形排列，面积 30 万平方米，规模之大、气势之雄、建筑之奇、保存之好，为国内罕见。各种门窗图案、石雕，工艺精美。古民居建筑设计精巧，特色鲜明，青瓦灰墙，阁楼飞檐，采光、通风科学合理，可称之为我国江南城镇和民居建筑杰出范例。其建筑群落的地理分布以及建筑形态的特点，内部结构与周边山水园林、地形水系关系都构思巧妙，科学合理，保存了较为完整的天人合一的人文环境。其建筑精湛和表现出来的'三雕'艺术作品及建筑规模，与皖南江浙地区民居相比也毫不逊色。同时，它还承载着极为丰富的历史、文化内涵。"洪江古商城的市镇布局和房屋建筑独具特色，和当地的自然山水和谐共存。或构筑于高坡，或坐落于深巷，或吊悬于河边，通过曲折迴环的青石板路和码头相连。特别是数百栋窨子屋，其四壁无窗，天顶采光的徽式民居风格，在洪江古商城已发展为商住两用型，既用于居家又可作商用。这些明清时期留下的大规模古建筑，专家和旅游者都对其赞叹有加。

洪江古商城历经了兴起、繁盛直到衰落的全过程，在中国历史上能够完整地演进整个过程的城市还是极为罕见的。洪江古商城是中国近代商业发展的标本，是我国保存下来的完整而丰富的古商城之一，堪称中国资本主义萌芽时期的"活化石"。历经五百多年风雨的洪江古商城，如今成为一座集政治、军事、经济、宗教、文化史料大全的活性博物馆，其巨大的历史价值和现实意义是无可估量的。

10. 毛泽东同志故居：首批全国爱国主义教育基地

韶山，位于湘乡、宁乡、湘潭三县交界处。相传舜帝南巡到此，见风景优美，遂奏韶乐，引凤来仪，百鸟和鸣，韶山因此得名。毛泽东故居位于韶山冲，坐南朝北，系土木结构的"凹"字形建筑。韶山故居风景名胜区主要有毛泽东故居、铜像广场、滴水洞等景点。

（1）故居建筑特点与景区设施

故居建于"中华民国"初年，为南方农宅形式，坐南偏东，土木结构，泥砖墙，青瓦顶，一明二次二梢间，左右辅以厢房，进深二间，后有天井、杂屋，共13间半，建筑面积223平方米。右厢房第2间是毛泽东父母亲的卧室，右厢房第3间是毛泽东少年时代的卧室兼书房。故居的附近还有毛泽东少年时代读书的私塾、游泳的池塘等处遗址。

1950年，人民政府将旧居收归国有，并按原貌进行加固维修后，对外开放。1964年在故居附近新建了旧居陈列馆，后改名为韶山毛泽东同志纪念馆，陈列毛泽东革命实践活动的部分文物和照片，并负责故居的保护工作。1961年，中华人民共和国国务院公布故居为全国重点文物保护单位，1983年6月27日，邓小平在门额匾上题字"毛泽东同志故居"。1997年7月，入选中宣部首批全国爱国主义教育基地。

毛泽东铜像矗立在韶山冲广场。这里背靠韶峰，是韶山冲的中心，距毛泽东故居，毛氏宗祠、毛泽东纪念馆都很近。毛泽东铜像是按开国大典上的形象设计的，坐西南、朝东北，铜像高6米，红花岗石基座高4.1米，全高10.1米，铜像重3.7吨。

滴水洞，是韶山风景中一个著名的景点群，由滴水幽壑、虎歇坪、龙头山等自然风光与滴水洞一号楼组成。毛氏族谱中有咏滴水洞的诗云："一钩流水一拳山，虎踞龙盘在此间。灵秀聚钟人未识，石桥如锁几重关。"滴水洞一号楼是滴水洞景区的主体建筑，这是一栋青砖青瓦的平房别墅，朴素方正。一号楼现已辟为展室，内中有毛泽东当年住在这里使用过的办公室、卧室、会客厅、会议室等。办公室内有一张大办公桌，桌上有毛笔架、砚台。卧室素雅而洁静，卧室中还有两张书桌。会议室比办公室大，毛泽东曾在此开会，会议室与餐厅相连。娱乐室正中放乒乓球台，墙上有很多照片，内中有毛泽东握球拍的照片。

（2）红色旅游朝圣之地

1893年12月26日，毛泽东诞生于韶山冲，在这里生活了17年。1910年秋，毛泽东胸怀救国救民大志外出求学。1912年春，毛泽东回到这里教育亲人投身革命。1925年和1927年，毛泽东回乡领导过农民运动，在这里召开过各种小型的会议，建立了中共韶山支部。近代以来，以毛泽东同志为代表的韶山人民积极投身民族独立、人民解放的伟大事业，培育了"为有牺牲多壮志，敢教日月换新天"的韶山精神。

经过了土地革命战争、抗日战争、解放战争，在新中国成立后的第十年，毛泽东于1959年第三次返回故乡。一别32年，故乡的面貌全变了。毛泽东这次返乡，一共住了两天，与故乡父老欢聚畅谈，抚今追昔、感而赋诗《七律·到韶山》：

　　别梦依稀咒逝川，故园三十二年前。红旗卷起农奴戟，黑手高悬霸主鞭。

　　为有牺牲多壮志，敢教日月换新天。喜看稻菽千重浪，遍地英雄下夕烟。

这首七律，记述了毛泽东回到阔别32年的故乡时的真实感受，通过对中国人民革命历史的回顾，赞扬了革命者艰苦卓绝、勇于牺牲的战斗精神。

中华人民共和国成立70年来，红色基因代代相传，韶山人民继承毛泽东等老一辈无产阶级革命家的优良传统，锐意进取，奋力拼搏，全面维护和提升这一方红色热土的品质和环境，把韶山打造成一张有着光荣革命传统的最亮丽的红色名片。每年全国各地的游客慕名而来，走进伟人故里。

毛泽东广场、毛泽东同志故居、毛泽东同志纪念馆等全国爱国主义教育基地成为人们接受心灵洗礼的课堂，深深地感染着一代又一代青年学子。伟人故里，革命圣地，留下了动人的历史印记。韶峰高，湘水长，千年韶乐，弦歌不断。站在新时代的更高起点，韶山这座积淀了伟人风范和山水神韵的魅力之城，正在习近平新时代中国特色社会主义思想的指导下，奋力前行，演绎新的历史，铸造新的辉煌。

第六章

倚天照海花无数

——湖湘十大艺术品牌

湖南地区文化底蕴深厚绵长，这里所产生的艺术品牌可谓五彩缤纷、多姿多彩，艺术门类众多，从业人员广泛，犹如花海中繁星点点的璀璨花朵，艳丽多姿。

一 湖湘艺术品牌概述

湖南地理位置优越，在漫长的历史沉淀下，这片土地上诞生了众多艺术种类，如民歌、花鼓戏、湘剧、话剧、傩戏、电影、美术、书法、篆刻等，源远流长，文化艺术氛围浓厚。这些艺术品牌当中涌现出一批艺术名家、艺术名作，富有湖湘文化元素，体现湖湘艺术特征，深受大众的喜爱。

1. 基本情况

在历史长河中，汉族与土家族、苗族、侗族、瑶族等少数民族共同生活在这片热土上，融中原文明，纳百家之长，最终形成了一批精深博大、丰富多彩且具有浓郁湖南特色的艺术品牌。

在五彩缤纷的湖湘艺术品牌当中，湖南的戏曲艺术活动颇引人注目。湖南因此被公认为"戏曲大省"。戏曲剧种包括湖南湘剧、祁剧、辰河戏、长沙花鼓戏、邵阳花鼓戏、零陵花鼓戏、衡州花鼓戏、岳阳花鼓戏、常德花鼓戏、阳戏、苗剧、侗戏、傩堂戏、衡阳湘剧、巴陵戏、湖南花灯戏、湘昆戏、荆河戏、武陵戏，以及分布广泛的木偶戏和皮影戏。此外，还有常德丝弦、酉剧等地方小剧种。这些剧种在音乐声腔、表演和舞美等方面各具特色，它们在继承传统的同时又有新的发展，深受群众的喜爱。

在书法方面，在浩瀚的书法艺术长河中，湖南这片热土诞生了欧阳询、怀素、何绍基等声震古今的大书法家，是书法重镇之一。

在绘画方面，北宋易元吉、清初髡残等人在古代绘画史中占有一席之地。近代齐白石是中国知名度很高的艺术家之一，他画的虾无与伦比。

在音乐方面，各民族各具特色的民族音乐是湖南艺术亮点。湘西苗族民歌、侗族咚咚推、酉水船工号子、澧州夯歌、安乡硪歌、华容夹叶点子、洞庭渔歌、嘉禾伴嫁歌、花瑶呜哇山歌、青山唢呐、茶山号子、侗族芦笙、沅陵山歌、麻山锣鼓、新化山歌等，丰富了群众的生产生活。

在舞蹈方面，龙舞、江华瑶族长鼓舞、南县地花鼓、张家界高花灯、土家族跳丧舞、桃源瑜伽焰口手势、文武茶灯等，极具现场感染力，深受群众欢迎。

2. 艺术特色

湖南的艺术品牌众多，丰富多彩。不管是书法、绘画、电影艺术还是戏剧、舞蹈、歌曲等作品，都被广大人民群众所认可，深受群众喜爱，都是湖南人民的宝贵财富。

无论是齐白石的绘画艺术，还是潇湘电影制片厂所出品的电影，都有一个重要的艺术特色，那就是贴近现实，贴近百姓生活。

在田汉所创作的话剧中，最显著的艺术特色是现实主义和浪漫主义的高度融合。

在其他艺术品牌方面，湖湘艺术同样精彩纷呈，可圈可点。总的来说，湖南文化艺术种类繁多，五彩缤纷，十分活跃，并且呈现出多民族、多元素、具有明显湖湘特色的艺术特征。

3. 地位影响

湖南是一块文化艺术宝地，诞生了无数文化艺术精品。

在历史的长河中，湖南的这些艺术品牌在全国范围内具有举足轻重的地位。何继光的《洞庭鱼米乡》《挑担茶叶上北京》等一系列脍炙人口的经典歌曲在全国流传。近代出现的湖南篆刻家何绍基、齐白石、唐醉石等人，将具有湖湘特色的篆刻艺术发扬光大，名扬四海。

湖南的戏剧受湖湘文化的影响颇深，经湖湘地域文化的浸润，有着浓郁的地方性色彩，涌现出一大批享誉盛名的经典曲目。如深受群众喜爱的花鼓戏曲目《刘海砍樵》《打铜锣》等，至今仍在广泛演出当中。此外，湖南是近代中国话剧和中国歌剧的发祥地之一。

从古到今，湖湘艺术名家与名作层出不穷，具有鲜明的艺术个性及地域特色，不仅在中国艺术史上占有重要地位，而且在国际上影响深远。一些名家名作，如欧阳询的《九成宫醴泉铭》、齐白石的画虾图等历久弥新，散发着湖湘文化的独特魅力。

二　湖湘十大艺术品牌及其评价

湖南的文化艺术种类包罗万象，博大精深，不可能方方面面一一表述，这里只能选取颇具代表性的十大艺术品牌罗列如下。

1. 书法：开山立派

书法艺术是中国特有的艺术种类，历史上有不少声震古今的书法家是湖南人，这些书法大家的作品流传后世，丰富了中华文化，留给了世人宝贵的精神财富。

(1) 湖南书法艺术源流

湖湘书法至少可以追溯到先秦时期。长沙子弹库楚帛书、马王堆汉简书和帛书、走马楼吴简、里耶秦简等在湖南相继出土，这些简帛文字体现了当时某一社会层面的书法水平，是湖湘书法史上的精品。

到唐代，湖南人欧阳询精通各种书体，尤其擅长楷书，世称"欧体"。另一个湖南人怀素则是一位杰出的狂草书法家，史称"草圣"。这两位唐代湘籍书法家是湖湘书法艺术的骄傲。

明代茶陵诗人李东阳的楷书自成一家，篆、隶、行、草书同样颇具盛名，对明代书法书风有着巨大贡献，其代表作品有篆书《怀素自叙帖引首》、楷书《邃庵解》、行草书《自书诗卷》等。

清代湖南书坛更为活跃，何绍基、黄自元等人在书法界留下了浓墨重彩的一笔。何绍基是清代后期书坛上一位不可多得的大师，尤为擅长草书，被誉为"清代第一"。安化人黄自元擅长楷书，被称为"黄体"。他所临写的《间架结构九十二法》，字体规矩，至今仍然是青少年临摹的碑帖范本。

进入当代，著名的书法家有谭延闿、齐白石、毛泽东等人。茶陵人谭延闿擅长行书、草书、楷书，其作品大气磅礴，以写颜体而名重一时。齐白石主要以行书、篆书见长，其书法极具个人特色。毛泽东是一代书法大家，他的书法以行草为主，形成了独特的"毛体"书法艺术，在中国书法艺术的发展道路上树立了一座丰碑。

(2) 湖南书法名家与名作

提及书法艺术，不得不提到的人物就是欧阳询。欧阳询（557~641年），字信本，汉族，唐朝潭州临湘（今湖南长沙）人，唐朝著名书法家、官员，楷书四大家之一。

欧阳询的书法驰名初唐，自成一派，世称"欧体"，被称为"唐人楷书第一"，更被称为"天下第一楷书"。他的书法无论是笔画还是结体，变幻莫测，令人心醉神迷。

唐张彦远《法书要录》辑唐张怀瓘所著《书断》称："询八体尽能，笔力劲险。篆体尤精，飞白冠绝，峻于古人，犹龙蛇战斗之象，云雾轻笼之势，几旋雷激，操举若神。真行之书，出于太令，别成一体，森森焉若武库矛戟，风神严于智永，润色寡于虞世南。其草书迭荡流通，视之二王，可为动色；然惊其跳骏，不避危险，伤于清雅之致。"这段话充分表现了欧阳询书法艺术的魅力所在。宋《宣和书谱》更是誉其正楷为"翰墨之冠"。

常见欧书碑刻如下。

《九成宫醴泉铭》：楷书，是欧阳询的代表作，学欧书多以此为范本，魏征撰文，唐太宗贞观六年（632年）立碑。书法严谨峭劲，极具风韵。

《虞恭公碑》全称《唐故特进尚书右仆射上柱国虞恭公温公碑》，也称《温彦博碑》：楷书，此碑文是欧阳询老年代表作。唐太宗贞观十一年（637年）立碑。

《皇甫诞碑》全称《隋柱国左光禄大夫弘议明公皇甫府君之碑》，也称《皇甫君碑》：楷书，是欧阳询年轻时的作品，无立碑年月，碑藏于陕西西安。

《化度寺塔铭》全称《化度寺故僧邕禅师舍利塔铭》：楷书，是欧阳询得意的作品，唐贞观五年（631年）立。

欧阳询不仅是一代书法大家，而且是一位书法理论家。欧阳询所撰《传授诀》《用笔论》《八诀》《三十六法》等都是他自己学书练字的经验总结，比较具体地总结了书法用笔、结体、章法等书法形式技巧和美学要求，是中国书法理论的珍贵遗产，具有独到见解。欧阳询留下的作品和书法《传授诀》对后世书法家影响深邃旷远。

欧阳询去世后，其四子欧阳通也成为一位书法家，虽成就稍逊于欧阳询，但笔力险峻则更有超过，人们称其父子为"大小欧阳"。清朝"扬州八怪"郑板桥诗咏《书堂山》云："稻青泉水涌，洗笔有泉池。"现在，长沙书堂山下仍存有欧阳父子读书习字遗迹，时有人前去拜访。

(3) 影响力与评价

漫长历史中，湖湘书法大师辈出，譬如欧阳询、怀素、何绍基、黄自元、齐白石、毛泽东等，为中华书法文化的发展做出了杰出贡献，在中国书法史上具有显赫地位。

欧阳询的书法艺术堪称一座高峰，他在书法方面各体俱精，楷法独尊。他是湖南书法开山立派的代表人物，其书法成就历经千年仍被人所铭记。他的楷书字体，成为后来学习书法者经常模仿的对象。

毛泽东是中国书法界公认的 20 世纪的书法大家，毛体是人们最为熟悉、阅读人数和阅读次数最多、出版印刷和发行次数最多的一种书法。

2. 湘剧：独立剧种雅俗共赏

湘剧，是湖南省的传统戏曲剧种之一，不但流行于湖南长沙、善化、湘阴、醴陵、湘潭、湘乡、宁乡、益阳、攸县、安化、茶陵等地，而且在江西、广东等邻近省份也广为传唱。

(1) 湘剧艺术源流

湘剧形成于明代，在长时期的自身发展当中，不断吸收其他地方戏曲的长处，成为全国著名的剧种。外来的戏曲弋阳腔、昆腔、皮黄等声腔，在演出活动中，与本地区传统民间艺术、地方语言紧密结合，逐渐形成了包括"高"（腔）、"低"（低牌子）、"昆"（昆曲）、"乱"（乱弹）四大声腔，唱白用中州韵、富有本地民间特色的剧种。

湘剧在明清时期发展极为兴盛。清代湘剧风靡湖南各地，各湘剧班社蓬勃发展，长沙城内有仁和、庆华、春台、仁寿、同春等班，湘潭有永和、庆和等班，浏阳有清胜班，宁乡、益阳有大观班和福林班，至新中国成立前夕，湖南全省湘剧班社达 21 个，艺人 1200 多人。湘剧是广受人民群众喜爱的剧种，全省各地都有湘剧科班演出，丰富了群众的娱乐活动。

湘剧的传统剧目，不少出自宋末南戏、元代杂剧和明清传奇，也有少数系艺人创作和改编的剧目。高腔的"四大连台"和"六大记"，是演出时间最早,保留时间最长的代表性剧目。"四大连台"为《封神传》《目连传》《西游记》《精忠传》。"六大记"为《金印记》《投笔记》《白兔记》《拜月记》《荆钗记》《琵琶记》。乱弹的"八大连台"、"江湖十八本"和"三十六按院",群众颇为熟悉并且津津乐道。

民国时期,民族危亡时刻,湘剧创作出一大批宣传革命和抵抗侵略的剧目,最有代表性的是《刺恩铭》、《广州血》、《东北一角》、《血溅沈阳城》和改编的《新会缘桥》、《旅伴》等。

新中国成立后,整理、改编、创作的剧目中,《琵琶上路》《打猎回书》《五台会兄》《拜月记》《追鱼记》《金丸记》《百花公主》《李三娘》《金印记》等传统剧目和《山花颂》《郭亮》《玛丽娜一世》等现代戏影响较大。

(2)湘剧名家与名作

徐绍清是湘剧音乐家,早在抗日战争时期,他就积极参加救亡工作,编排和演出了《骂汉奸》等一大批宣传抗日的优秀剧目。1952年,徐绍清在全国第一届戏曲观摩会演出时,因在《琵琶上路》中成功塑造了张广才一角,获演员一等奖。此后在戏剧舞台艺术片《拜月记》《生死牌》等戏中,他又成功塑造了宰相王镇、清官海瑞等各种不同的角色,他的艺术造诣得到了周信芳、红线女等人的高度赞许,成为当时湖南省湘剧跻身于"全国十大艺术院团"的领军人物。他不仅以演唱湘剧高腔见长,成为戏剧界公认的"高腔大王",还擅长谱曲,由他谱曲的毛泽东诗词《沁园春·雪》在为毛泽东等国家领导人演唱时,受到了毛泽东的高度赞扬。

(3)影响力与评价

湘剧素有湖南"省剧"之称,是民族文化的艺术瑰宝,在当今的文化艺术氛围当中,在不断地传承与创新当中,湘剧成了弘扬湖湘文化的一张耀眼的名片。湘剧艺术功底深厚,是湖南最有代表性的大剧种之一。《琵琶上路》《打猎回书》《五台会兄》《拜月记》《百花公主》等,都是老百姓所喜欢的优秀剧目。2006年5月,湘剧被列入第一批国家级非物质文化遗产名录。

3. 花鼓戏：载歌载舞轻松活泼

花鼓戏是全国地方戏曲中同名最多的剧种，在众多名为"花鼓戏"的地方戏曲剧种中，属湖南花鼓戏流传最广，影响最大。

（1）湖南花鼓戏艺术源流

湖南花鼓戏源自民歌，在明清时期获得了较大的发展空间。清嘉庆年间，逐渐发展成为一旦一丑演唱的花鼓戏初级形式。清同治年间，花鼓戏不但已发展成"三小"（小旦、小丑、小生）戏，而且演出形式也具有一定规模，有一定的民间知名度。从声腔和剧目看，初期以民间小调和牌子曲演唱边歌边舞的生活小戏为主，如《打鸟》《盘花》《送表妹》《看相》等。随着"打锣腔"与"川调"传入湖南，逐渐出现了故事性强的民间传说题材剧目。打锣腔主要剧目有《清风亭》《芦林会》《八百里洞庭》《雪梅教子》等，川调主要剧目有《刘海戏蟾》《鞭打芦花》《张光达上寿》《赶子上路》等。这一时期的湖南花鼓戏多在各地农村演出，受到了群众的欢迎。

中华人民共和国成立后，湖南花鼓戏艺术更是有了较大的发展，湖南各地分别成立专业剧团，由农村演出改为进入城市剧场公演。湖南省花鼓戏剧院整理创作的《打铜锣》《补锅》《刘海砍樵》等剧目，深受全国各地人民群众的喜爱。

（2）湖南花鼓戏名家与名作

《刘海砍樵》是湖南花鼓戏经典曲目，脍炙人口，一直为人们传唱。《刘海砍樵》曲调非常好听、朗朗上口，在湖南城乡各演出队曾很盛行，流行于湖南各地的城市乡村大街小巷。

《刘海砍樵》的故事来源于地方民间文学。刘海砍樵故事的发生地在常德城武陵区丝瓜井旁，讲述的是以砍樵为生的刘海和狐仙胡秀英之间历经曲折的爱情故事。常德刘海砍樵的传说在北宋时已经初具雏形，至清代中叶已形成了流传至今的刘海砍樵传说的主要版本。刘海和狐仙身上所体现出来的勤劳、正直、孝顺等美德和追求忠贞爱情、追求幸福生活的美好愿望，真实地反映了劳动人民朴素的勤劳持家的日常生活场景。

《刘海砍樵》本是湖南省地方曲目，真正让全国知道并使它走红全国的是李谷一和姜昆在1984年春晚的小品演出。在这个小品当中，李谷一演唱了《刘海砍樵》那段精彩对唱部分，即"比古调"，一下子红遍了大江南北。《刘海砍樵》是当今知名度最高的花鼓戏曲目，深受全国各地人民群众的喜爱。

（3）影响力与评价

花鼓戏表演手段丰富多样，曲调生动活泼，具有鲜明的地方特色和民间歌舞风格。花鼓戏的音乐主要是以极具地方特色的湖南花鼓大筒、唢呐、琵琶、笛子以及锣鼓等民族乐器作伴奏，旋律轻松爽朗，极受当地群众的欢迎。

湖南花鼓戏是地方传统文化的精品，在地方戏曲剧种中影响最大，流传区域最广，是湖南艺术当中的精华体现。著名的花鼓戏剧目有《刘海砍樵》《打铜锣》《补锅》《打鸟》《生死牌》《姑嫂忙》等，尤以《刘海砍樵》影响最为深远。2008年，花鼓戏入选第二批国家级非物质文化遗产名录。

4. 傩戏：内涵古老委婉细腻

傩戏艺术古老而久远，传承数千年、保持不变的傩戏，真实再现了古代人们驱邪逐疫、消灾纳福和娱神娱人的画面，留下了珍贵史料。傩戏是人类在漫长的发展过程中留下的一笔宝贵的精神财富。

（1）湖南傩戏艺术源流

在湖南地区，傩戏极具地方特色，是中国民间戏剧的奇葩。湖南地区流行梅山傩戏、辰州傩戏等，此外还有怀化新晃流行的"咚咚推"。因演出时在"咚咚"（鼓声）、"推"（一种中间有凸出的小锣声）的锣鼓声中跳跃进行，"咚咚推"由此而得名。"咚咚推"有简单情节的舞蹈，一部分是具有戏剧雏形的傩戏。所有的演唱全部用侗语。它的剧目有反映本民族生活的《跳土地》《癫子偷牛》《老汉推车》等，也有《关公捉貂蝉》《古城会》等以关公为主角的三国戏。

辰州傩（又称土家傩），是湘西土家族苗族地区流传最广的傩戏，见诸史籍者甚多：清康熙四十四年（1705年）《沅陵县志》、清乾隆十年（1745年）《永顺县志》、清道光元年（1821年）《辰溪县志》均有记载。由此可见，在清朝，傩戏深受当地群众的欢迎。

辰州傩戏又称土家傩、傩愿戏、傩堂戏。它流传于湖南西北部沅陵一带，沅陵秦时称辰州郡地，今处怀化市的最北部。傩戏生动记载了土家族人们的生产劳动、生活方式、宗教信仰和价值取向，表现了农耕社会的人们期盼风调雨顺、五谷丰登和社会安宁的美好愿景。

（2）湖南傩戏名家与名作

辰州傩在沅陵县七甲坪镇尚有较为完整的保存。现存于沅陵县七甲坪镇的辰州傩的主要传人仅17人，辰州傩源于荆楚，辐射于巴蜀吴越秦等地，一度影响中原。2019年11月，《国家级非物质文化遗产代表性项目保护单位名单》公布，沅陵县文化馆获得"沅陵辰州傩戏"保护单位资格。

掌坛师李福国（法名李福显），从小学唱汉戏，后从师学习傩戏，1998年9月和妻子聂满娥在沅湘傩戏文化学术研究会上为各国专家学者演出傩戏《姜女下池》，很受参会代表欢迎，此后，夫妻俩名声大振，是桃源、大庸、沅陵三县演唱傩戏的佼佼者，多次参加省地电视台拍片演出。

傩戏按其内容形式有傩堂正戏、小戏、大本戏之分，正戏是法师请神演变而成，表演剧情简单，小戏已具小型戏曲特征，大本戏的戏曲化程度较高，主要剧目有《孟姜女》《龙王女》《七仙女》《鲍三娘》等，傩技为绝技杂技表演，主要有上刀梯、过火槽、踩犁头等。辰州巫师冲傩还愿时，必唱傩戏。

（3）影响力与评价

国家非常重视非物质文化遗产的保护，2006年5月20日，沅陵辰州傩戏经国务院批准列入第一批国家级非物质文化遗产名录。

在当今百花齐放、群众精神生活丰富多彩的时期，古老的傩戏重新焕发出新的光彩。在国家重视传统文化的宏观环境下，傩戏作为非物质文化遗产必然会重放异彩、重获新生。

5. 国画：名家国画誉满天下

国画是中国传统绘画艺术，题材可分人物、山水、花鸟等，博大精深，技术精湛，源远流长。

（1）湖南国画艺术源流

湖南绘画的源流可以追溯到商周时期造型粗犷的青铜器纹饰，湖南地区大量出土青铜器当中不乏珍品。长沙出土的《人物龙凤图》和《人物御龙图》战国帛画，属于民间绘画中的祭祀绘画类作品，被认为是迄今为止世界上最早发现最完美的"中A"。到了汉代马王堆汉墓出土的帛画、漆棺画、各类器物纹饰，造型精美，极具湖湘特色。

北宋时期，长沙人易元吉擅长画花鸟、草虫、果品等物，一生创作了大量绘画作品，以善画猿猴闻名天下。古代绘画评论家把獐猿画看成易元吉的专工独诣。易元吉的獐猿画不仅在艺术上达到一流的水平，而且在中国古代绘画史上具有开拓绘画题材的意义。

明末清初，常德僧人髡残精于山水，亦工人物、花卉，是清初四僧之一。存世代表作有《报恩寺图》《云洞流泉图》《层岩叠壑图》《雨洗山根图》等，展现出引人入胜的艺术境界。其绘画在当时名重一时，对后世亦有很大影响。

在近代，湘潭人齐白石在金石书画艺术方面独领风骚。他的瓜果菜蔬、花鸟虫鱼活灵活现，栩栩如生，齐白石的画风被称为"齐派"，深受国内外各阶层人士的喜爱。

近代湖湘知名画家还包括张一尊、高希舜、陈少梅等人。张一尊，湖南吉首人，擅长画马，与徐悲鸿、沈逸千、梁鼎铭并称中国"画马四杰"，颇具名气。高希舜，湖南桃江人，是毛泽东在湖南第一师范学校的同学。1933年，他在东京举办画展，作品被抢购一空，被日本画界称为"画伯"。新中国成立后，曾赠予毛泽东一幅《荣华下之哈巴狗》，此画深得毛泽东的喜爱。陈少梅，湖南衡山人，长期活跃于京津画坛。1930年，他的作品获"比利时建国百年国际博览会"美术银奖。陈少梅是近代画坛上学习"北宗"山水画获得最大成就的一位画家。他与张大千、齐白石、溥心畬齐名，并称民国四大画家。

在当代，湖南双峰人王憨山的花鸟画颇具盛名。1997年，他的两幅力作被故宫博物院收藏，2012年，中国美术馆永久收藏王憨山精品40幅。衡阳人钟增亚以人物见长，尤以写意人物著称。他与全国八位画家一道创作的巨幅通景山水画《山峡史诗》，成为传世佳作，载入美术史册。当今，黄永玉、陈白一、黄铁山、曾晓浒等人在版画、工笔画、水彩画、山水画、油画方面都有较大影响力，被民众广为熟知。

（2）湖南国画名家与名作

湖湘文化博大精深，其中涌现出一大批名家。国画大师齐白石就是其中的佼佼者。齐白石1864年生于湖南长沙府湘潭县，原名纯芝，字渭青，号兰亭，后改名璜，字濒生，号白石，近现代中国绘画大师，是中国近代知名度最高的画家之一，世界文化名人。早年曾为木工，后以卖画为生，五十七岁后定居北京。擅画花鸟、虫鱼、山水、人物，他的画极具艺术观赏性，所画之物栩栩如生。

齐白石的山水画笔调大气，色彩明亮，这与他出身于普通劳动人民家庭有关。一个人的绘画旨趣和他的个人经历、家庭背景有着密切关系。他曾经多次游历祖国的大江南北，祖国的大好河山给了他丰富的创作灵感。他去名山大川写生，去寻常乡间探访，绘画作品十分接地气，表现了朴实、乐观的韵致。齐白石的艺术风格展现了大自然的勃勃生机，包含了本人乐观、浪漫的情感。

齐白石不仅画有灵气，而且篆刻蔚为大家、书法卓然不群。他的绘画上的题字和绘画本身相得益彰，绘画构图精细巧妙，画面浑然天成。

齐白石最为出名的系列作品是虾。齐白石画虾堪称画坛一绝。他所依仗的是长期细致入微的对虾的观察。虾成为齐白石代表性的作品，不管是单虾还是群虾，他画起来都得心应手。所画之虾，活灵活现，纸上之虾似乎在水中嬉戏游动，栩栩如生，体现出晚年的齐白石画艺的成熟。

（3）影响力与评价

齐白石所创作的国画享誉天下，由于贴近群众的现实生活，他被称为人民艺术家。齐白石曾任中央美术学院名誉教授、中国美术家协会主席等职。代表作有《蛙声十里出山泉》《墨虾》等。著有《白石诗草》《白石老人自述》等。新中国成立以后，论及他的艺术成就是公认的，获得了画家、收藏家和人民群众的一致好评。齐白石的绘画是中国画笔墨情趣的极致，更是当今中国艺术市场的晴雨表、风向标。齐白石对近现代中国绘画的贡献巨大。

6. 话剧：经典红色话剧灵魂

话剧是清末民初中国新兴的剧种，又称新剧，俗称"文明戏"。民国时期，话剧在全国各大中型城市逐渐流行。

（1）湖南话剧源流

清末新政时期，湖南宣讲活动日益活跃，形式多样，其中化装演讲、白话演讲可以说是湖南话剧的先声，群众对这一表演形式接受程度颇高。

1907年，湖南浏阳人欧阳予倩和李叔同等人在日本组织春柳社，分幕布景，用华语演出《黑奴吁天录》，开创了中国早期话剧。1913年，欧阳予倩组织了湖湘第一个新剧团体"文社"，并演出《家庭恩怨记》《热血》《猛回头》等许多宣传新思想的剧目，从此在湖南播下了话剧的种子。

五四新文化运动带动了湖南新剧运动的发展，湖南话剧运动日趋活跃。抗日战争时期，湖南各地组织《放下你的鞭子》《保卫大湖南》等话剧演出，鼓舞了湖南军民抗日的斗志与士气。

1965 年，湖南自创话剧《电闪雷鸣》等参加中南戏剧观摩演出，获得强烈反响。1976 年，由陈建秋执笔创作的话剧《枫树湾》影响全国，并被拍成电影。20 世纪 80 年代，湖南话剧《众生相》被邀参加首届中国艺术节，并赴香港演出。

（2）湖南话剧名家与名作

在话剧的艺术殿堂里面，湖南的代表人物有田汉、欧阳予倩等人。田汉，本名田寿昌，湖南省长沙县人。剧作家、戏曲作家、电影编剧、小说家、词作家、诗人、文艺批评家、文艺活动家，中国现代戏剧三大奠基人之一。他创作歌词的歌曲《万里长城》的第一段后来成为中华人民共和国国歌《义勇军进行曲》的歌词，这是他被广大人民群众所熟知的原因。

田汉在戏剧方面的造诣同样精彩，成就非凡。田汉早年留学日本。1922 年回国后组织南国电影剧社，从事话剧创作和演出活动。此时期他创作的话剧《咖啡店之一夜》《获虎之夜》《苏州夜话》等在这一领域崭露头角。1927 年秋，他先后任上海艺术大学文学科主任、校长，创作的话剧《名优之死》大获成功。同年冬成立南国社，才思泉涌，创作大量剧本，先后在上海、杭州、南京、无锡、广州各地举行话剧公演和其他艺术活动，推动了中国话剧的发展。

1930 年，他以发起人之一的身份参加了中国左翼作家联盟成立大会。1932 年田汉加入中国共产党，创作了《年夜饭》《乱钟》《顾正红之死》等话剧。1935 年创作的剧本《回春之曲》是表现人民抗战决心的作品。

全面抗战开始后，他投入话剧《卢沟桥》的集体创作当中，关注了现实生活，并举行劳军演出。他参加上海文化界救亡协会，后到武汉参加抗战宣传工作。1939 年后，他在桂林主编《戏剧春秋》月刊，对京剧、汉剧、湘剧等戏曲进行了改革，写了大量以反侵略为内容的戏曲剧本，作品渐渐充满革命性和斗争性，以求唤起人民群众抗战必胜的决心。知名度较高的有《江汉渔歌》《岳飞》等剧。1944年，田汉与欧阳予倩等在桂林组织了西南戏剧展览会。抗战胜利后回到上海，创作了剧本《丽人行》《忆江南》。

新中国成立以后，田汉历任中央人民政府政务院文化教育委员会委员、文化部戏曲改进局局长、艺术事业管理局局长、中国剧协主席和党组书记、全国文联副主席等职，这一时期，他创作了话剧《关汉卿》《文成公主》《十三陵水库畅想曲》并整理戏曲《白蛇传》《谢瑶环》等，深受人民群众的喜爱和欢迎。

（3）影响力与评价

田汉是中国红色话剧的代表人物，早期他对中国新兴话剧的奠基和发展起到了重要作用，对话剧的民族化进程做出较大贡献。新中国成立以后，他在历史剧的创作和改编方面达到了新的高度。

7. 歌曲：乡音独特优美动听

湖南歌曲浩如烟海，名曲名家众多，与人们的日常生活相伴相随，是老百姓最为喜闻乐见的艺术形式。

（1）湖南歌曲艺术源流

湖湘音乐起源于史前原始社会的宗教与习俗。湖南先民自古喜爱音乐，洪江高庙遗址出土就有吹奏乐器骨哨；宁乡、资兴、衡阳、浏阳各地出土的青铜乐器众多。

先秦时期，祭神时常常伴有歌舞鼓乐，《九歌》就是一组民间祭神的乐歌。

春秋战国时期，湖南民俗信鬼而好祭祀，屈原创作的《楚辞》是根据湖南的民间歌曲创作，反映了湖南这一时期民间音乐的风格。

唐代著名音乐家李龟年曾流落到湘潭，在宴会上唱了王维的五言诗《相思》和《伊川歌》。南宋末年，古琴演奏家、作曲家、教育家郭沔移居湖南，创作出琴曲《潇湘水云》。湖湘音乐最有特色的是各少数民族流传至今的民歌，极具韵味。各地民歌给湖南歌曲的创作提供了较丰富的素材和灵感。

20世纪，湖湘歌曲百花齐放，先后涌现了以黎锦晖、田汉、贺绿汀、何继光、李谷一、宋祖英为代表的音乐家群体，这些湘籍音乐家在音乐表演、音乐创作等方面走在全国的前列，创作和演唱了一系列脍炙人口的歌曲，广为流传。

（2）湖南歌曲名家与名作

何继光是湖南省湘西自治州古丈县人，我国著名的三大男高音歌唱家之一。代表作有《挑担茶叶上北京》《洞庭鱼米乡》《济公》《桃花》等歌。

他自幼受民歌熏陶，从小就展现出了唱歌方面的兴趣爱好，七岁在家乡赛歌会上夺得银牌，十四岁考入湖南省民间歌舞团。在省歌舞团，他以极大的兴趣和热情深入苗山瑶岭，学会了汉、苗、瑶、侗、土家等各族民歌。1960年向著名民歌歌唱家舒黑娃学习了独具一格的湖南高腔山歌唱法。

1962年，何继光入上海音乐学院声乐系学习。他能编善唱，音域宽广，唱法独树一帜，逐渐形成了自己的歌唱技巧和演唱特色。

1964年，在"上海之春"音乐会上，何继光用新型高腔唱法演唱了《洞庭鱼米乡》和《挑担茶叶上北京》，一举轰动了上海乐坛。这些作品大获成功，他特有的新型高腔唱法逐渐崭露头角。"湘味湘韵"独到的艺术处理与精湛的演唱技艺征服了观众。在《挑担茶叶上北京》歌曲中，展现了茶农乐观向上的精神面貌和对祖国的无限热爱之情，他特意在其尾声部分添加了原作所没有的新型高腔唱法音调，有报刊评价为"画龙点睛"之笔。

1965年，何继光参加全国音乐周，领唱《澧水船夫号子》《打硪歌》，同样大受群众欢迎，其独特高腔唱法逐渐被人所熟知。

1980年，他再次到上海音乐学院学习，这时的他被誉为"歌坛一绝"。

他演唱的《挑担茶叶上北京》《洞庭鱼米乡》《济公之歌》等成为经典民歌。奠定了他在音乐界著名男高音歌唱家的地位，并荣获全国首届十佳影视歌手的称号。1989 年，他灌制的唱片《洞庭鱼米乡》获中国首届"金唱片奖"。

何继光不仅仅创立了新型高腔唱法，还自己作词、作曲，创作了一些脍炙人口的经典作品。如他作词、编曲并演唱的《好久没到这条坡》，这首作品一唱就是几十年，常常在演唱现场出现台上台下齐声合唱的场面，传唱度非常高。他作曲并演唱的《回苗山》，其韵味其情趣令人心醉，仿佛让人置身于湘西崇山峻岭、层林叠翠的苗寨之中，艺术感染力非常强。

（3）影响力与评价

何继光有多首脍炙人口的经典歌曲广为流传，家喻户晓，如《洞庭鱼米乡》至今仍有很多歌唱家还在翻唱。他在几十年辉煌的演艺生涯中，创立了新型高腔山歌唱法，被誉为"湖南高腔山歌之王"。

8. 舞蹈：民族舞蹈精彩纷呈

湖南是多民族聚集的省份，依山傍水的地理环境当中，苗族、侗族、土家族、瑶族等少数民族同胞和汉族人民一起，共同居住生活在这片热土上，共同创造了缤纷绚烂的湖南文化。少数民族艺术文化是湖湘艺术中不可或缺的一部分。各民族同胞能歌善舞，各具特色，不相伯仲。

（1）湖南舞蹈源流

湖湘舞蹈与湖湘音乐相辅相成，具有悠久的发展历史和风情独具的艺术风采。湘西土家族茅古斯舞是比较古老的舞蹈，具有原始、粗犷、雄壮的特色，它产生于土家族的祭祀仪式中，是纪念祖先开拓荒野、捕鱼狩猎场面的一种古老舞蹈，被誉为"中国民族舞蹈的最远源头。"

隋唐时期，《绿腰舞》《白纻舞》《柘枝舞》等著名的盛唐宫廷舞蹈也流传到湖南。唐人李群玉作《长沙九日登东楼观舞》二首，描述了这一盛况。在湖湘文化不断与其他地区交流融合的同时，这些外来歌舞的精华同样丰富了湖南民族民间舞蹈艺术。

（2）湖南民族舞蹈的特色

侗族是个能歌善舞的民族，素来有着"以歌对答，以舞寻偶"的传统。侗族同胞在歌舞时常常用芦笙这种乐器来伴奏，芦笙舞是在湖南新晃、通道等地侗族地区较为流行的舞蹈。芦笙舞属于侗族的传统民间舞蹈，源于古代播种前祈求丰收、收获后感谢神灵赐予和祭祀祖先的仪式性舞蹈。舞蹈气氛热烈而欢快，已成为侗族民众在稻谷收获后至来年春播前农闲期间和各喜庆佳节时，由青年男女参加被称作《踩堂》或《踩芦笙》的自娱性舞蹈。侗族芦笙舞重在吹、跳，动作简单，节奏明快，观众参与感强，跳舞的时候经常能带动现场观众一起舞动。

苗族花鼓舞是湖南省凤凰、保靖、花垣等县苗族人民欢度农历"六月六""八月八""赶夏""赶秋"等传统节日时，必跳的自娱性舞蹈，男女均可参加。舞者围鼓而舞，舞蹈动作多模拟劳动生产及生活动作。苗族群众身着五彩斑斓的民族服装，伴随着欢快的鼓声舞动，十分赏心悦目。

土家族摆手舞是土家族传统舞蹈之一，在土家人居住的地方有专门跳摆手舞的场所，即摆手堂。摆手舞有大摆手、小摆手之分。小摆手舞每年正月举行一次，主要是表演农事、渔猎活动。大摆手舞每三年举行一次，内容在小摆手舞的基础上，再加上披西兰卡普表演的军战舞。跳摆手舞时，要吹大土号、唢呐，敲打锣、镲、鼓，燃放三眼炮和鞭炮。人们围成圆圈，男在外圈，女在内圈。舞姿朴实，音乐节奏明快。舞蹈人数不定，可自由出入，现场感染力极强。在跳摆手舞的同时，要唱摆手歌，其歌词有流传久远的固定歌词，也有少量即兴编唱的新歌词。人们边唱边跳，气氛热烈，具有浓厚的土家气息，展现了土家族的待客之道。

瑶族长鼓舞，主要流传于湘西、湘南等瑶族聚居地区，多在瑶族传统节日、庆祝丰收、乔迁或是婚礼喜庆的日子表演。瑶族的舞蹈一般动作古朴，舞姿清新秀丽、形舒意广。长鼓舞反映了瑶族狩猎、农事和祭祀等活动，舞蹈的基本动作是在这些劳动生活中提炼加工而成的。舞蹈时，必须有鼓声伴奏,伴奏的乐器有公鼓和母鼓之分,鼓声悠悠。时而听到鼓声,时而男女同声高歌,时而鼓、歌、舞交织为一体,即有鼓、有歌、有舞,充分表现了瑶族鼓文化的艺术风格。

(3) 影响力与评价

湖南境内各民族舞蹈精彩纷呈,热情欢快,赏心悦目,文化底蕴深厚,是湖湘人民开朗好客的具体表现。

9. 篆刻:醇厚拙朴雅俗并存

篆刻艺术,兴起于先秦,历史悠久。篆刻是书法艺术和镌刻艺术相结合来制作印章的艺术,是汉字特有的艺术形式。湖南篆刻艺术诞生了许多名家名作,极具行业影响。

(1) 湖南篆刻源流

湖湘篆刻,历史悠久,可以追溯到殷商时期青铜器的铭文及历代出土的印章。近代,湖南诞生了一批在国内外颇具影响力的篆刻家,如何绍基、符翁、汪嵘、唐醉石、黎泽泰、齐白石、杨得云、谢梅奴等人,这些人使湖南篆刻艺术发扬光大,声名远扬。

齐白石的艺术成就有目共睹,他从汉印的"急就章"中受到启发,并借鉴众多碑帖,善用单刀法治印,形成了自己的风格。齐白石是中国篆刻的一代宗师,开创"齐派篆刻",成为中国五大篆刻流派之一。

(2) 湖南篆刻名家与名作

湘潭人黎泽泰是闻名一时的篆刻大家,其篆刻潇洒浑脱,以书入印,刀法凝练挺拔。长沙人谢梅奴是唐醉石的徒弟,艺术风格劲健爽利,深受欢迎。湘阴人杨得云的篆刻宗秦法汉,醇厚拙朴,意泰古雅,颇具古风。

唐醉石,湖南长沙人。幼随外祖父谋生于杭州。博古多识,善画,工书法,篆书得力于两周金石及秦刻石,隶书融会诸汉碑之长,书风高雅古朴。精篆刻,宗秦、汉。曾任北洋政府国务院印铸局技正科长、所长,故宫博物院顾问,南京政府印铸局技师,湖北省文史研究馆副馆长等职。他是西泠印社创社社员、东湖印社创社社长。他在书法篆刻创作上声誉日隆,对碑碣拓本更有较强的甄别能力,故宫博物院文物馆在北京初创,他被聘为顾问,其鉴赏之名,为学界所赞叹。

1948年,唐醉石辑自刻印成《醉石山农印稿》一册。此书流传甚广,行业内评价颇高。他是"浙派"在民国时期的优秀代表,又是西泠印社篆刻创作的代表人物之一。唐醉石一生酷嗜摩崖碑版、金石之学,在篆刻领域潜心治学,成了篆刻名家。

(3) 影响力与评价

近代以来,湖南地区以师传与家传为传承方式的篆刻人才辈出,形成了湖湘篆刻学派,并产生了重要影响。如符翕、唐醉石、齐白石、曾绍杰、洪业德等人久负盛名。

10. 电影:家国情怀红色潇影

电影是人们日常生活当中不可或缺的艺术表现形式,深受群众的喜爱和追捧,受众面极广。湖南的电影艺术佳作颇多,创作出一系列弘扬中国文化弘扬主旋律的电影,在中国电影发展史上留下了浓墨重彩。

(1) 湖南电影源流

提到湖南的电影艺术,首先提到的是潇湘电影制片厂。湖南电影制片厂创建于1958年6月,1980年更名为潇湘电影制片厂。潇湘电影制片厂始终坚持自己独有的湖湘文化特色,以拍摄主流题材电影、摄制故事片所见长,展现了湖南电影艺术的独特魅力。

潇湘电影制片厂在几十年的岁月当中,出品了多部具有国际知名度、深受观众欢迎的电影作品。八九十年代拍过许多电影,至今仍被人们奉为经典。

潇湘电影制片厂1983年出品的电影《候补队员》,讲述的是生性好动的刘可子进入学校武术队后,在黄教练的悉心教导和帮助下,成为一名正式队员的故事。影片风格活泼欢快。以孩子的视角描绘的孩子的世界，充满了纯真，让观众观影时内心愉悦，回味无穷。谭盾为电影配乐，旋律优美，曲风明快。影片荣获1984年第四届中国电影金鸡奖的特别奖。

潇湘电影制片厂1987年出品了《湘西剿匪记》，这部电影堪称20世纪80年代国产影片中的经典之作。影片讲述了新中国成立前夕，中国人民解放军在湘西艰苦卓绝的剿匪战争，重点讲述的是吴波营长带领的部队如何剿匪的故事。影片枪战场面很多，剧情紧凑，场面壮观，非常真实。这部电影风靡一时，知名度高，流传性广，让观众津津乐道。

1998年潇湘电影制片厂和北京电影制片厂联合制作《那山那人那狗》，是中国为数不多的反映邮政题材的电影故事片之一。影片讲述了一个发生于20世纪80年代中国湖南西南部绥宁乡间邮路上的故事。这部电影放映以后，大获成功，好评无数。影片获得加拿大蒙特利尔国际电影节最受观众欢迎影片奖、印度国际电影节银孔雀奖、日本每日电影大奖最佳外语片奖、中国电影"华表奖"优秀故事片奖、第十九届"金鸡奖"最佳故事片奖及中宣部"五个一工程奖"。

1992年，潇湘电影制片厂和香港思远影业公司联合制作《新龙门客栈》，是著名导演徐克的作品。电影《新龙门客栈》被誉为香港新派武侠的起点，堪称武侠电影的一座丰碑，是百看不厌的经典。这部电影给人的视觉体验绝佳，镜头运动与剪辑非常漂亮，故事推进的张力把握甚佳。此片是国产武侠片的经典，深受人民群众的喜爱。

1996年，潇湘电影制片厂出品电影《埋伏》，展示了最平凡老百姓的精神状态。该片获第十七届金鸡奖评委会特别奖，并在1997年入选柏林电影节。

1998年12月，潇湘电影制片厂摄制《国歌》。影片讲述了中华人民共和国国歌诞生的曲折过程。该片是我国第一部全面表现《义勇军进行曲》诞生前后那一段历史的影片，1999年获得第五届华表奖优秀故事片奖、第二十三届百花奖最佳故事片奖、第十九届金鸡奖特别奖等荣誉。

(2) 湖南电影名家与名作

潇湘电影制片厂的作品中，还包括连续三届获中宣部"五个一工程"入选作品奖的《毛泽东和他的儿子》、《刘少奇的四十四天》和《秋收起义》等主旋律电影，深受中国观众的欢迎，弘扬了老一辈无产阶级革命家的乐观主义精神。

《毛泽东和他的儿子》于1991年上映。该片讲述了当长子毛岸英在朝鲜战场上壮烈牺牲后，毛泽东竭力克服丧子之痛，将精力投入工作中的故事。该片以史实为依据，塑造了一个真实可信、可歌可敬的毛泽东的形象。观众很容易将情感带入影片中。《刘少奇的四十四天》是1992年上映的历史剧情片，影片讲述了1961年中国经济处于严重困难时期，刘少奇的一系列故事。着重从领袖与群众的关系入手，表现了作为国家领导人的刘少奇对群众深厚的情感。《秋收起义》是1993年上映的影片，影片根据秋收起义的史实创作，成功刻画了革命初期的毛泽东形象，展现了毛泽东毅然带领队伍历尽艰险奔上井冈山建立革命根据地的伟大历史过程。这一系列主旋律电影，主题表现积极向上，人物性格饱满，情节生动，是国产电影中的佳作。

(3) 影响力与评价

潇湘电影制片厂现在已跻身于中国最具影响力制片厂的行列。潇影集团已成为中国最重要的电影集团之一，是在全国具有一定影响力的综合性电影企业，是"文化湘军"中的一块金字招牌，展现了湖南文化的独特风采。

湖南的艺术品牌多彩多姿、五彩缤纷，正是"倚天照海花无数"的真实写照。湖南文化艺术方面的欣欣向荣，代表着群众生活的丰富多彩，是广大人民对美好生活的向往，是广大人民的精神需求。

| 第七章 |

"挥毫当得江山助"

——湖湘十大山水品牌

1179年,正在江西任职的大诗人陆游策划了一次湖南之行,没想到很快他就被一纸诏书召回京城。多年以后,回忆起这次未能成行的湖南之行,陆游依然念念不忘:"文字尘埃我自知,向来诸老误相期。挥毫当得江山助,不到潇湘岂有诗。"在文学家的想象中,瑰丽秀美的潇湘山水能够激发灵感,是诗人创造名篇佳句时必不可少的素材。令陆游魂牵梦绕的潇湘山水究竟有何神奇之处,有哪些与众不同、值得称述的品牌?让我们一起去近距离地观察一下。

一 湖湘山水品牌概述

湖南山水秀美,景色神奇,是我国南方大陆上的一颗明珠,有许多值得称述的品牌。对湖南山水品牌的概貌、特色亮点、开发利用等情况进行了解,有助于对其进行进一步的分析。

1. 山水概貌

湖南,因位于中国长江中游洞庭湖以南而得名,其地形酷似一片边缘卷起的树叶,除了北面的洞庭湖平原外,其余三面是隆起的山地。其中,西面有武陵山,这里山峰密集、景色雄奇,著名的张家界、凤凰皆位于此处。南面是与广东交界的南岭，这里接近北回归线，是中国有冬季的最南端地区之一。东面是与江西交界的罗霄山，主要山峰海拔多在 1500～2000 米，中段的神农峰，又名酃峰，海拔 2115 米，为湖南最高峰。

东南西三面环山的特殊地势，给湖南带了与众不同的气候特点。在这里，来自北方的冷空气长驱直入，与境内的暖湿气流交汇，形成大量降水，孕育出大大小小 5000 多条河流，共同构成了湖南这片绿叶上纵横交错的叶脉。其中最重要的，就是湘、资、沅、澧四条大河。

2. 特色亮点

湖南的山，特在其神奇秀美。湖南属于云贵高原向江南丘陵和南岭山地向江汉平原的过渡地带。这里的山峰，大多并不很高，但别有一番韵味。比如武陵山脉，海拔虽仅在 1000 米左右，但峰顶保持着一定平坦面，呈现出顶平、坡陡、谷深的特点。其中的张家界，更是以其特征鲜明、规模巨大的独特砂岩地貌类型，被国际权威机构确定为"张家界地貌"。

湖南的水，特在其与众不同。湖南水系丰富，河网发达，淡水面积达 1.35 万平方公里。由于湖南地势整体呈现出南高北低的特点，所以这里的河流也与其他大多数的中国河流很不相同，即不是自西向东汇入大海，而是由南向北蜿蜒伸展，并最终汇入洞庭湖，经城陵矶注入长江。

3. 开发利用

湖南山水资源丰富，有"七山二水一分田"之称，其中山地面积占全省总面积的 51.2%，这些山地处于亚热带季风区，热量丰富，适合多种动植物的生长，因而生物资源多种多样。

湖南天然水资源总量为南方九省之冠，宽广的水面，适合开发各种水产品。全省水运交通形成了以洞庭湖为中心，以湘、资、沅、澧四条大河为骨架的内河航线，贯通省内 95% 的县市和 30% 以上的乡镇，水运便利，航运发达。

二 湖湘十大山水品牌及其评价

湖南名山巨川众多，其中较著名的山岳有衡山、张家界、崀山、九嶷山和雪峰山，河流湖泊有湘江、资水、沅水、澧水和洞庭湖。这些山水都有各自鲜明的特点，兹略述如下。

1. 衡山：南岳天下秀，到此人增寿

"南岳天下秀，到此人增寿。"这是 2003 年 9 月，时年 79 岁高龄的金庸先生游览衡山时，挥毫写下的诗句，道出了衡山秀美的自然风光与深厚的文化底蕴。

衡山，为我国五岳之一的南岳，因位于古代星座二十八宿的轸星之翼，"变应玑衡"、"铨德钧物"，犹如衡器，可称天地，故名衡山。衡山山系，南以衡阳回雁峰为首，北以长沙岳麓山为足，跨越湖南中部衡阳、衡山、衡东、湘潭、湘乡、长沙等八个县市，逶迤八百里，有七十二峰、三十八泉、二十五溪、十洞、九池、九潭、五岩。主要山峰有回雁峰、祝融峰、紫盖峰等，最高峰祝融峰海拔 1300.2 米。

中国是一个名山众多的国度。清代大学者魏源曾对这些名山各自的特色进行过一番总结。在他眼中，"恒山如行，岱山如坐，华山如立，嵩山如卧"，而这些名山都无法与衡山相比，"惟有南岳独如飞，朱鸟展翅垂云大"。魏源将衡山比喻成古代四方神兽中的神鸟朱雀，一方面是因为南岳衡山七十二峰从山体走向和形状来说，确实很像一只展翅飞翔的大鸟；另一方面也因为衡山山顶云雾随风飘动，置身其中，如登仙境，似在腾云飞翔。

衡山之秀，以其十二绝闻名天下，即祝融峰之高，方广寺之深，藏经殿之秀，水帘洞之奇，磨镜台之幽，试心桥之险，大禹峰之古，南岳庙之雄，五龙朝圣之神，祝融日出之壮，怪异现象之全，云雾变幻之妙。不同

季节登临衡山，都有美景可赏，春可观花、夏可看云、秋可望日、冬可赏雪。

衡山还是一座有着深厚文化底蕴的名山，这里的寿文化，源远流长。古代天文学著作《星经》中说，衡山对应二十八宿中的轸星。古人认为，轸星司衡主寿，主管人间苍生寿命，衡山于是又有了"寿岳"的美名。五代诗僧齐己曾在《回雁峰》一诗中说："壮堪扶寿岳，灵合置仙坛。"北宋末年，宋徽宗亲题"寿岳"二字，其巨型石刻，现今仍存于衡山金简峰皇帝岩中。清代康熙皇帝撰写的《重修南岳庙碑记》一文，开篇即称："南岳为天南巨镇，上应北斗玉衡，亦名寿岳。"

直到今天，人们还常常用"福如东海，寿比南山"表达美好祝愿，所谓"寿比南山"，出自《诗经·小雅·天保》"如月之恒，如日之升，如南山之寿"，比喻人的寿命像南山那样长久，"寿比南山"中的"南山"指的就是衡山。

除此之外，衡山还是中国著名的道教、佛教圣地，环山有寺、庙、庵、观200多处，形成了"梵宇琳宫，掎角相望"的宗教环境，形成了僧道同居的格局。

2. 张家界：原始风光自然美

张家界，位于湖南省西北部，地处武陵山脉腹地，澧水中上游。武陵山脉纵贯全境，由北至南分为三个分支。北支为八大公山—天星山—回头山一线，中支为大米界—朝天关—矿洞山—天鹅池一线，南支为七星山—太平山—二天门一线，是沅水与澧水的分水岭。这里山峰众多，主要有天子山、斗篷山、天平山、八大公山、袁家界、五雷山、天门山等。以下择要介绍其中的几座。

天子山，因明初土家族领袖向大坤曾在此自号"向王天子"而得名，是张家界武陵源区四大风景区之一，最高峰天子峰海拔1262.5米。天子山以世界罕见的石英砂岩峰林峡谷地貌为主体，集桂林之秀、黄山之奇、华山之险、泰山之雄于一体，各个景点天造地设，全无人工雕琢痕迹，被称为"扩大的盆景，缩小的仙境"。这里奇石危峰烟云缭绕，拔地而起，怪石嶙峋，直刺青天，如柱、如塔、如笋，低者数十米，高者数百米。后人发挥想象，将这些形态各异的奇石以屈子行吟、姐妹私语、众仙聚会、群娥起舞、天兵出征等命名，赋予了它们以灵动的生命。在天子山众多的鬼斧神工中，最值得一提的当属"御笔峰"。80米深的幽谷中，一排高约百米的石柱顶天并立，方正如削，参差相连，上细下粗，形如笔杆。据说向王天子兵败以后，焚毁文稿，丢掷御笔，不料笔通神灵，落地成峰，成了如今的"御笔峰"。古人曾有诗云："视看西海云雾中，御笔峰端指长空。奇峰异石观景台，三山五岳败下风。"御笔峰是武陵源砂岩大峰林风光的标志景点，不断出现在海内外各种媒体和宣传品上。有"谁人识得天子山，归来不看天下山"的赞誉。

天门山，海拔1518.6米，因拥有世界上海拔最高的天然穿山溶洞——"天门洞"而得名。天门洞高131.5米，宽57米，深60米，拔地依天，宛若一道通天的门户。天门山属于典型的喀斯特地貌，四面绝壁，雄伟壮丽，并保存着完整的原始次生林，植物资源丰富，有世界罕见的高山珙桐群落。

袁家界，位于张家界国家森林公园北，是以石英岩为主构成的一座巨大而较平缓的山岳。它背依岩峰山峦，面临幽谷群峰，自东向西延伸，面积约1200公顷，平均海拔1074米。乘坐"百龙天梯"上山，当电梯驰出竖井的一瞬间，眼前几十座石峰拔地而起，气势磅礴，好似一群将士列队雄立，这就是著名的"神兵聚会"景观。

原始的风貌，奇特的美景，使张家界得到了中外众多艺术家的青睐，成为众多经典影视作品的取景地。美国好莱坞电影《阿凡达》中"潘多拉星球"那个悬浮的"哈利路亚山"，其原型就是张家界的"乾坤柱"，而在中国家喻户晓的电视剧《西游记》中，孙悟空"三打白骨精"的场景，则是在张家界"金鞭溪"拍摄的。

3. 崀山：世界遗产，国家公园

在湖南省南部与广西壮族自治区交界的新宁县，有一座美丽的大山，她南枕秀美的桂林山水，北与雄奇的张家界风光呼应。相传当年舜帝南巡时路过新宁，见到这方美丽的山水，不由地赞叹"山之良者"。从此，这座大山就被赋予了"崀山"的美名。

崀山不只是一座山，还有无数令人心醉神往的美景。"崀山六绝"与蓝天碧水相映成趣。"天下第一巷"，全长238.8米，两侧最宽处0.8米，最窄处仅0.33米，两旁石壁高80~120米，绝壁对峙，如刀劈斧削，抬头唯见一线青天。"鲸鱼闹海"，数不清的奇峰异石在云海中时隐时现，恰似千万条鲸鱼在大海中嬉戏。"辣椒峰"，高近200米，头大脚小，好像一只硕大无比的辣椒，又恰与湘人饮食喜辣的特点十分吻合。"天生桥"，全桥跨度为64米，高20米，桥面宽14米，桥厚5米，划天而过，气势磅礴，被誉为亚洲第一桥。"将军石"，海拔399.5米，石柱净高75米，周长40米，沿江漂流而下，只见将军石背负青天，下临江水，昂首挺胸。"骆驼峰"，峰高187.8米，长273米，其中有两处凹陷，恰似骆驼的头部，背峰和尾巴，形象逼真，惟妙惟肖。著名诗人艾青曾这样称赞崀山丹霞、绿水、青山相互衬托的自然画卷："桂林山水甲天下，崀山风景赛桂林。"

崀山是世界自然遗产地，也是国家地质公园。2010年8月2日，联合国世界遗产委员会（WHC）在第34届世界遗产大会上通过"中国丹霞"为世界自然遗产，湖南崀山作为6个提名地之一，正式成为世界自然遗产。与其他5个提名地相比，崀山的丹霞地貌青年、壮年、晚年各个时期都有发育，是中国丹霞景区中丹霞地貌发育丰富程度和品位最有代表性和最优美的景区。世界遗产中心在关于中国丹霞的评估报告中曾经指出："崀山和丹霞山最清楚地演示了中国丹霞的典型特征。"可以说，崀山独特的地质价值对中国丹霞成功列入世界自然遗产名录起到了关键的作用。

4. 九嶷山：始祖长眠，斑竹之乡

在湖南众多的名山中，有一座十分独特，她的一草一木、一土一石无不与一位华夏民族的始祖紧密相连，并衍生出无数令人神往和引人动容的神话传说，这座山就是九嶷山。

九嶷山，位于今湖南省永州市宁远县城南约 30 公里处，就山系而言，属南岭山脉之萌渚岭。它南接罗浮山，北连衡岳，九座山峰峰峰相似，互不连属，难以区别，故曰"九疑"。这里峰峦叠嶂，深邃幽奇，千米以上的高峰有 90 多处。

据说上古时期舜帝南巡，进入湖南后，一路南下，先后到达湘潭、衡阳、零陵等地，最终逝世于"苍梧之野"，被安葬在九嶷山。舜名重华，号有虞氏，是上古时期统治中原的五帝之一。

舜帝以孝闻名，被奉为中华道德文化的始祖，千百年来，受到历代统治者和广大人民的崇敬。据说禹南巡时，曾至衡山，建造紫金台，望九嶷而祭舜。秦始皇、汉武帝两位千古一帝，都曾在巡视途中遥望九嶷，祭祀舜陵。秦王朝还在九嶷山的玉琯岩建立了舜庙，作为祭祀舜的场所，这座舜庙一直沿用至宋元时期。近年来的考古发掘表明，这座陵庙南北建筑分布区直线距离超过 150 米，依次为寝殿、正殿、六宗殿、配享殿、厢房。正殿和两边厢房为九开间、五进式，正殿面积 876 平方米、寝殿 412 平方米，规模宏大，符合古代帝陵"九五至尊"的建筑规制，被确定为全国重点文物保护单位。明洪武四年（1371 年），明太祖朱元璋亲自撰写了祭祀舜帝的祭文，并将舜庙迁至舜源峰下，还规定每年春、秋各祭祀一次，由县令代祭，如遇国家庆典、皇帝即位改元等重要活动，则由朝廷派遣官员祭祀，并将祭文刊刻于石碑之上，立于庙内。从此，祭祀舜帝的仪式被固定下来并制度化。

来到九嶷山，处处可见舜帝的影子。例如九嶷山的主峰称为"舜源峰"，舜陵、舜庙均在舜源峰下，其余八峰中又有"娥皇""女英"二峰，则是取舜帝的二位妃子之名以为名。舜源峰西南1公里的紫霞岩，则取舜帝之名——"重华"，又称"重华岩"。据说当年舜帝南巡时曾游此岩，每当雨过天晴，阳光照射，岩壁上就会闪射出紫色的霞光，宛若仙境一般。

更值得一提的是，这里所生长的一种竿部带有黑色斑点的竹子，也被人们赋予了与舜帝有关的浪漫故事。相传舜帝去世后，他的两位夫人——娥皇、女英二妃来九嶷寻夫，她们悲痛欲绝，边走边哭，泪水滴落在路边的竹子上，青色的竹子便变化成带有点点斑点的"泪竹"。这种泪竹，在岳阳洞庭湖的君山也有出产，不过九嶷山的泪竹，斑点呈现圈圈螺纹，清晰透亮，传说是二妃以手拭泪，留指痕于竹上所形成，尤为独特。

千百年来，九嶷山优美的自然风光和浪漫的传说故事，吸引了无数文人墨客登临题咏，并在玉琯岩、紫霞岩、飞龙岩、象岩、无为洞、碧虚洞等处留下了数量不等的摩崖石刻。其中较著名的，有宋嘉定六年（1213年）道州军事方信孺真书"九疑山"题刻，每字1.7米见方，为现存九嶷山石刻中最大的字。宋淳祐六年（1246年）郡守李袭之嘱李挺祖书"玉琯"刻于岩额，并书汉蔡邕《九嶷山铭》中22句88字刻于岩右，唐《艺文类聚》一书著录。还有清代著名书法家何绍基的行书手迹《游九嶷记》等，字迹清晰，笔力苍劲，为世人称颂。

九嶷山优美的自然风光和浪漫的传说故事，还激发了无数文人墨客的瑰丽想象，成为他们文学创作取之不尽的灵感源泉。李白、张谓、刘禹锡、苏轼、梅尧臣、元结等中国文学史上首屈一指的人物，都曾写下过关于九嶷山的诗篇，而在这些诗文中，最著名的当属中华人民共和国的缔造者毛泽东主席作于1961年的《七律·答友人》：

> 九嶷山上白云飞，帝子乘风下翠微。
> 斑竹一枝千滴泪，红霞万朵百重衣。
> 洞庭波涌连天雪，长岛人歌动地诗。
> 我欲因之梦寥廓，芙蓉国里尽朝晖。

5. 雪峰山：天险横亘，胜利之山

在今湖南省的中西部，横亘着一座历史悠久的大山，它南接邵阳，北到常德，西至怀化，东达长沙、益阳，总长度约为350千米，宽度为80至120千米，原名梅山，由于主峰山顶常年积雪，到民国时期，又被称为"雪峰山"。

雪峰山平均海拔约为1000～1500米，最高峰为"苏宝顶"，约为1934米，并不算十分高大，但当我们将目光从湖南移注到整个中国，几乎立刻就可以发现雪峰山的地理意义。雪峰山位于云贵高原和东南丘陵两大地形区的交界地带，是我国地形第二阶梯与第三阶梯的分界线，也是中原地区通向大西南的天然屏障，有"天险"之称。

正是因为这一特殊的地理位置，抗日战争时期，这里成为侵华日军争夺的重点。1945年4月中旬，日军第二十军集中6个师团20余万兵力，向雪峰山发动进攻，妄图摧毁芷江机场，以保证湘桂、粤汉两条铁路的畅通，将华南日军转移到沿海地区以阻止美军登陆，同时，沿湘黔公路直趋昆明，进攻四川，威胁重庆。为粉碎这一阴谋，国民革命军调集6个新装备军，配合空军第五大队等，总兵力约11万人对日作战，历时两个月，大小战斗上百次，这就是抗战史上著名的"雪峰山会战"（又称"湘西会战"）。此次会战，中国军队以伤亡1.7万人的代价毙伤日军2.4万人。此役之后，日军再也没有能力在中国战场上发动大规模的进攻，"雪峰山会战"由此成为中国抗日战争时期正面战场的最后一次会战，标志着中国抗日正面战场由防御转入反攻阶段，为芷江洽降创造了条件。

如今的雪峰山，拥有我国海拔最高的梯田之一——山背花瑶梯田，梯田自溆水河边起，直达海拔1500余米的山顶，共有800余级，1300多亩，展现了独具特色的稻作文化。雪峰山森林资源丰富，森林覆盖率高达90.7%，林地面积为4021.3公顷，占公园总面积的99.9%，中段东麓的锡矿山是世界上最大的锑矿产地。

目前，雪峰山已经被列入湖南"锦绣潇湘"5条精品旅游线路之一，成为湖南对外开放的窗口和名片。

6. 湘江：生命之源，文化之根

翻开今天的湖南省地图，有一条贯穿南北的大河格外引人注目，她从湘桂边境的高山中奔涌而来，一路接纳百川，蜿蜒流淌，途径永州、衡阳、株洲、湘潭、长沙等湖南主要城市，最终在北部湘阴县的濠河口分东西两支注入洞庭湖。她就是湘江。

湘江干流全长856千米，流域面积9.46万平方千米，沿途接纳大小支流1300多条，主要支流有浏阳河、靳江、沩水、潇水、舂陵水、耒水、洣水、蒸水、涟水等。

湘江是湖南水系中最大的河流，面积约占湖南全省的40.3%，滋润着湖南近一半的土地，养育了全省60%的人口，贡献了76%的GDP，是名副其实的湖南母亲河。

湘江是一条河，但又不仅仅是一条河。在湖南，她早已超越其作为一条河流的原初面貌，而和湖南全省、湖湘文化紧密联系在一起。"湘"为湖南简称，而"湘人""湘地""湘学"等多种称呼，即是将湘江作为湖南元素的代名词，而有各种称谓。湖南称"三湘大地"，湖南人又称"三湘儿女"，则更是来源于对湘江流域"漓湘""潇湘""蒸湘"的进一步细分。

在中华文明演进的漫长岁月里，在湘江的哺育下，湖南生长出了最初的人类文明。湘潭杨嘉桥镇墓庐山出土的砍砸器表明，早在30万年前的旧石器时代，湘江流域已有人类活动的足迹。这里独特的地理位置和自然环境，也为中华瓷器文明的生长提供了土壤。湘江两岸分布着许多台地，经江水经年累月冲刷，淤积出大量适于制瓷的细腻膏泥。我国南方的瓷窑，以烧柴火的龙窑为主，建造这样的窑址，需要所在地区地形有一定的坡度，以保证窑炉前后端受热均匀，这样，烧造的器物成品率高。湘江两岸，地形以低矮山丘为主，为建造龙窑提供了天然的优良环境，加之这里植被覆盖率高，也为烧造瓷器提供了大量的燃料。玉井窑、衡州窑、沩山窑、长沙窑、岳州窑等一批先后被列为全国重点文物保护单位的制瓷窑址都分布在湘江流域，绝不是偶然的。

其中，位于今岳阳湘阴的岳州窑，从东汉延续到隋唐，是唐代六大青瓷产地之一，其釉色以青绿色居多，玻璃质感极强，釉面多不规则的细碎冰裂开片。兴盛于唐代的长沙窑，打破当时中国陶瓷"南青北白"的格局，创出釉下彩的装饰工艺，并在装饰上大量引入绘画、书法、诗歌等反映社会面貌的艺术元素。可以说，在中国辉煌世界的瓷器文化背后，也有着来自湖南湘江流域的一份贡献。

湘江还是一条充满了无限诗意的文化之河。最新研究表明，湘江发源于永州蓝山县，并在其上游接纳了潇水，潇、湘二水融汇于零陵萍洲，这里古木参天、风光秀丽，据说形容湖南山水秀丽的"锦绣潇湘"一词，首先即是指萍洲一带绚丽旖旎的自然风光，"潇湘"亦由此演化成为整个湖南省的雅称。沿湘江北上，一路有"潇湘夜雨""平沙落雁""烟寺晚钟""山市晴岚""江天暮雪""远浦归帆""洞庭秋月""渔村夕照"八处景致，这就是举世闻名的"潇湘八景"。"潇湘八景"首先被宋代学者沈括在其所著《梦溪笔谈·书画》中描述，又经大书画家米芾为之赋诗八首，从此流传后世，享誉至今。随着中华文化的对外传播，日本、朝鲜等东亚国家也出现了各自的"八景"，如日本的"近江八景""伏见八景"等。而这些"八景"，就其历史源头而言，均可追溯到湖南湘江流域的"潇湘八景"。

在中国传统文化中，"潇湘"又是一个充满诗意、给人无限遐想的文化主题，词牌有《潇湘神》、戏曲有《潇湘夜雨》、琴曲有《潇湘水云》等，就连曹雪芹在《红楼梦》的大观园里，也不忘设置一个"潇湘馆"，作为女主人公林黛玉的居所。而南宋大诗人陆游"挥毫当得江山助，不到潇湘岂有诗"的名句，则道尽了"潇湘"一词所代表的湖湘山水在中国古典文化中的地位和意义。

7. 资水：滩多河险，古朴灵秀

资水是湖南省第三大河，有左右两个源头，左源赧水，发源于湖南省内的城步县北青山，右源夫夷水，发源于广西资源县越城岭，两水于邵阳县双江口汇合后称资水。资水流经邵阳、新化、安化、桃江、益阳等市县，沿途接纳邵水、石马江、大洋江、油溪、渠江、洋溪、桃花江等支流，于益阳甘溪港注入洞庭湖，全长600多公里，流域面积28142平方公里。

资水水资源十分丰富，建有筱溪水电站、浪石滩水电站、柘溪水电站等多座大中型水电站。其中柘溪水电站于1958年7月23日正式破土动工，1962年1月28日第一台机组并网发电，1975年6台机组全部投产发电。这是一座完全由中国自行勘测设计、自己制造设备、自己施工建成的大型水电站。不仅向湖南省输送了丰厚的电力，还成为湖南水电技术培训基地，为全省培养和输送了大批专业技术人才，被称为"湖南水电之母"。流域内矿产资源也很丰富，特别是冷水江，锑矿储量居世界首位，有"世界锑都"的美誉。

资水流经之地，大部分为丘陵和山峡，因此水位涨落急剧，具有山溪性河流特征，上、中游河道弯曲多险滩，尤其是流经雪峰山的一段河道，平均海拔1000米，河道弯曲狭窄，陡险异常，最大流速达每秒3.9米，有"小三峡"之称。资水风光秀丽，仅在邵阳段，就有赛双清、将军石、护江石林、石门献翠、清溪滩、铜柱滩、水洞岩、岩鹰石、金猴迎客、海豹出江、蛇形山、骆驼峰等景点，特别是随着资水干流筱溪水电站和晒谷滩水电站的建成，资水水位上升了8米，水流变得宽阔平稳，展现出"高峡出平湖"的壮观景象。

位于资水流域的梅山龙宫，是国家自然与文化双遗产，也是湖南"新潇湘八景"之一。梅山龙宫是一个集溶洞、峡谷、峰林、绝壁、溪河、漏斗、暗河等多种喀斯特地质地貌景观于一体的大型溶洞群,有九层洞穴,探明长度2870余米,已开发游览路线1896米,其中包括长466米世界罕见的神秘地下河。整个洞府分为龙宫迎宾、碧水莲宫、玉皇天宫、龙宫仙苑、龙宫风情、龙凤呈祥六大景区。其中玉皇天宫景区平安钟景点直径约8米,高12米,底部周长33.6米,2016年获得世界吉尼斯最大钟乳石(钟形)称号。

8. 沅水:沅水桃花色,湘流杜若香

沅水是湖南省第二大河,在湖南省西部,源出贵州省云雾山,上游称清水江,自湖南黔阳黔城镇以下始名沅水,流经辰溪、沅陵、常德等县市,在常德汉寿入洞庭湖。沅水全长1028公里,自西南向东北流经黔、湘、渝、鄂四省市,从湖南常德注入洞庭湖。沅水流域覆盖湘西、黔东、渝东与鄂西部分地区,流域面积近9万平方公里,是长江第三大支流,也是洞庭湖水系湘、资、沅、澧四水中水量最大、水能资源蕴藏量最丰富的河流。

如今,沅水中上游修建了一系列梯级水电站,成为全国电站最多、发电量较大的河流之一。其中五强溪水电站水库蓄水量近50亿立方米,能满足装机容量170万千瓦的机组正常发电。沅水源头的三板溪水电水库蓄水量约30亿立方米,能满足装机容量100万千瓦的机组正常发电。这些水电站的修建,大大抬高了沅江的水位,使江面变宽变大,最宽的河面有五六百米宽。沅水上还架起了常德大桥、沅陵大桥、辰溪大桥、安江大桥等几座重要桥梁,其建成使"天堑变通途",大大改善了沅水两岸的交通运输条件。

沅水风景瑰丽,特别是其流经桃花源风景名胜区的风光线长达69公里,雪峰、武陵山脉南北相望,使沅水既有三峡之险,又有钱塘之秀,两岸风光如画,号称"湖南的漓江"。三千多年前,楚国大夫屈原被流放到湖南,足迹遍至沅水流域,并在此写下《涉江》《橘颂》《九章》等名篇。

南朝时期,诗人阴铿又赞叹沅江:"洞庭春溜满,平湖锦帆张。沅水桃花色,湘流杜若香。"

温柔美丽的沅水还有着另一重性格。沅水从黔东南的高山峡谷奔流而下,穿过湘西南雪峰群山到湘北常德,其落差达1462米。巨大的落差使得沅水河道险滩众多,水流湍急。特别是沅陵县境内四十余里的清浪滩,据说当年东汉名将马援率大军讨伐"五溪蛮"时,行军至青浪滩,时值酷热,军中瘟疫流行,被阻于壶头山,军中士卒疫死大半,马援和士兵在山中采撷一种名为"麻秧苦"的野菜充饥,后来士卒多因饥饿或染疾而死,马援也病死在军中。有《沅水谣》唱道:"三垴九洞十八滩,滩滩都似鬼门关,纤夫命薄多辛苦,只盼老天保平安。"

历史上,沅水水运发达,不仅是湖南重要的航运水道,也是湘西和黔东南地区通往长江的黄金水道,承担着云、贵、湘千万居民生产生活物资以及中缅边境进出口物资的运输任务,在中国内河航运中具有很重要的地位。当时的沅水,大小商船穿梭往返,络绎不绝。商埠、商船云集,人流涌动,热闹非凡。常德、沅陵、浦市、辰州,洪江等一个个繁华商埠,见证了这条大河昔日的繁华。

9. 澧水:绿水六十里,水成靛澧色

在今湖南省西北部,有一条特殊的河流,它长度不及湘江的一半,流域面积仅是湘江的1/5,但由于中上游与长江三峡属同一暴雨区,降水量特别多,径流模数居全省之冠,加之河谷深切,水流总落差达621米,因此滩多水急,险象环生,这就是湖南四水中的澧水。

澧水源出湘西北的八大公山,分北、中、南三源,穿山过峡,在桑植城下汇合,然后经永定、慈利、石门、临澧、澧县、津市、安乡等市县,至小渡口入西洞庭湖,全长390公里,流域面积1.8万平方公里。

关于澧水得名的由来,一种说法是因其上游"绿水六十里,水成靛澧色"的独特风光,也有人认为是由于远古时期这里独特的地理环境和风俗

习惯。"澧"为"醴"字之异写,醴为甜酒。远古时期,湘西北莽林蔽天,土民多居丛岩邃谷,泉水冷冽,岚瘴郁蒸,非辛辣刚烈之食不足以温胃健脾,故土人煮酒豪饮成习,澧岸土寨,酒香弥久不散,因以得名"醴水""醴泉"。

澧水风光秀丽,环境优美,除了"绿水六十里,水成靛澧色"外,屈原"沅芷澧兰"的吟唱更赋予了其——"兰江"这一诗意的美名,唐代大文学家柳宗元曾在《送南涪州量移澧州序》一文中赞美说:"自汉(指汉水)而南,州之美者十七八,莫如澧。"更值得一提的是,澧水流域孕育出了举世闻名的世界自然遗产——张家界武陵源风景区,其中号称亚洲溶洞之冠的"九天洞",因洞内有九个天然形成的天窗与洞顶地面相通而得名。九天洞分上、中、下三层,最下层位于地下400多米。洞内36支洞交错相连,内有30余座大厅、十余座洞中山、5座自生桥、3段阴河、3个天然湖、12瀑、3井等景。洞中石林密布,钟乳悬浮,岩浆铸成的各种精致景物婀娜多姿。洞中的石笋、石柱、石幔、石花、石人、石兽等千姿百态,五彩缤纷,琳琅满目。

除了优美的自然风光,澧水流域也是我国早期人类文明的摇篮之一。20世纪80年代以来,这里先后发现多个古人类遗址。1993~1997年先后6次发掘的澧县梦溪镇五福村八十垱遗址中,发现了距今9000多年的新石器时代最早遗址,出土了数万粒完整形态的炭化稻谷、稻米,是目前世界上发现最早的稻作农业遗存,为科学完整地认识"古栽培稻"在植物进化过程中的群体特征与地位、认识原始农业的真实面貌与发展状况提供了重要资料。

除此之外,考古工作者还在澧县城头山发现了古城遗址、氏族墓葬、大型祭坛、灌溉设施完备的水稻田等大批珍贵文物。研究表明,这是一座始建于6000年前、具有完备规模、曾为统领一方的政治中心的城市,也是迄今为止中国已发现的历史最早、保存最完整、内涵最丰富的古城址,代表了长江流域新石器时代古文明的发展高度,对研究人类文明的起源、早期城池的建立以及阶级、国家的产生具有重要意义。1995 年 3 月 25 日，国家主席江泽民视察澧县时为其题词"城头山古文化遗址"。2001 年，该遗址被评为"中国 20 世纪 100 项考古大发现"之一，镌刻在"中华世纪坛"的青铜甬道上。

10. 洞庭湖：浩浩汤汤，横无际涯

翻开今天的中国地图，可以看到长江中游地区一个巨大的天然湖泊，它的南部和西部接纳了湖南湘、沅、资、澧四大水系，北部则吸收了长江松滋、太平、藕池三口汛期泄入的洪水，这就是全国第二大淡水湖泊——洞庭湖。

洞庭湖古称云梦，先秦时期，面积曾逾 4 万平方公里。战国后期，由于泥沙的沉积，分为南北两个部分，长江以北成为沼泽，长江以南还保持一片浩瀚的大湖，因为湖中有一君山，原名洞庭山，故改称"洞庭湖"。

历史上，由于自然环境的变迁和人类生产、生活活动的影响，洞庭湖的范围也在不断发生变化。唐宋时期，洞庭湖呈现明显的扩张之势，南连青草、西吞赤沙，水域面积扩大。形容湖水波澜壮阔的"八百里洞庭"一词正是从这一时期开始出现在诗文典籍中。到了清代中期，洞庭湖的湖水面积进一步扩大。据道光《洞庭湖志》记载，当时的洞庭湖："东北属巴陵，西北跨华容、石首、安乡，西连武陵、龙阳、沅江，南带益阳而环湘阴，凡四府一州，界分九邑，横亘八九百里，日月若出没其中。"湖水波涛可直拍岳阳、华容、汉寿、沅江、湘阴等县城。君山、艑山、层山、寄山、团山、磊石山、赤山、墨山等均成为兀立湖中的岛屿。洪水时节，水域面积超过 6000 平方公里。

历史上，洞庭湖不仅是长江中游重要的战略要地，也吸引了不少文人墨客驻足浏览，留下了数量极多的诗文。而在这些文学作品中，最值得一提的当属北宋政治家、文学家范仲淹所作之《岳阳楼记》。岳阳楼位于今岳阳市古城西门城墙之上，俯瞰洞庭，前望君山，有"洞庭天下水，岳阳

天下楼"之称，与武汉黄鹤楼、南昌滕王阁并称"江南三大名楼"。《岳阳楼记》是庆历六年九月十五日（1046年10月17日），范仲淹应时任巴陵郡太守滕子京之请，为重修岳阳楼而创作的一篇散文。文章开篇描写了洞庭湖烟波浩渺的景色，"予观夫巴陵胜状，在洞庭一湖。衔远山，吞长江，浩浩汤汤，横无际涯；朝晖夕阴，气象万千"，并通过描绘登临岳阳楼所见洞庭湖阴雨和晴朗时的不同气象，揭示了"不以物喜，不以己悲"的古仁人之心，表达出"先天下之忧而忧，后天下之乐而乐"的情怀。作为中国文学史上脍炙人口的名篇，千百年来，《岳阳楼记》及其所描述的洞庭湖风光早已深入每一个中国人的脑海，成为中华民族共同的文化基因。

近代以来，由于开发和围垦的加剧，洞庭湖大小堤垸密如蜂窝，水道紊乱，湖面日窄，湖床日浅，面积不断缩小，至1995年，面积只剩下2625平方公里，分割成东、西、南洞庭湖和大通湖四个较大的湖泊。2018年4月，习近平总书记亲临岳阳调研，通过实时监控察看了东洞庭湖国家级自然保护区生态保护状况，指示要继续做好洞庭湖生态环境保护和修复工作，守护好一湖碧水。2018年12月3日，经国务院同意，国家发展和改革委员会等七部委联合印发了《洞庭湖水环境综合治理规划》，标志着洞庭湖水环境治理规划上升为国家重大规划。截至2018年，湖区共平退堤垸333处，搬迁55.8万人，洞庭湖调蓄面积比1978年扩大了779平方公里。相信在不久的将来，这个长江中游著名的鱼米之乡，湖南省乃至全国最重要的商品粮油基地、水产和养殖基地，一定能恢复往日"浩浩汤汤，横无际涯"的盛景。

| 第八章 |

良工咨嗟叹奇绝
——湖湘十大工艺品牌

工艺品是人类社会历史发展进程中的重要文化载体和物态形式，生产制作工艺品的技艺是人类在日常生产和生活实践中不断积累、探索、发现、发展、传承、创新所形成的智慧结晶。湖南历史悠久、文脉绵长、人文积淀深厚，勤劳、睿智、进取的湖南人民，在源远流长的湖湘文化熏陶下，孕育产生了难以尽数、具有湖湘地域特色的工艺奇技，所生产创制的工艺品可谓丰富多彩、精妙绝伦、巧夺天工，犹昆吾冶铁，如龙泉铸剑，堪称"良工咨嗟叹奇绝"。

一　湖湘工艺品牌概述

湖湘工艺起源、传承、创新、发展于湖南地域，丰富多样、特色鲜明的工艺制品都深深打上了湖湘文化烙印，不仅承载着湖南历史、彰显着湖南文化，也成为人们认识了解湖南的一把钥匙。

1. 基本情况

古往今来，生活在湖湘大地的人们在长期的生产生活实践过程中，发展形成了许多独具匠心的工艺奇技，创制了无数精美绝伦的工艺品。随着社会发展和时代变迁，无数湖湘工艺奇技通过不断探索、传承、创新而流传至今，有的则通过沉淀、吸收、借鉴而结合转接到其他工艺之中，有的则因科技发展或不合时宜而失传、消失，有的则散落民间、深居乡野不为外界所知。根据湖南省文化厅公布的相关数据，截至2018年5月，湖南省工艺美术被列入国家非物质文化遗产名录27项、省级非物质文化遗产名录91项，国家级非物质文化遗产代表性传承人26人，省级非物质文化遗产代表性传承人53人，全省传统工艺美术行业生产企业达5000多家，从业人员近200万人。湘绣、醴陵瓷器、浏阳花炮、益阳竹器等传统工艺得到发扬光大，呈现出良好发展之势；蜡染、织锦、剪纸、年画、石雕等传统工艺得到有效传承，焕发出勃勃生机。但是由于受到现代化、工业化和经济社会发展等多重因素的影响，湖南还有许多民间工艺奇技仍处于自生自灭的状态，有的已近乎到了失传和后继无人的地步，挖掘、传承和保护湖湘工艺奇技应予以高度重视，也是新时代湖湘学人文化担当的应有之义。

2. 工艺特色

工艺品源自人们对生产工具和生活用品的创制和改进。随着社会的发展和技术进步，工艺制作技艺不断提高，生产工具和生活用品逐渐向实用性和美观性相结合的方向发展，逐渐转向适应人们审美情趣的具有欣赏、装饰、美观、收藏等功能的艺术品，即工艺品。由于工艺品来源并服务于人们的生产生活，因此工艺品及工艺生产技艺深深地打上了地域烙印。湖南历史悠久，文化底蕴深厚，湖湘工艺尽显湘风楚韵而具有浓郁的地域性特色。湖湘工艺的产生和发展与湖湘地域人们的生产生活息息相关，既是湖湘地域人文与自然环境相互影响的结果，也是湖南人民生活习性、文化情结、审美情趣和民族情感的综合体现。总体而言，湖南工艺具有以下特色。一是工艺奇技源远流长。湘绣、长沙铜官窑陶瓷、醴陵瓷器、益阳竹器、湘西土家织锦、湘西苗族银饰、竹雕、石雕等无数湖湘工艺都有数千年的传承和发展历史。二是工艺制品丰富多样。捞刀河铁器、长沙油纸伞、临武龙须草席、邵阳翻簧竹刻、岳州扇、望城剪纸、泸溪踏虎凿花、

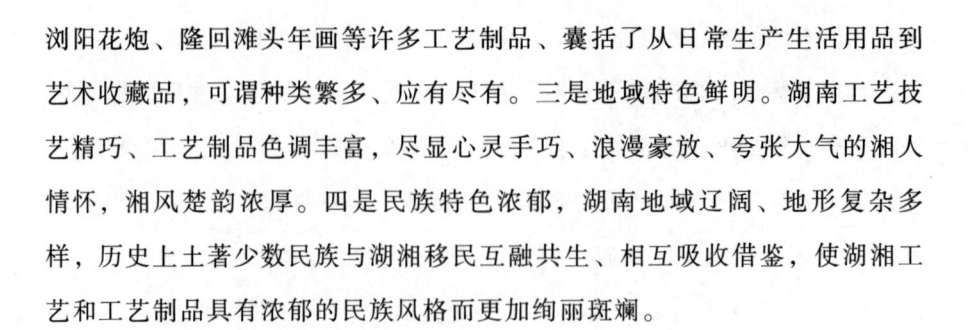

浏阳花炮、隆回滩头年画等许多工艺制品、囊括了从日常生产生活用品到艺术收藏品，可谓种类繁多、应有尽有。三是地域特色鲜明。湖南工艺技艺精巧、工艺制品色调丰富，尽显心灵手巧、浪漫豪放、夸张大气的湘人情怀，湘风楚韵浓厚。四是民族特色浓郁，湖南地域辽阔、地形复杂多样，历史上土著少数民族与湖湘移民互融共生、相互吸收借鉴，使湖湘工艺和工艺制品具有浓郁的民族风格而更加绚丽斑斓。

3. 历史影响力

湖南历史悠久，文化底蕴深厚，在传承千年、不断发展的历史长河中，源远流长、丰富多彩的湖南工艺奇技和工艺制品携带着独特的文化基因密码，成为湖湘文化的物化载体。任何一项湖湘工艺奇技和任何一件工艺制品都镌刻着历史文化记忆而成为湖湘文化的重要标识。湖湘工艺奇技和工艺产品因其深厚的湖湘文化熏染和别具一格的工艺技法，在中国工艺发展史上占有重要的一席之地。湘绣、醴陵瓷器、浏阳花炮等工艺产品不仅在国内名列前茅，而且在国际上也享有极高的声誉。湘西蜡染、土家织锦、苗族银饰、浏阳菊花石雕、益阳竹器等工艺产品不断走向全国、走向世界，成为世人了解湖南、认识湖南的文化符号。随着经济社会的不断发展以及人们生活水平的提高，湖湘工艺技艺和工艺产品获得了前所未有的发展机遇。面对新时代，人们对美好生活的追求和向往，传承、创新、发展湖湘工艺，做大做强做优湖湘工艺品牌，为铸就湖南历史文化名片尽显当代湖南人的智慧与使命担当。

二 湖湘十大工艺品牌及其评价

在湖南经济社会发展的历史长河中，湖湘文化孕育产生的工艺奇技丰富多样，工艺制品不胜枚举，以下十大工艺品牌是奇技中的奇技，精品中的精品，堪称湖湘工艺品牌的杰出代表。

1. 湘绣：中华名绣巧夺天工

湘绣是具有湖湘地域特色并以长沙刺绣为代表的湖南刺绣制品的总称，是世世代代生活在湖南地域的人们不断传承、发展的一项优秀传统民间工艺奇技。

（1）工艺源流

湘绣起源于湖南地区早期人类的编织和缝制技艺，这从湖南地区考古发现的原始古绣品中得到印证。春秋战国时期，湖湘地域的刺绣工艺已相当成熟，1958年，考古工作者在长沙楚墓中发掘出土一幅刺有龙凤图的绣品，成为湖南迄今发现楚国时期的最早绣品实物。秦汉时期，随着丝绸业和纺织技术的提高，湖南地区的刺绣工艺已相当发达，1972年在长沙马王堆汉墓中，考古工作者发掘出土了40多件刺绣制成的衣物和一幅非常精美的铺绒绣锦。这些刺绣制品图案精美多样，绣线色彩丰富，针法灵活多变、针脚整齐美观、线条流畅洒脱、绣工技法纯熟，堪称一时之精品。至汉以降，通过不断积累传承和发展创新，至明末清初，长沙城内出现了专门从事绣制品生产制作的刺绣作坊，湘绣技艺日益精湛，湘绣制品更加丰富多彩并进入百姓的日常生活，许多民间绣工和农村妇女在衣服、枕头、被单、手帕、荷包、烟袋等物品上绣制图案，一些书画艺人也参与到湘绣的设计之中，使湘绣技艺和湘绣制品大放光彩，从而逐渐形成了独具湖湘特色的刺绣风格。清嘉庆年间，长沙县境内有很多妇女从事刺绣手艺，湘绣工艺品制作已遍及长沙城乡。据清同治《长沙县志》载："省会之区，妇女工刺绣者多，事纺织者少，大家巨族或以锦钿相尚。"光绪年间，平江绣女李仪徽首创掺针法，使湘绣技艺更加精益。民国时期，长沙城乡相继开办了许多大小规模不等的绣庄。新中国成立以来，特别是改革开放后，随着经济社会发展、科技进步和人们生活水平的提高，湘绣工艺不仅得到了更好的传承和保护，取得了长足的发展，而且湘绣工艺与现代科技相结合，也使这一湖湘工艺大放异彩并呈现出勃勃生机。

（2）特色与技艺

湘绣工艺形成、发展、传承于湖南地区，因深受湖湘文化的影响而尽显湘风楚韵。湘绣按绣艺技法和面料用料分为平绣、织绣、网绣、纽绣、结绣、打子绣、剪绒绣、立体绣、双面绣、鬅毛绣和乱针绣等各大种类，传统针法有齐针、散套、施针、虚实针、乱针、鬅毛针、打点、戳纱、掺针、接针、滚针、打子、撒和针、集套、正抢、反抢等72种之多，其主要针法如下。齐针，起落针都要绣在纹样的边缘，做到线条排列均匀、紧不能重叠、稀不能露底，力求齐整。散套，线条等长、参差排列、皮皮相迭、针针相嵌，通过线条的灵活组成和丝理的转折自如来达到镶色浑厚和顺与绣面细腻平服，使绣品中的花草、翎毛等能够表现得栩栩如生。施针，主要用于绣制人物图像、飞禽走兽等，其特点是运用稀针分层，然后逐步加密以便于镶色，由丝理转折自然、线条组织灵活而达到形象姿态生动。乱针绣是表现力极强而又独具一格的针法，看似乱，实有章，乱中有律，利用长短不一的竖、直、横、斜等多种线条相互交叉掺和进行一次或多次掺色，使绣品既能保留多种色线的固有原色，又能达到光、色、形的有机统一。打点，以纱为底，按纱格经纬点斜绣，每点一针，聚集而成。该打针法多用于绣制日常用品。戳纱，主要用来绣制人物的服饰，具有很强的装饰性。打子，用线条绕成粒状小圈，组成绣面，多用于绣制艺术欣赏品的花心或静物等。鬅毛绣，主要用于绣制猫科动物，能从光、色、形、神、情、韵等各方面充分展现猫科动物的生动形象，具有极强的表现力。湘绣的用线极其讲究，用于刺绣的丝线需经过荚仁液蒸发处理后再裹上竹纸进行拭擦，使丝绒光洁平整不易起毛，便于刺绣操作，而织花线则需要每根线的染色都有深浅变化，以达到绣后形成自然晕染的效果。湘绣的工艺特色以丝绒线绣花见长，主要以纯丝、硬缎、软缎、透明纱和各种颜色的丝线、绒线绣制而成，绣制品构图严谨、色彩鲜明，注重绣面物象的外形和内质，针法千变万化，表现力丰富，绣出的人物、山水、动物、花鸟、虫草等绣品，形态逼真、色调鲜明、质感强烈、风格豪放，具有强烈而独特的艺术效果，有"绣花花生香，绣鸟能听声，绣虎能奔跑，绣人能传神"之美誉。

（3）影响力与评价

湘绣作为湖南知名传统工艺品牌，因其具有高超的刺绣技艺和深厚的湖湘地域文化特色而名扬天下，并与苏绣、粤绣和蜀绣齐名，成为中国四大名绣之一。湘绣工艺源远流长，仅从长沙楚墓出土的"龙凤图绣品"和马王堆汉墓出土的"深褐色菱纹信期绣""黄绢地长寿纹绣"等众多刺绣品来看，这一传统工艺已近2500年。湘绣这一古老传统工艺能够传承至今，既得益于它源自并融入人们的生产生活，也得益于世世代代湖湘人的不断传承、创新和发展。湘绣在其漫长的传承发展过程中，因承袭楚韵、汉风而光彩夺目，也为了解研究楚、汉文化提供了实物佐证，其历史意义和文化价值意不言自明。由于湘绣具有源自生活、结合日常、注重实用的工艺传统，因而得以传承数千年而经久不衰，特别是湘绣技艺与中国书画艺术的结合，使湘绣制品与中国传统绘画、诗词、书法、金石等多种艺术融为一体，从而大大提高了湘绣工艺的表现力和艺术力，使湘绣由百姓日常用品逐渐发展成为具有装饰、欣赏、收藏、馈赠等多种功能的高档次工艺品而名扬天下。现收藏于北京故宫博物院的芙蓉鹭鸶屏风心、一路荣华图轴、紫绶金章图轴、一品富贵图轴等湘绣瑰宝，为清代精美传世之作。20世纪初，湘绣工艺和湘绣制品已蜚声海内外，产值最高达80万银圆，其中出口达1/3。湘绣制品先后在南洋劝业会、意大利都朗博览会和美国旧金山举办的巴拿马博览会等众多国际展会获得金奖，享有盛誉。特别是1933年，由长沙锦花丽绣庄送展的一幅罗斯福总统半身湘绣像，在美国芝加哥国际博览会上引起轰动、出尽风头，该湘绣制品原件现藏于佐治亚州亚特兰大市"小白宫"博物馆。

新中国成立后，特别是改革开放以来，湘绣因其高超的技艺和独特艺术风格和高超绣艺成为湖南乃至全中国的工艺艺术名片。双面全异刺绣《养在深闺人未识》作为一幅"超级湘绣制品"，被中国科学技术协会作为

"中国古代传统技术展览会"特选展品。以《雄师》《饮虎》《杨贵妃》《望月》《花木兰》《群仙祝寿图》等为代表的许多湘绣精品不仅荣获无数国际国内大奖,还成为中国工艺珍品,被众多博物馆、艺术馆及工艺美术爱好者收藏或作为各种政务、商务、外事活动及亲朋好友交往的馈赠礼品。大型湘绣双面座屏《百鸟朝凤·洞庭春色》作为馈赠香港特区礼品,在回归典礼上得到中外来宾的高度赞誉。巨幅湘绣《开国大典》神形兼备、场面宏大,生动描绘了中华人民共和国中央人民政府成立时天安门广场的盛况。由于湘绣精美华贵、巧夺天工,因此不仅成为中华名绣,而且与北京雕漆、江西景德镇瓷器并称为中国工艺美术三绝。1995年,长沙县沙坪镇被国务院授予"中国湘绣之乡"称号。2006年,湘绣入选国家第一批非物质文化遗产保护名录。2010年,湘绣荣获国家质检总局地理标志保护产品,并获得"国家地理标志"商标注册。如今,湘绣工艺奇技和湘绣制品作为湖湘工艺品牌和文化标识已经享誉全球、流芳天涯。

2. 醴陵瓷器:釉下五彩　誉满天下

醴陵瓷器是产自湖南醴陵以釉下彩工艺为代表的著名瓷器制品,因历史悠久、工艺精湛而成为中国名瓷并享誉海内外。

(1) 工艺源流

醴陵瓷器工艺源自远古时代湖南地区先民的制陶技艺。湖南是中国原始陶器的最早产地之一,黔阳高庙文化遗址、长沙大唐文化遗址、澧县城头山遗址等都发掘出大量的陶瓷制品。经考古发掘,今醴陵市城近郊新阳楠竹山出土发现东汉时期较大规模的陶器作坊。隋唐五代时期,以长沙窑为代表的早期釉下多彩陶瓷工艺日趋成熟,铜官窑陶瓷制品经海上丝绸之路远销世界各地。宋元时期,醴陵黄达嘴蕉源一带已经能生产质量上乘的瓷器。明清时期醴陵窑的釉下彩陶瓷工艺已达到很高的技术水平,明代多为单一青花釉下彩,清康熙年间创制了釉下红、蓝、青三彩工艺,但釉下五彩工艺没有取得实质性突破。1904年湖南凤凰人熊希龄与醴陵人文俊铎为实现实业救国，立志改良醴陵瓷业东赴日本考察。在深入了解近代日本工业化瓷业生产和管理技术后，决定利用醴陵瓷土资源丰富、陶瓷工艺基础好、劳动力价格低廉、市场前景广阔等条件着手对醴陵瓷业进行近代工业化改革。1905年，熊希龄回国并提出"立学堂、设公司"，得到了清廷和湖南官府的大力支持。经清政府批准，拨库银18000两在醴陵开办湖南官立瓷业学堂，次年在醴陵成立湖南瓷业制造公司，熊希龄任总经理，文俊铎任学堂监督。通过引进日本的先进生产工艺和设备并聘请日本技师和景德镇技术工人，经过近三年的不断探索创新，终于成功研制出独具特色的醴陵釉下五彩瓷。中华人民共和国成立后，醴陵瓷器工艺取得了突飞猛进的发展，陶瓷釉下彩绘画技艺得到提高，传统"三烧制"工艺改为"两烧制"获得成功，特别是湖南陶瓷研究所、醴陵瓷器公司艺术瓷厂的成立，为醴陵瓷业插上了腾飞的翅膀。1958年，醴陵首次为毛主席、周总理制作生活用瓷，经过不断研制和创新，该瓷器成为专为毛主席日常生活而生产的特制瓷器，被称为"毛瓷"。2005年，醴陵瓷业成功研制开发出被誉为"陶瓷工艺千年梦想"的中国红瓷。现如今，随着社会发展和科技的进步，醴陵陶瓷工艺也进入了创新发展的新时代。

（2）特色与技艺

醴陵陶瓷承袭发展了历代湖南陶瓷制作工艺，在引进吸收了近代日本陶瓷技术和景德镇窑瓷技艺精华的基础上，成形了独具湖湘特色的陶瓷工艺。醴陵瓷器以釉下五彩工艺为显著特色，将传统瓷器技艺与绘画、书法和装饰等艺术巧妙地结合在一起，凝聚了湖湘人民的聪明才智。醴陵瓷器以瓷质细腻、玲珑剔透、色调艳丽、图案精美、清新雅致、画工精湛和五彩缤纷而著称。其传统工艺技法是，通过手工绘制花草、树木、人物、动物、云彩等各种图案后，再进行施釉覆盖，然后放入窑内烧制成为青、蓝、红、黄、褐釉下五彩瓷器，由于釉下五彩在高温下变化多端，因此对釉彩的配制和窑温把控要求很高，烧制难度相当大。醴陵釉下五彩瓷的工艺奇绝就在于运用特制配方的多种复合釉彩料，通过窑内高温的把控烧制出各种质地细腻、色彩润光的精美瓷器。醴陵釉下五彩瓷的具体工艺流程非常繁杂，制作难度极高。其一，制作瓷器坯胎需选用上等的优质瓷泥，经过沉淀、滤渣、吸铁等多个工序清除瓷泥中的杂质以保证瓷泥用料纯正。在具体的坯胎制作成型过程中，需要对坯胎进行手工打磨，使胎体十分轻薄、匀称、平滑，整个流程全凭艺人手感操作，制作经验和技艺要求相当高，非十来年功夫难以胜任。其二，上釉彩绘，也就是在毛坯上直接上釉作画。釉下五彩瓷的彩绘用料十分讲究，所用颜料包括釉原料、稀土和有色金属矿物质，许多颜料含有黄金等多种贵重金属，十分珍贵。将釉下彩色料描绘饰于胎釉之上需要高超的绘画技艺，对画师灵感和审美情趣要求也非同一般。其三，釉下五彩瓷的烧制，也就是将绘制好的胎体放入专门的窑内进行烧制，这一流程是整个釉下彩工艺最为关键的一步，否则所有工艺流程都会前功尽弃。传统烧制工艺为"三烧制"：先将制作成型的器物胎体放入窑内经800℃～900℃温度素烧；然后用颜料在素坯上作画装饰，完成后再次置入窑内经800℃～900℃温度素烧；最后经过施透明釉，再次置入窑内经1380℃～1400℃高温进行第三次烧制，最终完成釉下五彩瓷烧制。新中国成立后，通过不断探索创新，传统"三烧制"被"二烧制"所取代。由于釉下五彩瓷需要经过2～3次的高温烧制，技术极其难以把握，即便烧制成功，其成品率也不到70%，因此烧制成功的釉下五彩瓷堪称瓷品中的瑰宝。醴陵釉下五彩瓷薄如纸、白如玉、明如镜、声如磬，瓷体的洁白度、透明度和釉面硬度都非常高，器物上的花纹透过釉质浸溢于瓷表，晶莹润泽、永不褪色，有看得见、摸不着之感，使人观之豁然尘嚣涤尽、心旷神怡。随着现代科学技术的进步，新材料、新工艺和新产品不断推陈出新，如今的醴陵釉五彩瓷在瓷化强度和釉面玻璃化程度大为提高，不仅耐酸碱、耐磨损、不褪色，经久耐用，而且达到了无铅镉之毒的环保要求，成为人们争相收藏的湖湘工艺品。

（3）影响力与评价

陶瓷工艺是中华民族对世界文明最伟大的贡献之一，是中华文化的重要标识,以至于英文 China 成为中国的名称。醴陵瓷器历史悠久,为中国著名八大陶瓷产区之一,自古有"天下名瓷出醴陵"之称。早在近两千年前的东汉时期,醴陵陶瓷就已经形成了具有一定规模的专门从事陶器生产的作坊。通过不断传承发展和探索创新,历经唐代釉下彩陶、宋元青瓷、明代青花釉下彩、清代釉下三彩到民国釉下五彩,醴陵陶瓷已蜚声海外、名扬天下,醴陵也因此被称为"瓷城"。1911 年由湖南瓷业公司创制的"扁豆双禽瓷瓶",瓶体洁白如玉、釉面晶莹润泽、色调沉稳典雅,瓶高 46.8 厘米,撇口直径 20 厘米,造型独特宛如凤尾、线条流畅,构图精妙生动自然,工艺精湛,堪称经典之作。1915 年,醴陵瓷器釉下五彩"扁豆双禽瓷瓶"参加美国旧金山举办的巴拿马万国博览会,获得金牌奖章,被誉为"东方陶瓷艺术高峰",由此,醴陵釉下五彩瓷成为中国陶瓷的杰出代表。在战火纷飞的抗日战争时期,醴陵瓷业生产工厂多达 133 家,年产量达 10 万多担。新中国成立后,通过不断探索创新和新材料、新技术、新工艺的运用,醴陵瓷器迎来了发展的春天。20 世纪 60 年代以来,醴陵瓷业生产的各种釉下五彩瓷畅销国内外,成为全国重要的陶瓷出口生产基地之一,以至于醴陵釉下五彩瓷获得"国瓷"的称号。特别是当代毛瓷和红瓷的工艺创制,将醴陵釉下五彩瓷工艺推向新的发展高度,开创了中国陶瓷工艺的新境界。醴陵瓷业曾先后多次为毛主席、周总理等党和国家领导人制作生活用瓷,也曾为中国人民革命军事博物馆、民族文化宫、首都工人体育馆、人民大会堂甚至联合国总部生产专用瓷器。作为中华文化的重要载体,醴陵瓷器不断走出国门,深受各国人民的喜爱,也多次成为党和国家领导人进行外事活动馈赠国外政要和国际友人的礼仪珍品。如今,醴陵瓷器不仅走进了人民大会堂、中南海、毛主席纪念堂及各种国际国内会展、馆藏,也走进了艺术品收藏爱好者与普通百姓的日常生活。2005 年,醴陵瓷器被国家质检总局批准为地理标志保护产品。2006 年,醴陵红官窑获批成为 2008 北京奥运会特许生产和经销商。2007 年,央视《国宝档案》栏目连续 4 期以"醴陵国瓷"为主题,讲述了"国宝"醴陵釉下五彩瓷的精彩故事。2008年，醴陵釉下五彩瓷烧制技艺成功入选国务院公布的第二批国家级非物质文化遗产名录。2009年，醴陵红官窑获批2010年上海世博会特许生产与经销商。2013年，醴陵瓷器上榜最中国地理标志，即中国五星级地理标志，地理标志综合价值居"中国二十大加工品地理标志"第二名。醴陵瓷器占湖南省陶瓷生产总量的94.7%，全国的14%，占世界日用瓷产量的9.6%，以精湛技艺、过硬的品质赢得了国内外的高度赞誉。

3. 湘西土家织锦（西兰卡普）：织绩绫锦土家一绝

土家织锦是湘西武陵山区土家族的一种传统编织品，当地民间素称"打花"，因传统织锦多用来作床上铺盖（被单、床单），所以土家语叫"西兰卡普"，意为"土花铺盖"。宋代称"溪布""溪峒面"，《大明一统志》称为"斑布"，为我国少数民族著名织锦之一。

（1）工艺源流

土家织锦（西兰卡普）工艺历史悠久、源远流长。关于土家织锦工艺的起源与演进，虽多散见于有关当地的史籍之中，但从工艺学角度来说，土家织锦工艺应源自早期人类的编织、纺织技艺。据《后汉书·西南蛮夷列传》载：先秦时期武陵蛮"织绩木皮，染以草实，好五色衣服，制裁皆有尾形"。"武陵蛮"是古代史书对湘西武陵地区少数民族的一种泛称，由于"好五色衣服"的民族特性，当地人民喜欢将布料织成各种颜色鲜艳的服饰，从而形成了"衣裳斑斓"的风俗习尚。清代改土归流前后，湘西土家族男女老少仍保留着"喜斑斓服色"的习俗。清同治《龙山县志》载：土锦"绩五色线为之，色彩斑斓可爱。俗用以为被，或作衣裙，或作巾，故又称岗巾"。同治《永顺府志》也载："土人以一手织纬，一手用细牛角挑花，遂成五色。"当地人所称的"岗巾、土锦、土绢、岗锦"等称谓皆意指土花铺盖。因此，土家织锦工艺肇始于先秦时期的商周之际，历经不断传承、创新、发展，至明清时期已经相当成熟完美。土家族是现今湘西地区人数最多的一支少数民族，能歌善舞、喜好编织的传统习俗一直保留至今。1957年土家被认定为单一民族，由此"西兰卡普"这一土家族的文化精粹被称为"土家织锦"。

(2) 特色与技艺

土家织锦以产自当地的丝、棉、麻为主要原料，先制成丝线、棉线和毛绒线，然后再进行编制。其编制方法沿袭古代斜织机的腰机式织法，就是把经线全拴在腰上，以观背面织出正面，以红、蓝、黑作为织锦经线的颜色主调，纬线则由编织者根据需要或喜好自行决定，各种颜色均可，采用"通经断纬"的方法，通过眼看手背、手织正面，挑织而成。西兰卡普孕育产生于土家族人民的生产生活，在其发展演进的过程中融入了土家族的历史文化元素，深深地打上了民族特征的印记。土家织样式上可分为西兰卡普（土花铺盖）和花带两大种类，技法上可分为"数纱花""对斜"平纹素色系列和"上下斜"斜纹彩色系列两大流派。土家织锦花式多样，有数百种图纹表现形式，织品有香袋、服饰、旅游袋、沙发套、坐垫、室内装饰、被面、披甲、背袋等品种，样式花纹及色彩勾勒美观整齐、色彩秀丽、生动自然、美不胜收，受宗教绘画影响的土家织锦还具有素雅、古朴、沉着的特点。土家织锦在纹样结构上多以菱形结构、斜线条为主，讲究几何对称、反复连续。土家花带为织锦中的小品种，一般长约1米，宽3~4厘米，有素色和彩色两种，多以素色为主，主要用于背带、腰带、裙带等，技法上主要采用"通经通纬"起"经花"的手段，可在编织人的双膝间完成。编织花带的工具极其简单，由牛骨或竹制的挑子和筲筒组成，是中国古代最原始、最古老编织方式的继承和发展。从民族学和纺织学来看，土家织锦（西兰卡普）具有鲜明的民族特色和极高的艺术价值。

(3) 影响力与评价

土家织锦（西兰卡普）是土家族传统文化的智慧结晶和杰作，其形成、传承和发展都与土家族人民的生产生活息息相关。凡重大节日、祭祀、婚嫁喜庆等活动土家织锦都会成为不可或缺的必备信物或神物，蕴含着湘西土家族文化传统和文化渊源，体现了土家民族的审美情操、民族意识，以及敬重先祖英雄和崇拜天地自然的独特文化属性。土家织锦以丰富多彩的图纹形式将古老的土家族文明和历史文化"编"在了秀美的织物上，成为世人了解土家民族的形象品牌和研究土家族文化的重要载体。土家织锦（西兰卡普）袭古传今、兼容包纳，其技艺、式样和花纹吸取各类织锦之长，在中国编织工艺品中占有重要的历史文化地位，具有广阔的发展空间和传承利用价值。1989年，土家织锦被作为国家礼品赠送给美国总统布什及夫人，深受美国客人的喜爱。同年，在南斯拉夫国际博览会上，湘西龙山县参展的土家织锦荣获金奖。2013年6月，由中国文化部、四川省人民政府、中国联合国教科文组织全国委员会及联合国教科文组织共同主办的第四届国际非物质文化遗产节在成都非遗博览园举行，湖南省龙山县土家织锦作为全国首批非物质文化遗产生产性保护示范基地在本次非遗节上亮相，受到国内外观众的高度评价和大力追捧。现如今土家织锦已名扬海内外，产品远销欧美、亚、非等地区和许多国家，深受消费者喜爱。

4. 浏阳花炮：绚丽斑斓　绽放全球

浏阳花炮是产自湖南浏阳的烟花、鞭炮的泛称，民间俗称"编炮""炮仗"，意为编结起来的爆竹。

（1）工艺源流

浏阳花炮源自我国古代"四大发明"之一的"火药"，其工艺源流可以追溯至唐代，有近1400年的发展演进历史。浏阳素有"烟花鞭炮之乡"的美誉，其烟花鞭炮的制作工艺历史悠久，世代相传。浏阳烟花鞭炮的祖师为唐代李畋，如今在浏阳市麻石小街田家巷，仍存有宋代祭祀鞭炮业祖师唐人李畋所建的"祖师庙"，祭祀活动一直延续至今。清代，浏阳当地烟花爆竹制作能手李泰受到铁匠铺打铁时星火四射的启发，顿生灵感。他利用铁屑，再掺以火药和米汤搅和并将铁砂、火药拌和成大小粗细不等的颗粒，然后装入纸卷筒里，又以黑硝作推动力装于底部，由是便发明造制出能喷射形态各异绚丽花朵的烟花。清雍正年间，浏阳烟花爆竹已作为贡品进纳京师。中华人民共和国成立后，随着科技进步和经济社会发展，浏阳花炮的制作工艺在传承创新的基础上也融入现代科技的因素，步入了快速全新发展的新境界。

（2）特色与技艺

浏阳花炮的工艺制作就地取材于当地出产的土纸、土硝、硫黄、炭末、红白泥土等原材料，采用传统工艺手工制作而成，整个制作过程分为12道流程和72道工序。随着现代科技的发展和人类对环保的要求，浏阳花炮制作在传统工艺的基础上获得了前所未有的创新和突破，现已成功研制出安全、可靠、无公害的无烟烟花、冷光烟花、日观烟花、室内烟花和舞台烟花等许多高科技产品，工艺技术已达到了世界领先水平。在花炮燃放方式上也由传统的手工点火发展改进为遥控点火，甚至可以运用信息技术使整个燃放程序实现电脑编程操控。浏阳花炮品种多样、名目繁多，按燃放效果可分为喷花、旋转、旋转升空、火箭、吐珠、小礼花、烟雾、电光造型玩具、组合烟花、践香、摩擦炮、礼花弹等十三大类，具体又可分为冷光烟花、礼花弹、盆花、罗马烛光、火箭、电光花、舞台烟花、冷焰火、瞬间烟花、火炬烟花、玩具烟花、鞭炮、舞台喷泉、架子烟花、日景烟花等3000多个品种。大型烟花，主要为大型焰火晚会欣赏而制造，有"焰火字幕""礼花弹""盆花""火箭""大彩火轮""架上烟花"6种。冷光烟花又称为冷焰火、冷烟花，无毒无味，燃点低，燃放时甚至可用手触摸，非常安全。玩具烟花以色彩、音响、运动和烟雾造型取胜，被誉为"有声有色"的烟花。浏阳花炮历史悠久、种类繁多，以精彩绚丽而响彻四方。

（3）影响力与评价

浏阳花炮历史悠久，声名远播。据1935年出版的《中国实业志》记载："湘省爆竹之制造，始于唐，盛于宋，发源于浏阳也。"清代康乾年间，浏阳花炮生产已初具规模并成为进京贡品，光绪年间，已销往中国香港、中国澳门、南洋诸国，成为享誉海内外名牌产品。中华人民共和国成立后，浏阳花炮已销往全国各地和世界100多个国家和地区，类型达三千多种。20世纪90年代，浏阳花炮出口创汇曾占到全市出口总额的90%以上。1986年，在法国摩纳哥举行的世界焰火大赛上，浏阳花炮以独具特色的设计、高难度的造型和绝对的优势取得第21届世界焰火比赛第一名。1995年浏阳市被国家授予"中国烟花之乡"的荣誉称号。1998年，浏阳花炮国内销售额达3亿多元，占全国的10.5%，外销量全国第一。1998年通过政府引资和技术创新，并与国内高等院校、科研院所联合开发出了高空、定向、定位、无烟、合光等高科技含量的环保、安全烟花，为浏阳烟花注入了新鲜血液，成功实现了产品转型升级。通过连续举办国际花炮节和谋划创新营销模式，2002年，200多家国际花炮经营商决定把全美花炮质量标准研讨会从美国搬到浏阳召开，并成立国际烟花协会（IFA），总部常设浏阳。2003年，国家质量监督检验检疫总局对浏阳花炮实施原产地域产品保护。2004年，"浏阳花炮"被国家工商总局注册为驰名商标。2010年浏阳花炮实现产值124.6亿元，创税9.72亿元。2011年，"浏阳花炮"品牌价值达1028.17亿元，位居全国第七位。如今，浏阳花炮远销世界一百多个国家和地区，年出口创汇6000多万美元，占国际市场份额的60%和国内市场的40%，全球30多家烟花巨头都在浏阳设有办事处。浏阳花炮已发展成为一个年销售总额达20亿元的现代化产业群和产业集团，成为全国乃至全球花炮生产品种齐全、品质优良的产业基地，建立起了庞大的国际和国内市场营销网络，亚运会、奥运会及国际国内许多重大活动都有浏阳花炮的亮丽身影，浏阳花炮已经成为湖南乃至中国绽放世界的一张绚丽斑斓的文化名片。

5. 湘西苗族银饰：匠心独运　技艺精巧

湘西苗族银饰是湖南湘西苗族同胞创制的一项传统工艺奇技和工艺制品。

(1) 工艺源流

湘西苗族银饰工艺的起源历史悠久，流传至今的苗族创世史诗《苗族古歌》中，就记载有关于苗族先民运金运银、造柱撑天、铸日造月的传说。湘西苗族银饰源自苗族先民先装饰品的制作技艺，经历了从原始装饰品到岩石贝壳装饰品、从植物花卉装饰品到金银装饰品的演进历程，通过不断传承发展形成了现代苗族银饰制作工艺的模式和基本形态。湘西苗族银饰工艺的发展过程成为苗族社会演进的象征之一。湘西苗族银饰工艺展现的是一种物质文明与精神文明密切结合的奇特文化现象，蕴含着苗族的图腾崇拜、宗教巫术、历史迁徙、民俗生活等方方面面，是中华传统文化中的一枝奇葩。

(2) 特色与技艺

湘西苗族银饰形态多样，品种繁多，头饰、颈饰、胸饰、首饰、盛装饰和童帽饰等银饰都由苗族银匠精心制作而成。苗族银饰以其多样的品种、奇美的造型与精巧的工艺，既呈现出一个瑰丽多彩的艺术世界，也展示出一个内涵丰富的精神世界。苗族银饰从头到脚无处不饰，银饰加工全在家庭作坊内以手工操作完成。根据银饰制作需要，银匠先把熔炼过的白银制成薄片、银条或银丝，采用压、缭、刻、镂等工艺，制作出精美纹样，然后再焊接或编织成型。苗族银饰工艺的制作流程非常复杂，一件银饰大多需要经过12道工序才能完成。银饰造型对银匠的手工技术要求极严，非个中高手很难完成。苗族银匠不仅在锤砧劳作上是行家里手，在造型设计上也堪称高手。究其原因，一方面是苗族银匠善于从妇女的刺绣及蜡染纹样中汲取创作灵感。另一方面，作为支系成员，也为了在同行中获得竞争优势，苗族银匠根据本系的传统习惯、审美情趣，对细节或局部的刻画注重推陈出新。工艺上的精益求精，使苗族银饰日臻完美。当然，这一切都必须以不触动银饰的整体造型为前提。苗族银饰在造型上有其稳定性，一经祖先确定形制，即不可改动，往往形成一个支系的重要标志。苗族女性饰银，爱其洁白，珍其无瑕。因此，苗族银匠除了加工银饰，还要负责给银饰除污去垢，俗称"洗银"。他们给银饰涂上硼砂水，用木炭火烧去附着在银饰上的氧化层，然后放进紫铜锅里的明矾水中烧煮，经清水洗净，再用铜刷清理，银饰即光亮如新。湘西苗族银饰的创制技艺充分体现了苗族人民聪明能干、智慧机巧、善良友好的民族性格。银饰洁白可爱，纯净无瑕，质地坚硬，正是苗族精神品质的体现。湘西苗族银饰图案丰富、款式多样、造型精美，既散发出浓郁的乡土民间气息，也蕴藏着深厚的民俗文化内涵，是湘西苗族历史文化的重要物化载体。

（3）影响力与评价

苗族银饰制作工艺历史悠久，但银饰的广泛流行则始于明代。明清时代人们的衣着首饰都有一定等级规定，但同样生活在明清时代的苗族人们，在银饰的佩戴与服饰上却没有等级区分。不论是寨老、理老、土司、鼓藏头及其家属，还是普通苗族百姓，只要生活在同一区域同一村寨，人人都可穿着佩戴一样的银饰。苗族银饰加工原料主要为银圆、银锭，苗族人民劳作一生，经年累月积攒下来的银质货币几乎全都投入了熔炉，因此，各地银饰的银质纯度必须以当地流行的银币为准。苗族从古至今都有"以钱为饰"的习俗，通过佩戴银饰既有炫富心态的流露，也有苗族审美情趣的价值取向，以大为美、以重为美、以多为美构成了苗族银饰的三大基本艺术特征。新中国成立后，党和政府充分尊重苗族群众的风俗习惯，每年低价拨给用于制作苗族银饰的专用银，使苗族银饰制品和工艺得到了前所未有的发展。2006年苗族银饰锻造技艺被列入中国非物质文化遗产保护名录。

6. 湘西蜡染：遵从自然　浑然天成

湘西蜡染是湖南湘西民间一种以蜡为防染材料进行手工纺织印染操作的一项传统印染技艺和手工艺制品，与绞缬（扎染）、夹缬（镂空印花）并称中国古代三大印花技艺。

(1) 工艺源流

蜡染技艺历史悠久。蜡染工艺的发明需要具备一定的环境因素和技术条件，只有在特定的物质条件和文化背景下才能产生和发展起来。基于蜡染需要在多种染织工艺的基础上才能进行，因此蜡染工艺产生的时间应在纺织、印色和画馈工艺成熟之后。从出土实物来看，长沙战国楚墓出土了一面染缬模样的被面。据《二仪实录》等相关文献记载，秦汉时期已有染缬，历经魏晋南北朝时期的发展，隋唐时期开始盛行，至宋代蜡染技艺已相当成熟。湖南湘西是多民族聚居区，当地居民在长期与外界隔绝的艰苦环境中，逐渐形成了自给自足的生活方式，古老的蜡染技艺因此得以保留下来。按苗族习俗，所有的女性都有义务传承蜡染技艺，每位母亲都必须教会自己的女儿制作蜡染。苗族女性自幼便学习蜡染技艺，自己栽靛植棉、纺纱织布、画蜡挑秀、浸染剪裁，代代传承。

(2) 特色与技艺

湘西蜡染工艺是一种以蜡为防染材料进行染制的传统手工印染技艺。其工艺技法就是用蜡刀蘸蜡液，在白布上描绘几何图案或花、鸟、虫、鱼等纹样，然后浸入靛缸（以蓝色为主），用水煮脱蜡即现花纹，衣裙、被毯、床单、包袋等多喜用蜡染作装饰。湘西蜡染是用蜡刀蘸熔蜡绘花于布后以蓝靛浸染，染好后把蜡去掉，布面就呈现出蓝底白花或白底蓝花的多种图案，同时，在浸染中，作为防染剂的蜡自然龟裂，使布面呈现特殊的"冰纹"，尤具魅力。一般而言，染色材料的利用、染色技术的发明和应用，应该早于蜡染工艺。也就是说蜡染工艺的产生，必然要经过一段漫长的对染色材料认识与应用的过程。这个不可缺少的环节与过程，为蜡防染工艺的形成奠定了基础。先将自产的布用草灰漂白洗净，然后将煮熟的芋捏成糊状涂抹于布的反面，待晒干后用牛角磨平、磨光，石板即是天然的磨熨台。点蜡是把白布平贴在木板或桌面上，把蜂蜡放在陶瓷碗或金属罐里，用火盆里的木炭灰或糠壳火使蜡熔化，便可以用铜刀蘸蜡作画。有的地区是照着纸剪的花样确定大轮廓，然后画出各种图案花纹。绘出大轮廓，便可以得心应手地画出各种美丽的图案。染色是浸染的方法，是把画好的蜡片放在蓝靛染缸里，一般每一件需浸泡五六天。第一次浸泡后取出晾干，便得浅蓝色。再放入浸泡数次，便得深蓝色。如果需要在同一织物上出现深浅两色的图案，便在第一次浸泡后，在浅蓝色上再点绘蜡花浸染，染成以后即现出深浅两种花纹。当蜡片放进染缸浸染时，有些"蜡封"因折叠而损裂，于是便产生天然的裂纹，一般称为"冰纹"。这种"冰纹"往往会使蜡染图案显得更加富有层次感，具有自然别致的风味。去蜡是经过冲洗，然后用清水煮沸，煮去蜡质，经过漂洗后，布上就会显出蓝、白分明的花纹来。湘西蜡染结构严谨，线条流畅，装饰趣味很强，具有鲜明的民族风格。由于蜡染图案丰富，色调素雅，风格独特，用于制作服装服饰和各种生活实用品，显得朴实大方、清新悦目，富有民族特色。其产品主要为生活用品，包括女性服装、床单、被面、包袱布、包头巾、背包、提包、背带、丧事用的葬单等。湘西蜡染主要有湘西的苗族蜡染和土家族蜡染，多采用家织的土棉布，借助染液渗不进蜡的特性，或是做花膜灌蜡，或是用铜蜡刀进行蜡绘，然后再进行染色。

（3）影响力与评价

湘西蜡染具有独特的民族特征、民间特色与地域个性。湘西地区的苗族和土家族擅长蜡染的制作，龙山县靛房镇因种植蓝靛而得名，各土家乡村和苗寨都普遍栽种蓝靛。经过世代不断传承创新，20世纪50～70年代，湘西各地有染坊几百家。如今，随着人民文化生活水平的提高和旅游业的发展，湘西蜡染工艺获得了长足发展，蜡染制品从湘西走向全国、走向世界，深受国内外消费者喜爱。湘西蜡染传承与融合了湘西地域世代流传的民族精神、民族审美情趣，形成了特有的地域风格。湘西蜡染既是生活用品，又是艺术品，从某种意义上来说，蜡染制品已将一种艺术元素融入了人们的现代生活，成为湖南乃至中国的一朵工艺奇葩。湘西凤凰因蜡染制作历史悠久被誉为"蜡染之乡"，特别是当地制作蜡染花布纯美典雅、原始古朴，堪称民间工艺品中的精品。2006年5月，湘西苗族蜡染技艺经国务院批准被列入第一批国家级非物质文化遗产保护名录。

7. 隆回滩头年画：惊艳绝世　别具一格

滩头年画是出自湖南省宝庆隆回（今邵阳市隆回县）滩头镇的一种历史悠久的民间传统绘画工艺品，因起源、传承、流传于隆回县滩头镇而得名。

（1）工艺源流

年画是汉民族特有的一种民间工艺和绘画艺术品。滩头年画源自唐太宗李世民时期，此后，随着木版印刷技术的发展，民间年画应运而生。历经宋、元两代的不断传承发展，至明代，年画已成为一种独立的绘画艺术形式。明末，开始出现套印彩色年画，清雍正、乾隆年间，具有地方特色和风格的年画逐渐兴盛起来。清朝乾隆年间，滩头"和顺昌"年画作坊老板胡奇甫绘制《桃园三结义》《白蛇传》《西湖借伞》《花园增珠》《西厢记》等十几种戏文故事类年画，使滩头年画种类获得更大的创新。民国初期，滩头年画达到鼎盛时期，年画传人高腊梅创作了29个年画版本，其中的《老鼠娶亲》，因鲁迅在《朝花夕拾》中盛赞其"可爱极了"而被当时世人广泛认知和传播。滩头年画种类繁多，现今仅存二十余种。

（2）特色与技艺

滩头年画工艺复杂、技艺绝妙，整个制作流程从造纸原料的选择、纸张的制造、刷底，到刻版、七次印刷、七次手绘，一张年画的出品需要经过二十多道工序。通过不断传承、发展和创新，从明末清初至民国初期，滩头年画逐步形成了自己独特的美术风格，艳丽、润泽的色彩，古拙、夸张、饱满、个性化的造型方法，纯正的乡土材料和独到的工艺，使作品具有浮雕一般的艺术效果，从手工造纸到年画成品都在一个地方生产，在年画制作中极为鲜见。

（3）影响力与评价

滩头年画是湖南省唯一传统木板手工印年画，也是中国"四大年画"

之一，滩头镇被原国家文化部命名为"现代民间年画之乡"。在《朝花夕拾》中鲁迅先生专门描述的滩头年画《老鼠娶亲》被视为珍品收藏，该年画在英国大英博物馆亦有收藏。1987年4月，滩头年画应邀参加在山东潍坊举办的全国民间木版年画展览，受到了参观展览的中外专家学者的格外青睐，参观人群争相购买收藏。近年来，通过挖掘整理和发动组织民间老艺人参与，采用传统工艺，一批优秀传统作品逐步得到恢复，同时在传统木版年画的工艺创新上有所突破。1994年，在文化部举办的"中国民间艺术一绝展览"中，滩头年画荣获银奖。2002年，滩头年画被列入中国民间文化遗产抢救工程第一批名录。2003年，滩头年画在北京获得中国传统工艺品金奖。2006年6月，滩头年画被列入首批国家级非物质文化遗产保护名录。近年来，每逢年关，滩头年画经由许多画商批量销往全国各地及泰国、越南、新加坡、马来西亚、印度尼西亚等东南亚国家和地区，年销售量高达七百多万张，居全国年画产地第三位。

8. 泸溪踏虎凿花：画雕凿镂　民间奇艺

踏虎凿花是湖南省湘西土家族苗族自治州泸溪县特有的一种民间传统手工工艺，因起源、传承、发展于该县踏虎村而得名。

（1）工艺源流

据《泸溪县志》记载，踏虎凿花源自当地民间剪纸技艺。清乾隆年间，泸溪县踏虎乡（今合水镇踏虎村）的艺人们从民间凿"喜钱"（人们春节时贴在门楣上的祭祀用品）的工序中得到启发，于是将剪纸工艺由刀剪改为刀刻，即"凿"，由此踏虎剪纸逐渐向凿花工艺演变。随着工艺流程上的变化，当地人在称呼上也随之把"剪纸"称为"凿花"或"扎花"。踏虎凿花的图案来源于苗族服饰刺绣的底样，在满足实用功能的前提下，通过几代凿花艺人的不断传承创新，其特有的装饰形式得到发展，因而形成了一种独具地域特色的民间传统工艺。

（2）特色与技艺

踏虎凿花源于苗族服饰的纹样蓝本，花样繁多、品种齐全，这种剪纸不是用剪刀铰出来的，而是用刻刀凿制完成，刻凿过程犹如"天使般的舞蹈、神笔般的图案"。"凿花"在苗语中称为"压本"，"压"指加工方式，相当于"凿"，"本"就是"花、花样"的意思。凿花卖花是泸溪人祖辈养家糊口的本钱，也是泸溪人赖以生存的方式。泸溪踏虎凿花多用于绣花底样和庆典、祭祀活动中的装饰品，而且后者颜色上有讲究，喜事用红纸，丧事用白、黄、蓝纸。凿花图案纹样题材广泛，有花草、鸟兽、虫鱼、傩面等多种。历经民间艺人的代代传承，踏虎凿花形成了刀法细腻、线条流畅、作品精巧、花样繁多、独具风格的民间工艺品牌，凿花制品誉满湘、鄂、渝、黔等地区，深受各族人民的喜爱。

（3）影响力与评价

踏虎凿花在湘西苗族服饰中有着举足轻重的作用，其独特的民族特色，鲜明的艺术个性和精湛的工艺技巧，被称为"绣在衣服上的文明"。1982年9月，踏虎凿花工艺大师黄靠天创作的100余幅凿花作品到日本东京、大阪等地展出，并销售一空。1987年，黄靠天的32幅凿花作品在南斯拉夫国际博览会上引起轰动。2008年6月，踏虎凿花被国务院批准列入第二批国家非物质文化遗产保护名录。踏虎村被文化部命名为中国民间文化艺术之乡——"踏虎凿花之乡"。2009年2月，踏虎凿花应邀参加在北京举办的中国非物质文化遗产传统技艺大展系列活动，黄靠天的亲传弟子踏虎凿花传承人杨桂军在展览现场向观众展示凿花技艺，赢得现场观众的满堂喝彩。为保护这一文化遗产，泸溪县专门创立了踏虎凿花传习所，以传习所为依托，让这一民间工艺发扬光大，贴近群众生活。如今，踏虎凿花创作了大量群众喜闻乐见、记录时代变迁的作品，受到了国内外众多专家学者的关注。文化和旅游部、工业和信息化部联合发布了第一批国家传统工艺振兴目录，泸溪县踏虎凿花制作技艺成功入选，成为享誉海内外的知名工艺品牌。

9. 益阳竹器：郁拼嵌榫　器物精美

益阳竹器是产自湖南省益阳市的传统竹制工艺品。

（1）工艺源流

益阳境内竹类资源非常丰富，远古时代，生活在这里的先民就懂得利用竹子来制作各种器具来美化生活。从益阳南县涂家台新石器大溪文化遗址中出土的竹器文物，可以佐证益阳小郁竹艺的制作历史有6000余年。春秋战国时期，竹子被当地先民用来作为生产生活材料和工具。据专家考证，长沙马王堆汉墓中出土的竹器便出自益阳。益阳生产的水竹凉席、小郁竹艺工艺，是人们在竹材应用的历史长河中逐渐探索创新和传承发展形成的。明代，益阳竹器已形成规模，竹艺产品遍布街头巷尾。据《益阳市志》载："早在明代初年，益阳竹器即成行业，从业者遍布城乡各地，产品街头巷尾随处可见。"因此益阳被誉为"竹器之城"。清代，益阳已成为名震江南的"竹器之城"，茅竹湖的水竹凉席、贺家桥的小郁竹器、三里桥的竹骨纸伞被誉为"竹城三绝"。如今，随着社会发展、科技进步及人民生活水平的提高，益阳竹器工艺获得了飞速发展，小郁竹艺及竹器制品已成为湖南省优秀传统工艺品。

（2）特色与技艺

小郁竹器造型美观，做工精细，是益阳竹器工艺的典型代表。"郁"为益阳方言，就是将竹材构件加热弯曲，使之符合造型需要的一种工艺。小郁竹器就是以这种工艺为主，结合拼、嵌、榫合等传统技法制作的竹器制品。其制作工艺就是采用一种直径5厘米以下的刚（麻）竹为骨架、毛竹为部件加工成各种竹器的传统民间手工技艺。工艺流程主要由选料、下料、烧油、郁制等30多道工序组成。益阳竹器工艺的"郁"有两种含义，一是从结构方式而言，产品的立柱竹由横向竹围箍结构而成，在纵横交接处，需将横向竹子挖出大半，形成郁口，再经火烤加温软化，迅速围郁而成。二是从竹材的烤制而言，竹材在火中烧烤使其纤维软化，再经过外力的作用使其弯曲变形，从而达到制作要求所需的形状。小郁竹艺产品结构方正、美观大方，而且经久耐用，越用越红，越用越光滑，符合人们的审美情趣，其制作工艺的优点被木制、铁制家具及装修行业广泛借鉴。竹子具有"虚心有节、刚直不阿、品位高雅"的优秀品格，因此竹器制作工艺所形成的竹文化丰富了中华民族文化的精神内涵。

（3）影响力与评价

益阳竹器工艺历史悠久，是历代益阳竹艺匠人的智慧结晶。益阳竹器工艺兴盛于明代，因竹艺产品遍布街头巷尾被誉为"竹器之城"。20世纪50年代以来，益阳竹器由一般日用品发展为实用性和艺术性相结合的竹器工艺品和室内装饰，竹器工艺和竹器生产发展达到了新高度。益阳竹器已由传统的十多个品种发展到200多个品种，多次参加国内外展览，得到参观者的高度评价，深受消费者喜爱。从1963年到1989年益阳小郁竹器技师作为文化交流使者，先后有68人次到亚、非、拉、欧的十六个国家传授技艺。特别是益阳竹器技艺被传到非洲大陆后，在异国他乡生根开花结果，焕发出新的生命力。1993~1999年，益阳当地政府先后成功举办了四届国际竹文化节，使益阳竹器工艺和竹文化享誉海内外。2006年，益阳小郁竹艺被湖南省人民政府列入第一批省级非物质文化遗产保护名录。

10. 浏阳菊花石雕：石头开花　独出心裁

浏阳菊花石雕用出自浏阳境内形成于2亿多年前的菊花石雕琢而成，是湖南省浏阳市一项非常独特的石雕手工艺品。

（1）工艺源流

菊花石为距今2.7亿年二叠纪栖霞期碳酸岩中柱状天青石和菱锶矿等含锶矿物围绕某一结晶中心生长而成的结核，并经过漫长的地质作用形成菊花状洁白石花，故名"菊花石"，为中国三大奇石之一，主要分布在湖南浏阳、泸溪一带。浏阳菊花石为当地百姓在取石砌坝过程中，无意间发现的奇特石头。由于这种奇石像菊花一样,花蕊有单蕊、双蕊、三蕊和无蕊,又有类似于竹叶菊、绣球龙葵菊、蒲叶菊和金钱菊等多种花型,因此雕琢艺人便利用菊花石的这些特点,通过精雕细琢、理出花瓣、添枝加叶,浮雕成丛丛菊花。清乾隆年间,浏阳菊花石被发掘、雕刻成工艺品并成为当时的宫廷贡品,后来逐渐流传民间。有清一代,浏阳菊花石及菊花石雕名噪一时,成为朝廷、官员、富商收藏、馈赠之佳品。清末民初,浏阳菊花石雕开始发展,形成浮雕、半浮雕、镂穿和圆雕的茶具、酒杯、茶几、桌面、假山、花瓶等多种形态,花形也由简到繁,如"梅兰竹菊"四君子、蝴蝶采菊、蜜蜂采花、金鸡采菊等作品,成为菊花石雕工艺中的珍品。新中国成立后,随着科技进步的日新月异,浏阳菊花石雕的技艺技法也不断创新,如今已突破平面造型,发展到立体多层花卉,并将人物雕刻也引入这一独特的工艺品之中。

(2) 特色与技艺

浏阳菊花石雕用生成于2亿多年前的菊花石雕琢而成,充分利用每一块原石的花形特点,通过巧妙构思和精湛的技艺雕琢出精妙绝伦的作品。其工艺流程为采料、选料、设计、雕刻、上漆、配座等。第一步是采料选料,即潜入水底将石头打捞上来。采料时间一般在夏天或夏秋交替时期进行,因为这一时期天气炎热,适宜水下操作和辨识发现好的石材。选料就是将采回的菊花石按形状大小和不同花纹进行挑选分类,选料又称"相石"。第二步是设计菊花石雕。由于菊花石天然长成,要雕琢成工艺品,必须依花纹部位和石块形状特点进行设计。设计的基本原则分为两点:第一,因材施艺,也就是因料取势,以花为主,要求石花突出,稳重大方,形象完美;第二,定题选材,也就是以题选材,以花定形,要求主题突出,石花位置适当,布局合理,主次分明。第三步是雕刻制作。菊花石的制作要经过錾、凿、雕、刻、修、磨等工序。操作时,将石头放置在工作台上,并在石头下面安好活动木桩,一层层槌打。要熟悉石头性格。一块石头有时包含多种个性,如不了解这点,就会产生原材料的浪费。菊花石大致有老、嫩和"牛眼珠"之分；以老石头最好，黑白分明，石质坚细，性格纯正，能经受较多打磨而不易破损，且花朵大而活泼；嫩石头比老石头脆，有时带黄白色，地色比老石头白，錾打时用力要轻微；嫩石头用指甲亦能剥落石层，不经錾不受磨，其花以金钱花为多，"牛眼珠"经常和菊花石连在一块，与菊花石之间有一条细的筋纹。"牛眼珠"地色黄灰，花纹少，其花主要为金钱花、蟹爪等小朵，其石质坚细，耐打耐磨，很适于做砚池、水池之类的产品；一般夹有"牛眼珠"的菊花石，其花要大些、美些，"牛眼珠"的雕琢，石质与菊花石无异。一般说来，石块越大，其质越好，也有好花；石块越薄其质越碎，有的石料中夹有裂纹，可用錾子逐一敲打检查，裂纹响声不清脆，而成破锣似的杂声。雕刻菊花石，即按花形先錾好外层初胚，用凿子修平后，用粗砂石水磨一次，将刀痕磨平，再修饰。细小地方特制三角凿，圆凿修挖，雕刻成后，再用红砂石水磨一次，使表面眼、点磨平，再用光滑之岫石细细水磨一遍，即成平滑如镜面之石面。在雕刻过程中，一般要按先外后内、先大后小、先上后下、先镂空后通眼的方法进行。外形宜大不宜小，内眼宜小不宜大，质量要外薄内厚。先打好粗坯，后精雕细刻，自始至终要以大局为重，围绕重点，突出主题，小心下刀，层层深入，直到达成创作构思要求。第四步是上漆，就是对已雕刻制作好的菊花石进行上漆加工。菊花石雕用的主要漆料是生漆，新鲜生漆质地尤佳。一般二道漆既可，第一道是关键，色要调正，涂匀，擦干，无脏物，无皱皮，无刷痕。第五步是配座。一般菊花石雕大都配以木座，一方面帮助器物稳定重心；另一方面能够升高器物的视平线。座子采用红木、梨木等质细纹密、平而无裂、无疖疤之木料做成。近年来艺术家大都采用根雕木座，形式自然古朴，与菊花石雕相得益彰。木座的大小、高低、形状要视作品情况而定，要与作品风格适宜。浏阳菊花石雕以深厚的湖湘文化精神为背景，分别代表着中国传统文化中的高洁、清逸、气节和淡泊的品格，有一种清华其外、淡泊其中之感。它与众石不同，色泽呈灰色或灰黑色，上面显现着一朵朵天然生成的菊花状白色花纹，其花纹洁白晶莹、奇趣天成。

（3）影响力与评价

浏阳菊花石雕是中国著名的三大石雕之一。清代乾隆五年（1740年），浏阳永和镇书画家欧锡藩和艺人程维达合作，用菊花石雕刻成砚台、笔洗、笔筒、笔架等文房用具。谭嗣同曾题刻《菊花石秋影砚铭》，赞赏故乡浏阳的菊花石砚。清末民初，浏阳菊花石雕艺人戴清升擅于相石寻花、因材施艺，开创圆雕、镂雕技法，穷其毕生共创作1600多件作品，其中"梅兰竹菊横屏"和"梅菊屏"于1915年在美国旧金山举行的巴拿马万国博览会上获得金牌奖，该菊花石雕作品至今保存在联合国博物馆。1924年，菊花石雕颇为兴盛，以"补天石"作坊最负盛名。新中国成立后，一尊高1.2米、长60厘米、宽48厘米、重400公斤的浏阳菊花石雕"石菊森山"于1954年在北京人民大会堂展出，供各族人民观赏，被誉为国宝级的巨型立雕珍品。1984年，由艺人李鹤章精雕的荷花金鱼砚、菊花石砚等12件珍品在日本展出时引起轰动；1999年，为喜迎澳门回归，湖南省工艺美术馆以工艺美术大师袁耀初老师为首的五位大师，耗时一年设计制作了双层菊花石雕《龙球》，献给澳门特别行政区政府。2000年，在广州举办的首届旅游购物节上，浏阳送展的"艳菊迎秋""菊花石山""梅菊"香炉、砚池等9件作品荣获"天马银奖"，并被日本、中国香港、中国台湾地区客商抢购一空。如今一件被称为世界上最大、最重的菊花石产自浏阳，这块天然巨型菊花石原石重达3.5吨。为显现湖南独有的菊花石雕制工艺，3名特级石雕技师历经6个多月的精心雕琢，除雕出形态各异、婀娜多姿的188朵天然石菊花外，还雕制了18钉仰天呼啸的玉龙环绕在花石之间，花石底部是碧波荡漾的湘江，其湖湘文化寓意十分深刻，成型作品高达1.5米，长为3.5米，重达1.3吨。2008年，浏阳菊花石雕被列入国家级非物质文化遗产保护名录。2010年上海世博会世博园"桃花源里"的标志也是菊花石雕，浏阳菊花石已成为湖湘文化和湖湘工艺的一张耀眼的名片。

| 第九章 |

风物长宜放眼量

——湖湘十大饮食品牌

古语有云："仓廪实而知礼节，衣食足而知荣辱"，饮食是人类赖以生存和发展的第一要素，在人类的日常生活中扮演了至关重要的角色。湖湘饮食体系源远流长，内涵丰富，为湖湘饮食品牌的建设奠定了坚实的基础。新中国成立后，尤其是改革开放以来，伴随着市场经济的繁荣发展，湖湘民众发挥了无穷的创造力，打造了一个又一个湖湘饮食的著名品牌，推动着湖湘饮食走出湖南，走向全国，走向世界。

一 湖湘饮食品牌概述

在长期的历史演进过程中，湖南人类凭借着不断地探索与实践，在满足基本生存需求的同时，更将对饮食的追求上升至艺术的层次，形成了独具特色的饮食体系和饮食文化，成为中华饮食体系与文化的重要组成部分。

1. 饮食源流与分布

一地饮食文化的形成，往往与其所处之自然地理环境息息相关。就湖南而言，在地理区位方面，地处云贵高原向江南丘陵和南岭山脉向江汉平原过渡的地带。地貌类型多样，有半高山、低山、丘陵、岗地、盆地和平原等不同类型。境内湘、资、沅、澧为主干的河流网络遍布，自南向北汇入洞庭湖，形成了一个完整的水系。在气候上，属大陆性亚热带季风湿润气候区，光、热、水资源丰富，气候季节性变化较大。丰富的水源、多样的地形地貌、多变的气候条件，繁育了极其丰富多彩的动植物资源，进而造就了多元的饮食文化。

湖湘饮食文化源远流长，早在春秋时期大诗人屈原的《楚辞》中，就有关于湖湘饮食文化的记载。马王堆汉墓出土的烹食残留物和一套竹简菜谱，从中可以看出当时菜肴的烹调方法中，已形成羹、炙、煎、熬、蒸、腊、炮等十余种工艺，这是湖湘菜肴起源于西汉以前的直接证明。魏晋南北朝时期，湖湘饮食文化主要在凸显自身的优势，尤其是丰盛的物产，如稻谷、鄢酒等。进入隋唐五代时期，湖湘被中央朝廷视作南蛮之地，成为中原士人的贬谪流放之所，同时也成为文人墨客笔下"不到潇湘岂有诗"的精神圣地，湖湘饮食开始被更多的中原士人所认知，他们引进中原地区的烹饪技术应用到湖湘饮食中，对其进行改造创新，丰富了湖湘饮食的品种。宋、元、明时期，湖湘经济得到进一步发展，饮食文化也变得更为丰富多彩，饮食行业兴隆，饮食著作增加，湖湘饮食文化进入一个新的水平。湘菜在官府衙门开始颇为盛行，达官显贵雇用高级烹调师精制湘菜供其食用。湘菜质量迅速提高和饮食行业的迅速发展有关，湘菜的独特风格也逐步形成。晚清民国湖南饮食继续发展，其中湘菜湘味已风靡省外，已基本具备了今天"湘菜"一词的内涵。至新中国时期，特别是改革开放以后，湖湘饮食业更是得到了飞速发展，进入全盛时期，明代开始初步形成的湘菜菜系终于逐渐发展成为在全国乃至世界都有着重要影响的独特菜系，成为国内和世界驰名的菜系。

2. 饮食特色

在长期的历史发展过程中，湖湘饮食形成了独有的特色。就以湖湘饮食中最具代表性的湘菜来说，其最为人所熟知的特点就是"辣"。地处亚热带气候区的湖南，湿热多雨，而辣椒具有驱寒、祛风湿的效果，同时又可以促进唾液分泌，增进食欲。除此之外，湘菜的特色还体现在其他方面，其以本地特产为原料，以青辣椒、红辣椒、姜、醋、五香、豆豉为作料，烹调技艺强调先"色"夺人，以蒸、煨、煎、炒、烧、腊见长，菜肴具有酸、辣、麻、焦香的特点，强调原汁原味，多味调和，具有清香、浓鲜、脆辣多种风格。

3. 影响地位

名扬四海的湖南美食，包含了湖南丰富的食源、独到的饮食加工技艺、独特的饮食民俗等深厚的文化内涵，已成为湖南乃至中国物质文明和精神文明的重要组成部分。在湖湘饮食领域，长期以来建立了一系列在湖南乃至全国都具有相当影响力的品牌。自2008年起，国家开始实行农产品地理标志认定制度，对特色农产品实行地理标志保护，旨在打造农产品区域性品牌。因此，农产品地理标志实质上就是一种农产品品牌，也是一种集体商标。获得农产品地理标志认定的农产品的多少，在很大程度上就意味着该地饮食品牌建设的成果。截至2019年，湖南单获得国家农产品地理标志认证的农产品就有80个，可以说代表了湖南饮食文化领域品牌建设的突出成就。在为数众多的湖湘饮食品牌中，我们选择部分最具代表性的品牌进行介绍分析，来回顾近些年来湖南在饮食品牌建设领域所取得的突出成就。

二 湖湘十大饮食品牌及其评价

1. 湘米：粒粒青白粒粒香

湖南以其温暖湿润的气候，加上丰富的水资源条件，成为中国南方稻作农业的发祥地之一。明清时期，湖南一跃成为全国最为重要的粮食产地之一,"湖广熟,天下足"的谚语流传天下。湖南正是湖广的重要组成部分。作为稻米生产大省,湖南在水稻品种培育、稻谷生产、大米加工方面均在全国具有影响力,拥有包括"中国粮食第一股"金健米业在内的大米加工销售企业1000余家,是全国最大的米线制品供应地。湖南也是杂交水稻的故乡,杂交水稻品种培育水平领先世界。在稻米产业的发展过程中,产生了一系列的具有全国影响力的大米品牌,令"湘米"在全国粮食版图中占据了重要一席。

(1) 常德香米

常德香米,湖南省常德市特产。常德位于湖南西北部,属中亚热带湿润季风气候向北亚热带湿润季风气候过渡的地带,气候温暖,四季分明,沅水、澧水横贯境内,水量丰沛。常德先民很早就开始进行水稻的人工栽培,考古发现境内的澧县城头山是世界上最早的水稻发源地之一,距今约6500年。常德自古盛产香米,早在唐代,常德香米就已声誉远播,桃源县九溪乡一带出产的香米,颗大齐崭,色白如珍珠,煮出饭来香气四溢。常德香米外观呈长粒形,米饭油亮蓬松、晶莹剔透、口感爽滑,具有自然芳香味,冷饭不回生、不黏结。

近年来,常德市重点打造"常德香米"地理标志品牌,全力推动"常德香米"工程。截至2018年,常德市水稻种植面积达900多万亩,年产量增加至300多万吨。2018年2月,农业部正式批准对"常德香米"实施农产品地理标志登记保护。2019年11月,常德香米入选中国农业品牌目录。

(2) 南洲稻虾米

南洲稻虾米是岳阳市南县的水稻特产。地处洞庭湖腹地的南县,土壤土层深厚,土质肥沃,无重金属污染,是种植绿色水稻的理想区域。不仅如此,南县水系发达,境内江河密布,水源充沛。利用优良的天然地理条件,加之长期的摸索,当地民众发展出了一种水稻与小龙虾共生的种植模式,在水稻田中养殖小龙虾,利用水稻为小龙虾提供微生物、野草、昆虫等天然饵料,小龙虾的排泄物则成为良好的有机肥料。稻虾共生的种养模式与生态环境形成了良性互动，促进了水田原生态系统的恢复，不仅改善了产地环境，也为解决洞庭湖和长江中下游流域的水质富营养化问题开辟了新的途径，是符合现代生态环保要求的新型生产模式。为保证小龙虾健康生长，有毒、有残留的农药和化肥被种植户主动放弃，由此生产出来的稻虾米可说是一种近乎天然的生态米。

2018年5月，湖南省粮食行业协会以"南洲稻虾米"为标准，发布了湖南省"好粮油"稻虾米产品团体标准；8月，"南洲稻虾米"获得中国地理标志证明商标；9月，南县被中国粮食行业协会命名为"中国稻虾米之乡"，成为湘米工程的重要区域公用品牌。2019年10月，代表南县的"南洲稻虾米"斩获巴拿马太平洋万国博览会金奖，进一步推动湖南稻虾产品走出国门，走向世界。

（3）松柏大米

松柏大米主要产自湘西自治州永顺县松柏镇。永顺县地处武陵山脉地带，地势东南高西北低，重峦叠嶂，溪谷纵横。该地属亚热带季风性湿润气候，季风明显，四季分明，适宜种植水稻。松柏镇总耕地面积39080亩，其中稻田面积3.3万余亩、旱地5200多亩，盛产优质稻米，素有"湘西粮仓"之美誉。松柏大米颗粒均匀，米粒细长，香味浓郁，且富含硒元素。早在明清时期，松柏大米就是历代土司进奉朝廷的贡品之一。截至2018年，永顺县松柏大米种植面积已达8000公顷，年产量5万吨。2015年、2016年，松柏大米连续两年获得"中国中部（湖南）农业博览会金奖"。2016年，获上海农博会金奖。2018年2月，农业部正式批准对"松柏大米"实施农产品地理标志登记保护。

2. 湘菜：生意当属湘菜红

湘菜，即湖南菜，在长沙地区又被称为本味菜，是中国传统的八大菜系之一，早在汉朝就已经形成菜系。湘菜以湘江流域、洞庭湖区和湘西山区三种地方风味为主。湘菜制作精细，用料广泛，口味多变，品种繁多；

色泽上油重色浓，讲求实惠；品味上注重香辣、香鲜、软嫩；制法上以煨、炖、腊、蒸、炒诸法见称。浏阳蒸菜、剁椒鱼头、辣椒炒肉、永州血鸭等，皆是湘菜的突出代表。

(1) 组庵湘菜

组庵湘菜是晚清民国的湖南人谭延闿及其家厨所创立的湘菜系列。谭延闿（1880~1930年），字组庵，湖南茶陵县人，生于浙江杭州，曾经出任两广督军，先后三次出任湖南督军、省长兼湘军总司令，国民政府时期，又先后担任国民政府主席、行政院院长等职，为民国时期著名的政治家、书法家。谭延闿出生于官宦富贵之家，生活奢华，嗜吃如命，不仅爱吃，而且颇为懂吃，对于各种不同的菜肴都有着独到的研究与见解。组庵湘菜的出现就与谭延闿息息相关。组庵系列菜品的产生，主要得益于谭延闿所选用的两位厨子，一位是江苏籍主厨谭奚庭，本为扬州盐商的家厨，擅长淮扬菜，他对美食极有天赋，在富甲一方的盐商家中又获得了良好的熏陶，厨艺精湛。盐商过世后，谭延闿重金聘请谭奚庭为厨师。另一位则是湖南籍主厨曹荩臣，以烹调湖南菜为主。淮扬菜清淡，湖南菜味重，谭延闿对这两个菜系的喜爱，对以后湖南菜和淮扬菜的发展都有重要的促进作用。

组庵湘菜系列中最出名的当属"组庵鱼翅"和"组庵豆腐"。组庵鱼翅又名"红煨鱼翅"，是将传统的红汤煨鱼翅的方法改为与鸡肉、猪五花肉、鱼翅同煨，如此便能另配料中的蛋白质、脂肪、无机盐等营养物在煨制的过程中缓缓地渗透进原本无味的鱼翅中，改变了传统烹制汤汁鲜而鱼翅味差的缺点，具有软糯柔滑、醇厚鲜美的独特风味，兼具清润滋补的养生功效。谭延闿对这道菜极为欣赏，便将"红煨鱼翅"改名为"组庵鱼翅"。凭借谭延闿的崇高声望，此菜的制作方法也逐渐流传到社会上，为各个酒楼菜馆的厨师效仿，遂成为高级宴会上的必备菜肴。

组庵湘菜以"原材料选取精良、刀工处理精细、烹制技艺精湛、味道调和精准"的美食理念著称于世，被后世誉为"湘菜之源"，对此后湘菜的发展产生了重要影响。

（2）浏阳蒸菜

浏阳蒸菜是湖南的一道传统名吃，相传起源于明朝，至今已有五百多年历史。蒸菜的形成跟浏阳客家人的做饭习惯有很大关系，过去农村家庭人口都较多，农务繁重，往往没有较为充裕的时间来做上一顿午餐和晚餐，为节省时间，客家人通常早上就把一日三餐的米饭全部做好，用大锅烧水，烧开后把米倒入煮至六七分熟，然后再捞起来放入饭甑蒸熟，米汤则倒入潲桶拌上米糠喂猪，整个蒸煮米饭的时间可达一两个小时。在煮饭的间隙会同时把菜配好，待蒸饭时一起放入饭甑，最后饭菜一起出锅，既便捷又美味，显示出客家人简单实用的生活智慧。

浏阳蒸菜在蒸制过程中能最大限度地保持食物的原汁原味和营养成分，避免了煎、炸等可能造成的对食物有效成分的破坏，减少了有害物质的产生。浏阳蒸菜含油脂少、热量低，易于消化吸收。蒸制过程中以水渗热，所用调料量少，清淡养胃，可以达到一定的保健养生之功效。我们所熟知的剁椒鱼头，就是浏阳蒸菜中最具代表性的菜品之一，剁椒鱼头通常以鳙鱼鱼头、剁椒为主料，配以豉油、姜、葱、蒜等辅料蒸制而成。菜品色泽红亮、味浓，肉质细嫩、肥而不腻、口感软糯、鲜辣适口。剁椒鱼头不仅口味好，而且营养价值高，具有暖胃驱寒、止痛散热的功效，对于降低血脂、健脑及延缓衰老也有一定帮助。

2011年8月，中国烹饪协会批准授予浏阳"中国蒸菜之乡"称号。2013年1月，浏阳蒸菜获得"中国地理标志集体商标"。2017年2月，浏阳蒸菜晋升长沙市级"非遗"项目。

（3）常德钵子菜

常德钵子菜又称"甏钵炉子菜""炖钵菜"，是湖南的传统名菜。常德人很早就有做钵子菜的传统，它的兴起与流传同常德地区的特定自然环境息息相关。常德地处湘北，北方是辽阔的江汉平原，南下的寒流因没有屏障阻挡，可长驱直入，冬春时节寒冷潮湿；而又地处洞庭湖区，地势低洼，夏秋湿热。钵子菜正好具有驱寒祛湿、增进食欲的功效，适合当地人的饮食习惯，常德民谚称："不愿朝中为驸马，只要炖钵炉子咕咕嘎。"凸显出当地人对钵子菜的爱好之深沉。

常德钵子菜最大的特点就是"无所不炖"，突破了传统烹饪技术的种种限制。其用料十分广泛，多是就地取材的极普通的鸡、鸭、鱼、肉、水产、蛋类、豆类、豆制品及各种时蔬、干菜等，可以称得上"随心所欲"。在制作手法上，钵子菜也是灵活多样，可以采用爆、炒、煨、炖、煮等烹饪技法综合调味，且可以预先制作，可粗可细，方便快捷。最具代表性的常德钵子菜有武陵乌龟钵、汉寿水鱼钵、牛腩钵、香干钵、风吹鹅钵、腊肉钵等。

常德钵子菜来自民间，有着悠久的历史传统，其菜肴形式多样、味别丰富、制作简便、出菜快捷的特点，令其十分适合当前时代人们普遍存在的快节奏生活的需要，拥有着广阔的市场前景。在人们向往回归自然、追求乡土风味的今天，钵子菜势必将焕发出新的光彩。

3. 湘茶：五彩茶香扑面来

湖南是中国内陆的产茶大省，素有"江南茶乡"的美誉。湖南的产茶史可追溯到两千多年前的西汉初期。19世纪，湖南的茶树栽培面积已上百万亩。截至2018年底，全省茶园面积达到260万亩，茶叶产量达28万吨，其中茶叶出口量达4.7万吨，实现茶叶综合产值796亿元人民币，创汇1.6亿美元（含边贸和代理出口）。在长期的茶叶培植发展中，湖南形成了一系列具有全国乃至世界知名度的茶叶品牌。

（1）君山银针

"洞庭天下水，岳阳天下楼。君山天下秀，银针天下茶。"这句话道出了岳阳最为著名的两种"特产"，一是号称"江南四大名楼"之一的岳阳楼，另一个就是中国十大名茶之一的君山银针。

君山银针产于洞庭湖中的君山，形细如针，故名，以色、香、味、形俱佳而著称于世，属黄茶类。银针全由芽头制成，茶身满布毫毛，色泽鲜亮。其成品茶芽头茁壮，长短大小均匀，内呈橙黄色，外层白毫显露完整，而且包裹坚实，茶芽外形很像一根根银针，有"金镶玉"之雅称。君山银针的采摘和制作都有严格要求，每年只能在清明前后 7~10 天内采摘，采摘标准为春茶的首轮嫩芽。制作银针茶要经过杀青、摊晾、初烘、初包、再摊晾、复烘、复包、焙干等八道工序。君山茶历史悠久，早在唐代已闻名于世，据传文成公主出嫁时就选择将君山银针带入西藏。清朝乾隆皇帝下江南时品尝到君山银针，十分赞许，将其列为贡茶。1956 年 8 月，在莱比锡国际博览会上，君山银针荣获金质奖章。

（2）安化黑茶

安化黑茶为益阳市安化县特产，是六大基本茶类之一，属于后发酵茶，产品以茯砖、黑砖、花砖、青砖、湘尖等产品为主。安化黑茶是中国黑茶的始祖，在唐代的史料中记载为"渠江薄片"，曾被列为朝廷贡品。明嘉靖三年（1524 年），朝廷"悉征黑茶"，"安化黑茶"也由此得名。安化黑茶特殊的制作工艺过程中会自然发酵生成"冠突散囊菌"（俗称金花），这种冠突散囊菌富含 18 种氨基酸、450 多种对人体有益的成分，具有独特的保健效果。黑茶现已被世界茶学界、医学界公认为 21 世纪最健康的饮品之一。

2008 年，安化黑茶千两茶制作技艺被列入第二批国家级非物质文化遗产名录；2010 年，安化黑茶入选上海世博十大名茶和湖南省十大茶品牌；同年，国家质检总局批准对"安化黑茶"实施地理标志产品保护；2011 年，安化黑茶被国家工商总局认定为中国驰名商标。2014 年，安化茶叶三大公共品牌估价达 28.8 亿元，其中安化黑茶品牌评估价值达 13.58 亿元。2019 年 11 月，入选中国农业品牌目录。

（3）古丈毛尖

古丈毛尖，产于湖南武陵山区古丈县，属绿茶类，为传统中国名茶。古丈县种茶有近两千年的历史，唐代杜佑的《通典》中称："溪州等地均有茶芽入贡。"唐代溪州范围包括今日湘西的永顺、保靖、龙山、古丈等县，由此表明古丈茶在唐代已被列为贡品。古丈毛尖选用适合的茶树品种的幼嫩芽叶，经精细加工制作而成，具有紧直多毫、色泽翠绿、嫩香高悦、滋味醇爽、耐冲耐泡等特点，被誉为"绿茶中的珍品"。

1874年，甘肃提督杨占鳌卸任回乡，倡导乡亲开辟茶园，以茶养乡。1920年，杨占鳌之子杨琢臣在古丈坪青云山种茶，外销号"青云银峰"，又称古丈毛尖。1950年，古丈茶叶远销苏联。1982年商业部评选全国三十大名茶时，古丈毛尖名列第九，入选中国十大名茶之列。1999年，荣获中国国际农业博览会名牌产品称号，并被评为"湖南名牌产品"。2001年、2002年连获中日韩国际名茶金奖。2007年，古丈毛尖成功申报为国家地理标志保护产品。2011年5月，"古丈毛尖"被国家工商行政管理总局认定为"中国驰名商标"。

（4）桃源红茶

桃源红茶产于益阳市桃源县，桃源自古就有"茶叶之乡"的美誉。桃源红茶主打产品为"四红"，即红金芽、红工夫、红曲螺、红茯砖。桃源县享有"中国硒乡"的荣誉称号，土壤天然含硒量高，特别是在桃源县茶区，在富硒土壤中生产出的红茶也达到富硒标准，属于高端的红茶产品。

清同治四年（1865年）桃源开始生产红茶。沪、粤、鄂等茶商就在桃源县沙坪设有八家茶行收购红茶，至清末民初，红茶销售量增至3万箱，每年仅红茶就可获银120万两。1926年，苏联茶商在沪、汉一带重金收购红茶，年购十万余箱。20世纪50年代起，国家确定桃源红茶县的定位，着手发展茶产业。2015年，"桃源红茶"作为桃源县茶产业主打产品，年销售额达700多万元。同年，农业部对"桃源红茶"实施农产品地理标志登记保护。2016年，"桃源红茶"销售额突破3000万元。至2017年底，桃源县红茶生产企业达34家，年产红茶1万余吨，年产值超过4亿元，桃源红茶成功入选"湖南十大农业品牌"。

4. 湘酒：金樽美酒醉三湘

湖南是中国白酒消费大省，被视为整个西南酒企的第二根据地。在巨大的消费市场推动下，湖南的白酒生产得到了长足发展。2018年9月，湖南省发布了首份《改革开放40年　湘酒发展蓝皮书》。蓝皮书显示，截至2017年，湖南省拥有酒类生产许可证的企业167家。其中白酒企业102家、啤酒企业16家、葡萄酒企业10家、黄酒企业18家、果露酒等其他企业21家，由此湖南形成了一系列在国内具有相当知名度的白酒品牌；拥有中国首个酒类4A景区、号称最美白酒厂的湘窖生态文化酿酒城；有中国馥郁香型白酒的首创者、中国文化酒的引领者——酒鬼酒；等等。

（1）湘窖酒

湘窖酒由湖南湘窖酒业有限公司生产，其酿造工艺秉承传统的"古遗六法"精髓工艺，追求"人、水、曲、粮、缸、火"融合之完美，这也将湘窖的品质提炼到了极致。

湖南湘窖酒业有限公司前身为邵阳市酒厂，始建于1957年10月。2003年8月被湖南金六福酒业有限公司（华泽集团）成功收购后重组成"湖南湘窖酒业有限公司"。为实施陈酒战略和产品差异化战略，不断增强企业综合实力，从2004年10月起，湘窖酒业累计投资10亿元，在邵阳江北工业园建起一座新型、现代化的集园林、生态、环保和工业旅游为一体，年酿造优质酒2万吨、包装生产能力5万吨的绿色生态酒城。2011年，湘窖酒业全面展开了湘窖生态酿酒园二期建设。年底竣工投产的固态酿酒一号车间，是湘窖二期工程的一部分，共有窖池672个，年产优质基酒1万吨。2019年4月23日，湘窖酒业4800吨酱酒生产基地在邵阳湘窖生态文化酿酒城奠基。这意味着湘酒龙头湖南湘窖酒业正式进军酱香型白酒酿造领域，将集合浓香型、浓酱兼香型、酱香型白酒酿造于一体，为湘酒产业全面开花开创崭新格局。2019年10月18日，湘窖酒业4800吨酱酒项目正式投产。

历经多年的经营发展，湘窖酒业在不断创新中超越，已连续多年被评为湖南省经济效益百强企业、湖南省酿酒行业重点大型骨干企业和中国制造业500强。2011年，湘窖酒业荣获湖南省省长质量奖。2018年，湘窖酒中的"红钻·湘窖"获颁2018年比利时布鲁塞尔国际烈性酒大奖赛大金奖，向全世界宣告这代表着酒界最高荣誉的世界大金奖花落湘窖酒业。

（2）酒鬼酒

酒鬼酒是湖南省吉首市特产。酒鬼酒采用高粱、糯米、大米、小麦和玉米五粮为原料酿造而成，属馥郁香型白酒，在中国白酒的十二大香型中，馥郁香型为酒鬼酒独创，所谓馥郁香就是指酒鬼酒兼有浓、清、酱三大白酒基本香型的特征。这种独特香型的形成，与湘西特有的自然地理环境密切相关。湘西多洞，据调查大小洞约有3800个之多，酒鬼酒传承湘西民间藏酒技法，将酒以陶坛封存，藏于天然溶洞中。洞中温度、湿度基本稳定，使得酒体熟化反应进程平缓而均匀，天长日久，酒体微黄偏绿，酒质醇厚丰满，口感柔顺怡长，馥郁含香。

酒鬼酒曾获得法国波尔多世界酒类博览会金奖、比利时布鲁塞尔世界酒类博览会金奖、中国首届食品博览会金奖、全国轻工博览会金奖、北京国际经贸博览会金奖、中国国际新产品新技术博览会金奖和中国白酒典型风格金杯奖，曾荣获"中国十大文化名酒""国产精品""中国名牌消费品""世界名牌消费品"等称号。2008年7月1日，国家质检总局批准对"酒鬼酒"实施地理标志产品保护。

5. 湘莲：芙蓉花开莲子香

莲子在湖南的种植已有数千年历史，3000多年前楚国大诗人屈原的诗词中就有关于莲的描写，如《招魂》篇："芙蓉始发，杂芰荷些"，《湘君》篇："筑室兮水中，葺之兮荷盖"。长沙马王堆1号汉墓随葬的瓜果菜蔬中发现有藕片，出土的竹简"菜谱"中也提到了藕，这些实物为湖南数千年前就盛产莲藕提供了切实的物证。

湖南莲子以湘潭出产的湘莲最为知名，隋唐时期，湘莲种植已较为普遍。明清之际，湘莲的种植更加鼎盛，不仅在湘潭大量种植，邻近的衡阳、衡山、衡南以及更远的祁阳、耒阳等地也广泛栽培。洪武年间，朝廷正式将湘莲列为贡品，并下诏规定"湘莲纯属贡品，庶民不得食用"。俗语云："湘莲甲天下，潭莲冠湖湘"，湘潭的湘莲与福建建宁的建莲、浙江宣平的宣莲并称中国三大名莲。湘莲因其具有高蛋白、低脂肪、口感好的特色，被誉为"中国第一莲子"。1985年，武汉市商检局把湘潭的"寸三莲"和福建的建白莲、江西的赣白莲、湖北的湖莲，进行了一次养分对比测定，结果在10项指标中，湘莲在糖分、淀粉、蛋白质、脂肪、磷、钙、粗纤维等7项主要指标上优于其他莲种。湘莲"中国第一莲子"的名号可谓实至名归。

湘莲品种有寸三莲和以寸三莲为亲本培育的芙蓉莲、太空莲。寸三莲是湘潭县历代相传的湘莲品种，以其三粒莲子相连长度为一寸而得名。根据加工工序的不同，湘莲又可分为圆粒湘莲、钻芯湘莲、磨皮白莲、开边湘莲、通芯湘莲等几个不同类别。1987年，在北京全国首届食品博览会上，湘潭"寸三莲"荣获头奖，被誉为"中国第一莲子"。1995年，全国"首届中国特产之乡"命名大会上，湘潭县被命名为"中国湘莲之乡"。2010年5月，国家质检总局批准对"湘莲"实施地理标志产品保护。

早在民国时期，湘莲已成为湖南的大宗出口特产，行销湖北、广东、广西、四川、贵州等地，并由广州转销香港和南洋。中华人民共和国成立后，开始注意发展莲子产业。1979年，湘潭、汉寿两县被定为湘莲出口基地。2010年，湘潭县湘莲标准化种植面积达6666公顷，湘莲及其深加工产品年产值10亿多元，年产值在千万元以上的湘莲加工企业就有9家，500万元以上的达到20余家。2011年，湘莲主产区湘潭县种植面积达6万亩，湘莲产业链开始形成。仅花石镇湘莲种植面积就达8000多亩，有湘莲贸易企业22家、规模企业9家，销售额逾14亿元。

6. 湘油：中国食油看湖南

食用植物油是以食用植物油料或植物原油为原料制成的食用油脂，包括大豆油、菜籽油、花生油、芝麻油、山茶油等不同的种类。湖南因其独特的地理环境和气候条件，油菜、茶树、芝麻等各种油类作物的种植十分广泛，从而为食用植物油产业的发展奠定了坚实的基础。截至2019年，湖南共有规模以上食用植物油加工企业107家，年精炼油脂能力达420万吨，并形成了道道全、金浩、长康、义丰祥等一大批优秀食用植物油品牌，共同构筑起了享誉全国的"油脂湘军"。

（1）茶油

世界油茶看中国，中国油茶看湖南。油茶是中国南方特有的木本食用油料树种，也是世界四大木本油料树种之一。油茶在中国的栽培历史已有2300多年。根据油茶籽提炼出来的茶油，具有很高的营养价值，其中不饱和脂肪酸含量达到80%以上，且富含角鲨烯、维生素E、茶多酚等活性物质，成为食用油家族之翘楚。湖南是中国油茶主产区之一，已经形成了金浩、大三湘、林之神等一批颇具知名度的茶油品牌。

其中，金浩茶油由湖南新金浩茶油股份有限公司生产，开创了中国茶油行业的先河，以其产品的100%天然、营养而负盛名，成为茶油行业中的国际标杆。1997年6月，金浩茶油荣获"97全国（HN）新技术新产品科技创新"金奖；1998年9月，荣获"第十届中国新技术新产品博览会"金奖；2003年12月，金浩荣获"质量免检产品"以及"湖南名牌产品"称号；2004年11月，金浩商标被认定为湖南省著名商标；2006年9月，被中国粮食行业协会授予"全国油茶籽油知名品牌"称号；2009年，被国家工商行政管理总局商标评审委员会认定为"中国驰名商标"。

（2）菜籽油

菜籽油就是通常俗称的菜油，是从油菜籽中榨取的一种食用油，是我国居民日常生活中主要的食用油之一，主产于长江流域及西南、西北等地，产量居世界首位。湖南正是菜籽油的重要产地之一，无论是油菜种植面积还是菜籽的产量，湖南都稳居全国前列，在此基础上，湖南菜籽油产业得到了迅速发展。其中，道道全粮油股份有限公司是湖南乃至中南地区最大的油脂加工企业，是中南地区最早获得ISO9000质量体系认证的食品企业，连续十一年被评为"湖南省重合同守信用单位"；2010年，被中国粮食行业协会授予"全国放心粮油示范企业"荣誉称号；2011年，被农业部认定为"国家农业产业化重点龙头企业"；2010年、2011年连续两年被中国粮食行业协会评为"全国食用油加工50强企业"。2017年，道道全在深交所上市，成为国内"菜籽油第一股"。

不过，长期以来，湖南的菜籽油产业存在着"各自为战"的状况，未能形成合力，打造出真正属于湖南的菜籽油公共品牌。2019年，在湖南省粮食和物资储备局的推动下，湖南省粮食行业协会发起成立湖南省食用植物油产业联盟，道道全粮油股份有限公司、金健植物油有限公司、湖南贵太太茶油科技股份有限公司等18家食用植物油加工企业，以及科研机构加入联盟，该联盟重点在于打造"湖南菜籽油"区域公共品牌，这标志着湖南油脂企业将以品牌建设为引领，开始进入从数量增长向质量提升的发展新阶段。

（3）芝麻油

芝麻油也称香油，是从芝麻中榨取提炼出来的一种食物植物油，可用于调制各种凉热菜肴，以及烹饪、煎炸等，味纯色正，是食用油中的珍品。湖南作为我国的芝麻产区之一，其芝麻油产业也得到了长足的发展，在全国占有一席之地。在全国芝麻油产业中，湖南最具代表性的品牌为"长康"，隶属于湖南省长康实业有限责任公司。该公司创办于1985年，是湖南一家大型食品生产集团式企业，下辖芝麻油产业、食醋产业、辣酱制品调味产业及食用植物油脂产业等四大集团板块，主要生产"长康"牌芝麻油、食醋系列、酱油系列、葵花籽油和花生油等食用植物油系列品种。2006年，"长康"被国家工商总局商标局认定为中国驰名商标。2018

年11月,"长康"牌芝麻油在第二十届中国中部(湖南)农业博览会上荣获"袁隆平奖"。

7. 湘橘:正是橙黄橘绿时

柑橘是世界第一大类水果,也是中国仅次于苹果的第二大类水果。湖南则是中国重要的柑橘生产基地,也是世界柑橘的起源中心之一。2017年,湖南全省柑橘种植面积38万平方千米,产量517万吨。多年来,湖南柑橘生产稳居全国第一。湖南柑橘产业不断发展,培育出了湘西椪柑、江永香柚、黔阳冰糖橙等诸多知名品牌。

(1)湘西椪柑

椪柑是湘西土家族苗族自治州的特产。湘西是中国最适于发展柑橘种植的地区之一,种橘历史可上溯至春秋时期,椪柑曾被长期作为朝廷贡品。湘西椪柑产区多位于河湖等水域的沿岸或山间盆地,这些区域土层深厚,土壤有机质含量达2%以上,自然肥力高,富含利于植物生长和提高产品品质的多种微量元素,尤其蕴含的硒、锗、锌、钙、铁等微量元素对人体亦十分有益,加上境内工业企业少,水质和空气质量好,令湘西成为中国最适于发展柑橘种植的天然产地。

椪柑是湘西自治州农业农村经济的主要支柱产业之一。20世纪70年代以来,湘西自治州利用自然资源优势,在全州范围内开展湘西椪柑产业开发工作,湘西椪柑作为产业开发的重点产业,得到了快速发展。2007年,全州椪柑种植面积达63万亩,已接近全国椪柑总面积的1/4,总产量达到42万吨,产品畅销国内外市场,年累计销售收入额近3亿元人民币,年累计出口额达137万美元。湘西州因此被中国农业技术推广协会命名为"中国椪柑之乡"。2008年,农业部批准对"湘西椪柑"实施国家农产品地理标志登记保护。

(2)江永香柚

江永香柚是永州市江永县特产。江永县地处中亚热带季风气候区,气候温和、冬暖夏凉，"署不铄骨，寒不侵肌"，雨量充沛，无霜期长，日照、降水充足，湿度适中，素有"天然大温室"之称，适宜种植香柚。江永香柚源于广西容县的沙田柚，明代引入江永种植。清《（道光）永明县志》有"橘柚疑烟翠"的描述，表明清代江永已有不少柚树的种植。依托江永独特的土壤和气候，通过果农长期的栽培和选育，香柚已成为江永县的独特水果品牌。

江永香柚果实形似葫芦或梨，果大，单果重 1～1.5 公斤，成熟后色泽金黄，光泽鲜亮，气味芳香。果肉晶莹似玉、汁多脆嫩、香甜可口、营养丰富、天然富硒，维生素 C 和可溶性固形物居柚类之冠，耐贮藏，久贮色香味不变，被视为果中珍品，享有"天然罐头"之美誉。香柚果底有铜钱般的圆圈印环，俗称"金钱花"，是辨别真假香柚的标志。

1995 年，首届中国特产之乡推荐暨宣传组委会授予江永县"中国香柚之乡"称号。同时，江永香柚还是中华名果、全国推介的高优农产品、第三届全国农博会"名牌产品"。2005 年，"永明牌"江永香柚被评为"湖南省著名商标"。2008 年 7 月，农业部正式批准对"江永香柚"实施农产品地理标志登记保护。至 2017 年，江永香柚种植面积 13.8 万亩，产量超过 10 万吨，江永成为全国最大的香柚基地之一。

（3）黔阳冰糖橙

黔阳冰糖橙为怀化洪江市特产。明代《湖广志》记载"沅州出枣柿，黔阳出橙柿"，清代《黔阳县志·市镇考》记载黔阳"柑橘、枣、栗之品实繁味别，亦他邑不能及，故人争趋焉"。洪江素有"中国优质柑橘基地重点县（市）""中国冰糖橙第一市（县）"等美称。黔阳冰糖橙又名"冰糖泡"，是柑橘中的著名品种，因果质脆嫩、果味甘甜如冰糖而得名，被誉为"橙之极品"。

黔阳冰糖橙是从洪江柑橘中产生的实生变异品种，是中国著名的地方甜橙良种。20 世纪 60 年代中期，洪江市市长碛村村民段天郎父子发现了一种新型甜橙品种，后经科研人员多年的提纯选优和栽培技术研究，黔阳冰糖橙的品质不断提高。1997~1999年，黔阳冰糖橙成为唯一连续三年获湖南省优质水果金奖的产品。2006年，黔阳冰糖橙被中国果品流通协会评为"中华名果"。2007年10月，国家质检总局批准对"黔阳冰糖橙"实施地理标志产品保护。2009年，洪江市被中国果协评为"中国冰糖橙第一市"。

8. 湘鱼：四水有鱼鲜万家

湖南被称作"鱼米之乡"，境内河流湖泊众多，湘、资、沅、澧为主干的河流网络遍布全境。据统计，湖南流长5千米以上的河流就有5300余条，总长度达9万千米。广大的水域孕育出了种类丰富的鱼类资源，其中不乏味道鲜美且极具营养价值的鱼类品种，在此基础上形成了一系列独具特色的鱼类品牌。

（1）东江鱼

东江鱼，湖南省资兴市特产。东江，属耒水上游，以盛产鲤鱼、鲫鱼、鲢鱼、鳜鱼、青鱼、草鱼等东江鱼为名。东江湖水域面积24万亩，蓄水量81.2亿立方米，有106项水质指标达到了国家一级饮用水标准，是淡水鱼类养殖的天然理想场所。湖中之鱼富含多种氨基酸和蛋白质，肉质细腻，色艳味美，堪称有机鱼的典范。

2004年，东江湖流域30万亩水面通过了无公害水产品产地认定，鲢鱼、草鱼、鲤鱼、湘云鲫（鲤）、三角鲂、虹鳟鱼等13个品种通过了无公害产品认证。2005年完成东江鲢鱼、翘嘴红鲌干制品、银鱼干制品、鳙鱼、三角鲂、草鱼、鲤鱼等8个品种的绿色认证和有机食品认证。2008~2012年先后有四个养殖场通过了国家级健康养殖示范场认证。2011年，完成了翘嘴红鲌、青鱼、鳙鱼等5个品种的无公害产品认证。2012年，东江特定的鲜活鱼产量3.1万吨，资兴市内十余家东江鱼制品企业共加工鱼制品5000多吨，产值达2亿元。2013年，东江鱼被正式确定为"东江湖杯"2014年世界排球锦标赛亚洲区资格赛吉祥物。2014年，央视《舌尖上的财经》栏目组专程到资兴报道东江鱼。东江鱼及其鱼制品以其优良品质，广销湖南、广东、广西、四川、重庆、香港、北京等地，东江翘嘴红鲌、斑点叉尾鮰等产品还出口到美国、日本和欧盟等国家和地区。

（2）辰溪稻花鱼

辰溪稻花鱼是怀化市辰溪县特产。辰溪自古以来就有在稻田养鱼的习惯，其历史可上溯至1500多年前，是名副其实的"稻花鱼之乡"，获袁隆平院士亲笔题词。清乾隆时期，辰溪稻花鱼曾作为地方特产上贡朝廷。

辰溪县属中亚热带季风湿润气候，日照时间长、昼夜温差大、降雨丰沛，且光、热、雨耦合程度高，稻田生物多样、数量多、质量好，为稻、鱼正常生长与营养平衡提供了有利条件。加上稻田土层深厚、土壤肥沃，使得辰溪稻花鱼富含蛋白质、钙、硒等微量元素和人体所需的氨基酸，而且脂肪含量低。2014年以来，辰溪将"稻＋鱼"作为产业扶贫主打项目，统一种苗、统一技术、统一投保，现稻田养鱼覆盖至全县23个乡镇。2017年，辰溪县稻花鱼生产面积1.8万公顷，年总产量10800吨。2018年2月，农业部正式批准对"辰溪稻花鱼"实施农产品地理标志登记保护，辰溪稻花鱼还被湖南省湘菜协会授予"鱼之珍品"的荣誉称号。

（3）华容大湖胖头鱼

华容大湖胖头鱼是岳阳市华容县特产。华容县地处湘北，是长江沟通沿海与内地、连接洞庭湖平原与江汉平原的中心交汇点，被誉为"百湖之县""鱼米之乡"。华容大湖胖头鱼，学名鳙鱼，又称鲢鳙，是中国四大家鱼之一，鱼头大而肥，肉质细嫩，体侧发黑且有花斑，鱼脑营养丰富，含有人体所需的鱼油，可以起到维持、提高、改善大脑机能的作用。另外，鱼鳃下边的肉呈透明的胶状，富含胶原蛋白，能够对抗人体老化及修补身体细胞组织。胖头鱼属高蛋白、低脂肪、低胆固醇鱼类，对心血管系统有保护作用。1995年，华容县的大湖胖头鱼捕捞量205万斤。2011年，华容全县6673公顷湖泊中均有养殖胖头鱼，养殖产量达到1万吨。同年，农业部正式批准对"华容大湖胖头鱼"实施农产品地理标志登记保护。2016年，华容县胖头鱼捕捞800多万斤，产值4578万元，利润达680万元。

9. 湘面：一"面"之交永难忘

2017年，品牌排行网主办了"2017年度中国挂面十大品牌"评选活动，这是全互联网范围最广、规模最大的品牌综合实力排名评选活动。此次评选，征集数万网友投票、点评，经过多轮审核精选出行业品质出众、人气最旺的十大品牌。荣登"2017年度中国挂面十大品牌"榜单的优秀企业和品牌中，排在第一位的就是湖南的克明面业股份有限公司（陈克明），排在第七位的则是湖南裕湘食品有限公司（裕湘），充分凸显出湖南面业在全国范围内具有的深厚影响力。

（1）克明面业

克明面业由陈克明始创于1984年，是以生产"陈克明"系列面条为龙头产品的民营食品科技企业，现已发展成为国内挂面行业领先的民营食品高科技公司。公司以研发生产挂面为主，挂面年生产能力达24万吨，销售额达12亿元，其产能、销售额、市场占有率均名列全国挂面行业第一。

公司始终专注于中高端挂面的研发、生产及销售，重视产品质量安全，生产的"陈克明"牌营养、强力、如愿、高筋、礼品、儿童等六大系列300多个挂面规格产品推向市场，以其"柔韧、细腻、口感好，易熟、耐煮、不糊汤"的独特品质，赢得了广大消费者的好评。公司已建立起遍布全国31个省市自治区的销售网点1000多个，在长沙、武汉、西安、广州、南昌、北京等重点中心城市设立办事处12个，产品已进入包括沃尔玛、家乐福等国际卖场在内的几千家大、中型连锁超市。"一面之交、终生难忘"，"陈克明"品牌广告语传遍大江南北。

公司系农业产业化国家重点龙头企业，湖南省高新技术企业。1998年12月"陈克明"面条荣获"湖南省名牌产品"称号。2005年6月，陈克明牌系列面条通过中国绿色食品发展中心绿色食品认证。2007年4月，经专家现场评审，公司通过ISO14001、OHSAS18001两项国际体系认证；9月，"陈克明"商标荣获中国驰名商标；11月，经中国资产评估权威机构认定,"陈克明"品牌价值高达人民币 56797.50 万元。2010 年 6 月,克明面业股份有限公司获"农业产业化国家重点龙头企业"荣誉称号;10 月,又被中国食品安全年会委员会评为"全国食品安全示范单位"。2011 年 4 月,"一面之交,终生难忘"荣获首届"湖南省最具影响力十佳广告语";12 月,湖南克明面业股份有限公司参与的"高效节能小麦加工新技术"荣获"国家科学技术进步二等奖"。2012 年 3 月,克明面业在深交所中小板块成功挂牌上市,成为"中国挂面第一股"。这一系列荣誉的获得奠定了克明面业在消费者心目中的良好形象,使"陈克明"系列产品成为广大消费者的首选品牌。

(2) 裕湘面业

"裕湘",取"裕满三湘"之意,是湖南裕湘食品有限公司打造的挂面品牌。该公司建于 1988 年,是一家以面粉、红薯、大米为主要原料进行加工、生产、研发系列挂面、方便粉丝、米粉的国家农业产业化重点龙头企业。公司在郴州、长沙、河南建有生产基地,年生产能力达 20 万吨,研发和生产的挂面、米粉、红薯粉、快熟面四大系列共有 300 多个品种,畅销国内并远销欧美、东南亚等十多个国家和地区。

裕湘面业十分注重企业的品牌建设。1991 年,即登记注册了"裕湘"的商标。1995 年,"裕湘"牌面条被评为"湖南省名牌产品",这是湖南省最早也是当年唯一获此殊荣的食品。1997 年,"裕湘"商标被评为"湖南省著名商标"并保持至今。2004 年,裕湘面业被中国面制品协会评为中国挂面行业五强企业,并在业内率先准许使用无公害农产品标志,同时通过了 ISO9001 国际质量体系认证、HACCP 认证和 ISO14001 环境管理体系认证。2007 年,"裕湘"牌挂面荣获"中国名牌"称号。2008 年,"裕湘"商标被评为"中国驰名商标"。

10. 湘味小吃:舌尖之上故乡情

湖南小吃历史悠久,品种繁多,多达百十多个品种。形形色色的小吃遍布湖南的大街小巷，臭豆腐、姊妹团子、糖油粑粑、馓子、酸梅汤、口味虾、嗦螺、热卤等，可谓数不胜数。这些名点小吃有荤有素，甜咸辣俱有，形态万千，口味各异，不仅为湖南民众所喜爱，而且不少产品还走出湖南，遍布全国。

湖南小吃的特点是用料广泛，选料讲究，做工精细，花样繁多。以蒸、炸、煮等制作方法见长。蒸则色白暄软，造型美观，炸则松酥焦脆，注重火候油温，煮则讲究配料和调味，汤汁鲜香。长期以来，湖南人不断总结前人经验，充分利用本地丰富的物产资源，精心创制了各式各样的精美佳肴和点心，形成了具有浓郁地方风味的湖南小吃体系，大致可分为以长沙为代表的湘中丘陵地区小吃，湘西、湘南山区小吃，以及洞庭湖区小吃三大类别。

"火宫殿小吃"可以称得上是湖南小吃的代名词。火宫殿原是长沙的一座火神庙，又名乾元宫，始建于乾隆十二年（1747年），道光六年（1826年）重修。火宫殿建成之后，逐渐发展成为长沙城内各色小吃汇聚的中心。火宫殿小吃中的臭豆腐、姊妹团子、米粉、刮凉粉等，都是有着百余年历史的名小吃，其中尤以臭豆腐名扬天下。

臭豆腐是长沙传统的特色名吃，长沙当地人又称臭干子。它使用以黄豆为原料的水豆腐，经过专用卤水浸泡半月，再以茶油经文火炸焦，佐以麻油、辣酱，具有"黑如墨、香如醇、嫩如酥、软如绒"的特点，闻起来臭，吃起来香，外焦微脆，内软味鲜，味道特别鲜香。臭豆腐有着良好的营养价值和药用价值。据医书记载，臭豆腐可以温中益气，和脾胃，消胀痛，清热散血，经常食用有增强体质的效果。研究发现，吃臭豆腐对预防老年痴呆也有积极作用，臭豆腐一经制成，营养成分中最显著的变化是合成了大量维生素 B_{12}，据测定，每100克臭豆腐可含有10微克左右，而维生素 B_{12} 恰好可以减缓大脑老化进程、防止老年痴呆的发生。长沙的"臭豆腐"各地皆有，但火宫殿的油炸"臭豆腐"最具特色，这里的臭豆腐系用文火炸焦后，再将一块一块的豆腐钻孔，灌辣椒油，吃起来辣味十足，臭香浓郁，颇受广大食客赞赏。据说，毛泽东主席年轻时候就常吃火宫殿的油炸臭豆腐，新中国成立后还去吃过，称赞道："火宫殿的臭豆腐还是好吃。"

除了众所周知的长沙臭豆腐，还有一个在全国有着广泛影响的湖南传统小吃，这就是常德米粉。早在清光绪年间，常德就有了生产米粉的店坊，生产出来的米粉既细且长。常德人不论男女老幼，都喜欢食用这种米粉，外地来客也以品尝常德米粉为一大乐事。常德米粉之所以备受青睐，一是米粉洁白，圆而细长，形如龙须，口味颇佳；二是米粉食用方便，经济实惠，只需用开水烫热，加上佐料和油码，即可食用。常德米粉中，又以津市米粉最具代表性。津市米粉被称为中国三大米粉之一，味道鲜美，香滑而不油腻，吃起来润滑可口、风味独到。随着经济社会的发展，津市米粉也开始走出常德，走向全国乃至走向世界。目前，津市米粉在长沙、北京、广州、武汉、西安、深圳等城市已有5000家分店，其中津市牛肉粉已成为国家地理标志保护产品。

湖湘饮食体系内涵丰富，文化源远流长，为湖湘饮食品牌的建设奠定了坚实的基础，趁着改革开放以来社会经济发展的春风，在勤劳智慧的三湘子弟的努力下，一个个湖湘饮食品牌不断涌现，并开始走出湖南，走向全国，走向世界，成为一张张代表湖南的独具特色的名片。我们相信，以后会有越来越多的湖湘饮食品牌被创造出来，并走入千家万户。不过，就目前而言，相较于一些发达的地区，我们在饮食品牌的建设上还有一定的差距，无论在数量上还是质量上都有待进一步的提高，饮食品牌建设之路还任重而道远。

| 第十章 |

千帆过尽看今朝

——湖湘十大文创品牌

湖南文化现象中涌现了大量的文化创意品牌。在时光流淌的大河中,众多湖湘文创品牌历经市场的淘筛,有的创意渐渐褪去,有的却依然保持着鲜活的状态,正所谓"千帆过尽看今朝"。

一 湖湘文创品牌概述

文创品牌是文化产业持续发展的引擎,能够引领时尚符号,使文化产业行业相互渗透。不过文创品牌自身需要创新,只有创新方能保鲜。湖南文创品牌颇具特色,在全国范围内产生较强的影响力。

1. 文创品牌内涵及其概况

提到文创品牌,我们不禁想到美国好莱坞《米老鼠与唐老鸭》、日本的《聪明的一休》等,这些国际文化品牌在世界范围内广泛传播。纵观每一个文创品牌,其背后都有一个砥砺前行的故事,大都缘于某位创业者及其团队和后来跟随者的执着追求及不断创新,树立了特定的标识符号,植根于消费者心中,展现了持续的吸引力,从而使其文创品牌成为其文化产业持续发展的引擎。

(1) 文化创意品牌：引领时尚符号

文创品牌是一种能够让消费者对文化产品或文化服务产生购买或使用倾向的内在气质。文创品牌可以使一个文化企业或文化产品更有个性、更有魅力、更令人难忘，甚至可以变成一种表达使用者身份、地位和体现个人自我价值的标志，为消费者进行品牌识别提供凝聚力和参照物，使得品牌易认易记。当消费者接触到这一特定品牌的文化产品时，知名企业的品牌或商标可以立即在消费者的脑海中构筑起该文化企业的形象。某一文化产品品牌只专属于某一家文化企业，而不能同时属于几家文化企业，或者只专属某一文化企业集团。文创品牌一般来说是无形的，是一种口碑，它一般表现为"注意力"经济。它本身没有物质实体，往往是通过中介或间接的物质载体或服务行为表现出来，不占有任何物理空间，但能够表达和传递丰富的符号形象。文创品牌可以使购买者和使用者持续、集中地获得相关信息，并且满足消费者需要的实用价值。

(2) 推陈出新理念：业态渗透加强

我们知道，文化对各行各业具有很强的渗透性，文化的这种渗透性决定了基于文化开发利用而形成的文创品牌也具有很强的渗透性，这种强渗透性是品牌市场价值的体现，文创品牌由此衍生出新的业态，行业之间的边界显得越来越模糊，使我们在其他行业中也可以看到文创品牌的影子和影响力。1929年，一位商人将米奇形象放在写字板上，衍生品产生了。从此以后，迪士尼、小破孩、变形金刚等国外动漫品牌均开发了衍生产品。国内的也不少，例如，动漫品牌喜羊羊、灰太狼、光头强等，让许多小朋友着迷，相关的产业在生产文具盒、书包、水杯时，将这些可爱的动漫形象印制到产品上。加上了动漫形象的产品，到市场上能够给人视觉上的冲击，事先消费者对这个符号的认定直接影响对后来的产品的认可，因此，颇受欢迎。

(3) 品牌活力保持：创新方能保鲜

任何一个百年品牌都是与时俱进的典范，通过创新掌握着品牌的命运。品牌发展过程中危险与机遇共存，危机可能起源于品牌的内部因素，又可能因为外部的经济环境而引发。如何应对危机，考验着一个品牌的危机意识和生存能力，对品牌的长久发展至关重要。文创品牌亦是如此，任何一个文创品牌都需要创新，在激烈的市场中创新，不然在品牌的竞争下，很容易被新的同类品牌所替代。

2. 湖湘文创品牌特色

湖南文创品牌涉及的文化产业行业门类多，已形成自己的特色，品牌使得文化产业行业门类之间相互渗透，也渗透到国民经济其他行业，品牌地域扩散力强，传播范围广。

（1）涉及门类较多

从入选中国文化品牌的湖南文化品牌（见表10-1）及湖南本省在2014年评出的文化品牌40强（见表10-2）中，我们发现，湖湘文化品牌涉及的门类较多[①]。本书中提出的湖湘十大文创品牌，是在入选全国文化品牌的湖南品牌和湖南本省评出的文化品牌40强中，根据品牌发展的持续性及其所展示的市场竞争力筛选出来的文化创意产业品牌，既考虑了文化产业行业发展的需要，又兼顾了有发展潜力的知名文化产业园。

表10-1 入选中国文化品牌的"湘"字号

年度	文化品牌名称
2005	《体坛周报》
2006	《潇湘晨报》（湖南报业的后起之秀）、湖南出版投资控股集团（传统出版集团的改革领骏）、《超级女声》（电视娱乐节目品牌的先行者）、湖南卫视（中国最具影响力的电视娱乐品牌）、金鹰卡通卫视（中国第一个卡通概念卫星电视）、虹猫（中国青少年的动漫新宠）、湘西凤凰（魅力古镇，凤凰有声）、长沙歌厅现象（众文化英雄的崛起）、星沙湘绣城（熬过寒冬的潜龙）

[①] 国家统计局发布了《文化及相关产业分类（2012）》、《文化及相关产业分类（2018）》，《文化及相关产业分类（2018）》与《文化及相关产业分类（2012）》相比，大类由10个修订为9个，中类由50个修订为43个，小类由120个修订为146个（新增12个）。

续表

年度	文化品牌名称
2007	《恰同学少年》（中国首部"红色青春励志偶像剧"）、《快乐男声》（2007我最闪亮）、长沙政法频道（用品牌领跑的都市媒体）、湖南日报报业集团（吹响"报业湘军"集结号）、山猫（一个洋装在身的中国动漫品牌）、长沙酒吧一条街（越夜越美丽）
2008	快乐购（品牌传媒，快乐营销）、"脚都"长沙（"脚"下产业路何宽）
2010	长沙女性频道（蝶舞春秋 魅力境界）
2011	《天门狐仙》（人与上帝联手的山水音乐实景剧）、拓维信息（小手机，大事业）、酷贝拉（体验教育"第一城"）
2012	地方综合网站品牌"红网"（涛头弄潮，网络传响）、新媒体购物品牌"快乐购"（快乐旋风，品牌经营）、文化新业态品牌"青苹果数据中心"（数字出版行业的翘楚）、传媒集团品牌"中南传媒"（抢占蓝海的传媒龙头）
2013	华声在线（领跑全媒体传播中华声）、天舟文化（民营书业第一股）
2014	《爸爸去哪儿》（品质造就品牌，品牌创造价值）、魅力湘西（旅游大戏，文化盛宴）
2015～2016	芒果传媒、华强动漫
2017～2018	湖南博物馆

资料来源：根据《中国文化品牌报告》编委会、欧阳友权等编2006、2007～2010年《中国文化品牌报告》（中国市场出版社），欧阳友权主编2012～2019年《中国文化品牌发展报告》（社会科学文献出版社）整理。

表10-2 湖南文化品牌40强

行业门类	品牌名称
新闻出版发行服务品牌	《体坛周报》、湖南日报报业集团、《潇湘晨报》、中南传媒、湖南教育出版社、湖南新华书店、天舟文化、天闻印务
广播电视电影服务品牌	电广传媒、潇湘电影集团、湖南卫视、快乐购、超女快男、《快乐大本营》、《爸爸去哪儿》
文化艺术服务品牌	北纬国际传媒、娱传媒、和光传媒、中广天择、酷贝拉
文化信息传输服务品牌	青苹果数据中心、拓维信息、红网、华声在线、天闻数媒、快乐阳光
文化创意与设计服务品牌	宏梦卡通、金鹰卡通、山猫卡通、湖南华强
文化休闲娱乐服务品牌	红太阳演艺集团、湖南大剧院、《张家界·魅力湘西》、《天门狐仙·新刘海砍樵》、琴岛演艺

续表

行业门类	品牌名称
工艺美术品生产品牌	中国红瓷器、湖南省湘绣所、金煌瓷艺
文化产品生产辅助生产品牌	华凯创意
文化用品生产品牌	浏阳花炮

注："湖南文化品牌40强"入选的40个品牌，是2014年经过省内企业举荐、专家评选，并报批湖南省文产办审批后确定的，其排列方式遵照国家统计局发布的《文化及相关产业分类(2012)》标准排序。

（2）行业渗透性强

湖湘文创品牌对国民经济相关行业具有较强的渗透力，缘于相关行业创新发展的需要，也是文化的强渗透性使然。尽管我们的动漫品牌近年来发展缺乏活力，但相关行业对这一品牌的开发利用值得一提，如，《蓝猫淘气3000问》，在影像制品、图书出版等同文化行业的融合发展就取得了很好的效果，蓝猫图书达400种，影像制品达300个系列。其他如玩具、服装、童鞋、食品、钟表、饮料、医药、电子用品等衍生产品也被开发出来。据统计，由"蓝猫"衍生出的各种产品，每年的产值就有20多亿元。运用《体坛周报》品牌，催生"体坛+"模式。

（3）地域扩散力强

文创品牌是一种文化精神方面的品牌，其传播比物质品牌更加容易，尤其是在互联网社会，有了手机移动网络终端设备的支持，这种传播更加方便快捷，更能突破地域空间。如今，湖湘文创品牌的影响力已扩散到全国。以湖南卫视为例，传媒1号联合索福瑞、美兰德、艺恩、酷云、尼尔森等数据公司联合发布2019年上半年收视及网络传播成绩单，湖南卫视强势领跑，依然是各项指标名列榜首，相比第二名拉开了很远距离。在索福瑞的"传统家庭网"中，湖南卫视拿下三榜状元（见表10-3）。在收视效果上，根据勾正数据，在2019年上半年智能电视端剧集排名TOP5中，湖南卫视的《知否知否应是绿肥红瘦》《逆流而上的你》《少年派》分别占据第一、第二、第三位。

表 10 – 3 2019 年上半年索福瑞省级卫视数据统计

单位:%

索福瑞全国网		索福瑞 55 城		索福瑞时移	
频道	收视份额	频道	收视份额	频道	收视份额
湖南卫视	2.69	湖南卫视	2.73	湖南卫视	10.41
浙江卫视	2.14	浙江卫视	2.50	浙江卫视	6.32
江苏卫视	1.94	东方卫视	2.33	东方卫视	4.12
东方卫视	1.23	江苏卫视	2.30	江苏卫视	3.63
北京卫视	0.97	北京卫视	2.31	北京卫视	2.21

注:此表统计时间段为 2019 年上半年,全天时段。研究统计机构为索福瑞。

3. 影响力与地位

湖南文创品牌在全国有不少叫得响的,"电视湘军""出版湘军""动漫湘军""娱乐湘军"等品牌已经形成,品牌效应已经产生,品牌市场在不断拓展,湖南文化软实力相应得到较大提升。

(1) 品牌"湘军"劲旅崛起

湖南文化产业起步早,发展快,亮点多,贡献大,产生了诸多"湘"字号文化品牌,形成了享誉全国的"湖南文化现象"。"电视湘军""出版湘军""动漫湘军""娱乐湘军"创造了一个个产业佳话。崛起于湖南的中南传媒、湖南卫视、中广天择、快乐购、红网、新湖南等,以及由此形成的"电视湘军""出版湘军"等文化创意品牌,融合互联网媒体不断转型升级,增强了湖南品牌的传播力,拓宽了文化品牌的覆盖面,并创造了产业附加值,形成了跨界、渗透、融合、提升的发展态势。

(2) 品牌效应拓展市场

经济品牌与本土文化相融合对经济品牌打开市场尤为重要。在文化创意领域,每一个文化品牌要被外界市场接受,同样需要外界市场接受其中的文化。我们已经培育出来的湖湘文创品牌,其包含的湖湘文化历史悠久，为全国广大消费者所理解和接受，容易为市场接受。除此之外，现代性文化与湖湘文化融合在当今的文创品牌中，更加助推湖湘文化创品牌走向市场，形成一股文创领域的"湘风"。从统计数据来看，湖南卫视2020年跨年晚会以3.8%的直播关注度和23%的市场占有率勇夺第一桂冠，央视排名第二。①

(3) 品牌价值提升文化力

湖湘文创品牌蕴藏着丰富的精神资源，是一个具有巨大激励作用的价值坐标，能释放湖南"智造"的创新活力，提升湖南文化软实力。在实现中华民族伟大复兴中国梦的征程中，可以借助湖南文化品牌的力量，把历史文化与地域文化、民族精神与时代精神结合起来，让湖湘品牌的优秀基因成为培育社会主义核心价值观的有生活力，并将其运用于文化强省建设，弘扬湖南精神，传承湖湘文化，讲好湖南故事，使湖湘文创品牌更好地承载社会主义核心价值观。

二 湖湘十大文创品牌及其评价

在湖南本省评选出的文化创意产业品牌和"湘字号"全国文化产业品牌中，根据品牌的市场效应和带动效应，再结合文化创意产业未来的发展趋势，我们选出了十大文创品牌，并对每一品牌进行评价。

1. 湖南卫视：中国青春梦工厂

湖南电视台是湖南省最权威的电视机构，1997年1月1日，湖南电视台第一套节目正式通过亚洲2号卫星传送，频道呼号"湖南卫视"，国际互联网域名为 www.hunantv.com。湖南卫视上星播出之后，推出了一系列名牌栏目，在国内外产生了广泛影响，被中国媒体誉为"快乐旋风""玫

---

① 采用识微科技分析结论，识微科技从酷云EYE获取数据。

瑰花香"的"湖南电视现象",湖南卫视风靡大江南北。

（1）唱响年轻的梦

湖南卫视品牌的受众中有一支重要的力量,那就是年轻人。让多个主持人主持节目,让受众观看的时候,有参与感,这是获得成功的要诀。众所周知,即兴喜剧是在当代年轻人中流行的新兴剧种,受到了城市青年的追捧,湖南卫视真正做到了让表演丢掉剧本,充分体现舞台的未知感和丰富感。通过加入观众给予的即兴元素,展开新的故事线,不仅锻炼了演员的随机应变能力,也让观众充分融入创作中,将台上台下的每一个人都连接在了一起。如《天天向上》《我想和你唱》《快乐大本营（1997）》《玫瑰之约（1998）》《新青年》《音乐不断（1998）》等节目平台,由嘉宾和观众进行演绎,将舞台的魅力最大限度地展现了出来,获得了更多受众的关注度。"在一起、更青春""梦飞扬、更青春","加速中、更青春""越欢聚、越青春""越前行、越青春""越新鲜、越青春"……历数这些年来湖南卫视打出的品牌口号,可以这么说,湖南卫视是有"青春情结"的,堪称不折不扣的"青春控"。2018年5月25日,湖南卫视推出了"快乐中国,奋斗吧青春!"的频道呼号,再次展现了青春符号,吸引了大批有为青年。

（2）创新求变抓收视

湖南卫视一直保持高收视率,与其不断创新有着密切关系。电视发展处在一个社会转型、模式迭出、强化规则的高速变化期,媒体生态、传播格局、政策环境、事业要求不断发生巨变,如何摆脱对路径和经验的依赖,引领内容和产业的创新,适应业态和市场的变化,湖南卫视始终在"变",走不寻常的路。在娱乐节目大行其道的大环境下,湖南卫视做了《县委大院》《绝对忠诚》《湖南好人》等充满正能量的系列片;在惜时如金的频道编排中,湖南卫视打造"730文化带",推出文化礼仪公益节目《中华文明之美》,拿下同时段收视冠军;在奇特三观与八卦绯闻挣眼球抢话题的现实流下,湖南卫视逆向打造《新闻大求真》栏目,四年如一日,行程 25 万公里,到最艰苦的 150 所村落小学宣传普及科学知识。

(3) 受众遍及全国

从近几年湖南卫视频道、节目、剧场的收视率和收视份额统计表看,作为一个媒体品牌,其受众之多,不愧为全国卫视中的领跑者(见表 10-4、表 10-5、表 10-6)

表 10-4 湖南卫视频道收视情况

单位:%

日期	收视率	收视份额
2012 年 1~7 月	0.44	2.82
2013 年	6.06	—
2014 年 7 月 1 日~8 月 31 日	0.79	6.08
2015 年	0.5	—
2016 年 1~3 月	0.56	4.23

资料来源:排行榜网(www.phbang.cn)。

表 10-5 湖南卫视节目收视情况

单位:%

日期	节目名称	收视率	收视份额
2012 年 12 月 31 日	2012~2013 湖南卫视跨年演唱会	4.5	13.2
2013 年 12 月 27 日	《爸爸去哪儿》	4.92	22.06
2014 年 8 月 29 日	《爸爸去哪儿》第二季	2.46	13.21
2015 年 12 月 31 日	2015~2016 湖南卫视跨年演唱会	3.59	14.27
2016 年 2 月 8 日	"文化中国·四海同春"2016 全球华侨华人春节大联欢	1.75	5.07
2016 年 2 月 12 日	《我是歌手》第四季	1.39	7.3
2016 年 3 月 25 日	《我是歌手》第四季	1.0	5.94
2016 年 2 月 13 日	《旋风孝子》	1.17	6.67
2016 年 4 月 9 日	《旋风孝子》	1.28	7.74
2016 年 5 月 1 日	《透鲜滴星期天》	1.03	5.81
2016 年 5 月 7 日	《我想和你唱》	1.14	7.94

资料来源:排行榜网(www.phbang.cn)。

表 10-6　湖南卫视剧场收视情况

单位:%

日期	剧集名称	收视率
2011 年 1 月	《一不小心爱上你》	1.21
2012 年 8 月 28 日	《童话二分之一》	1.6
2013 年 8 月 5 日	《天天有喜》	5.22
2014 年 10 月 20 日	《因为爱情有奇迹》	2.63
2015 年 8 月 4 日	《冰与火的青春》	3.02
2016 年 3 月 10 日	《因为爱情有幸福》	1.12
2016 年 5 月 12 日	《小丈夫》	1.77

资料来源：排行榜网（www.phbang.cn）。

2. 中南传媒：中国文化产业新航母

中南传媒（中南出版传媒集团股份有限公司）由湖南出版投资控股集团有限公司主营业务和资产重组改制而来，成立于 2008 年 12 月 25 日。中南传媒经营业务涵盖图书、报纸、期刊、音像、电子、网络、动漫、电视、手机媒体、框架媒体等多种媒介，集编辑、印刷、发行各环节于一体，是典型的多介质、全流程、综合性出版传媒集团，形成了出版、印刷、发行、报刊、新媒体、金融六大产业格局。

（1）催生创造，致力分享

"催生创造，致力分享"，作为中南传媒的新广告语，表明了中南传媒在文化产业大发展时期的使命和自身价值观。中南传媒基本发展思路是"多介质传播文明，全流程创造价值"，而打出新广告语"催生创造，致力分享"，是公司认为要把催生创造的能力放在第一位，核心的工作就是催生最好的作家和作品（见表 10-7）。基于此，中南传媒从关注介质品种的多少，转而关注文化产业最核心的使命和价值实现。分享渠道因时而变，中南传媒旗下的新华书店、天闻数媒、红网都是分享渠道，适用了互联网时代发展的需要。"致力分享"是一个全方位的分享，既是产品的分享，也是产品所获得利益的分享。分享理念既是渠道建设的要求，也是价值观上的要求。中南传媒为读者提供值得分享的内容,创造更多的平台和渠道,把自己的产品通畅地提供给大家分享,分享的不只是作品,还有社会价值和经济价值。

表 10-7　湖南出版集团广告语变更

提出年份	广告语
20 世纪 80 年代至 90 年代中期	立足湖南走向世界
1995 年	湖南人能吃辣椒会出书
2009 年	多介质传播文明,全流程创造价值
2015 年	催生创造,致力分享

资料来源:湖南出版集团网站(www.hnpg.com.cn)。

(2) 出版方阵老将新姿

中南传媒扎实稳进,连续十一次入选全国文化企业 30 强,综合实力位居世界出版企业 10 强。中南传媒在全国图书零售市场占有率排名第二,高居地方出版集团榜首。2019 年一至三季度,作文、科普、艺术、传记综合板块在全国零售市场排名第一;图书《乡村国是》获得中宣部"五个一工程"特别奖,《中国民营经济四十年》等图书入选"2018 年度中国好书",《世界佛教美术图说大典》等 7 种图书获评第七届中华优秀出版物,《大国飞跃》等 3 种选题入选中宣部 2019 年主题出版重点出版物,《王琦全集》等 19 个重大项目完成出版,作品《H5 | 改革开放 40 年·长沙有多"长"》荣获第二十九届"中国新闻奖"一等奖。[1]

(3) 传媒股助力造航母

2010 年 10 月 28 日,中南传媒在上海证券交易所挂牌上市[2],募集资金 42.43 亿元,超募 130%,成为我国第一支全产业链整体上市的出版传媒股。到 2019 年 12 月,中南传媒市值突破 200 亿元,稳居全国出版

---

[1] 《抢占文化制高点"广电湘军""出版湘军"为什么能?》,《湖南日报》2019 年 12 月 24 日。

[2] 中南传媒股票代码:601098。

上市公司首位。上市融资为中南传媒的创新融合发展注入了活力，集团具有战略意义的想法顺利进入操作层面，张开了创新的翅膀，将这艘出版航母驶向更宽更远的地方。2019年，中南传媒产品和资源数字化、富媒体化与互联网化取得突破性进展，融合发展走在全国前列。旗下红网对虚拟云演播、AI短视频、微视频、动漫、动图、H5、手绘、快闪、海报等新技术新手段充分运用，实现了新闻作品的融合创新，同时，积极推进县级融媒体中心建设，在全省14个市州建成多个融媒体中心示范点。

3. 湖南日报报业集团："全"时代全新启航

湖南日报报业集团于2001年10月31日成立，拥有15家传媒机构，一级产业公司包括全资子公司6家、控股公司2家、参股公司3家，拥有一家专门的新闻研究机构——湖南日报新闻研究所。进入全媒体时代，湖南日报开疆拓土，开启了新的航程。以《湖南日报》为龙头的湖南日报报业集团，在应对新媒体挑战中，旗下的《三湘都市报》和"华声在线"率先开创报网深度融合的"全媒体"时代。

（1）数字出版与传统出版并驾齐驱

砥砺70载，《湖南日报》书写辉煌的"湖南日记"。从单兵到团队，由报纸至报业，再经报业迈步走向现代媒体军团，湖南报人努力开拓探索现代传媒的创新创业之路。在传统与创新结合的问题上，数字出版与传统出版并驾齐驱，满足了不同年龄、不同习惯偏好的受众的阅读需求。传统印刷这一块，伴随着湖南日报报业集团的改革发展，集团印务中心发生了翻天覆地的变化。新建成的印务中心，年印刷量超10亿对开张，销售收入超过1.5亿元，成为报社产业发展、经营创收的中坚力量之一。湖南日报报业数字版（《湖南日报》《三湘都市报》《文萃报》《大众卫生报》《科教新报》）与纸质版同时发行，人们获得三湘大地的信息更加方便快捷。《湖南日报》连续4年被列入"全国省级党报十强"。

（2）发展篇章鼓人心

风行70载,《湖南日报》见证了三湘大地70年巨变。"湖南在线""今日要闻""市州要闻""三湘时评""经济视野""文化视野""每周评论""湘江副刊""湖南印象"等栏目把湖南的发展及时展现在三湘儿女面前,既留下珍贵的记忆,也鼓舞人心。一张张新闻纸,始终激荡着湖南经济、政治、文化的主流声音,展现了湖南人民奋发进取、励精图治的精神风貌。一直以来,《湖南日报》传递党的方针政策,反映基层群众心声,传播真善美的事迹。其他报纸以各自独特的视角,同样在宣传党的政策,讲述发展成就,反映美好时代。

（3）勇于开拓闯新路

湖南日报传媒中心由文化事业大楼和文化产业大楼组成,是一个集传媒内容生产、新媒体运营、文化产业经营于一体的现代传媒基地,一个集展示、编辑、发布、直播等多种功能于一体的现代传播平台,一个集文化传播、文化传承、文化创意于一体的现代城市综合体。湖南日报报业集团还积极抢抓文化产业发展的大好机遇,开创媒体运营文化产业新路子,把产业的触角伸向文化旅游、文化艺术品交易。如湖南日报报业集团投资的湖南洪江古商城文化旅游产业投资股份有限公司[①],首开媒体参与文物保护、旅游文化资源开发的先河;集团控股的联合利国文化产权交易所,开辟文化艺术品新型交易平台[②]。产业化运营取得实效。

4. 红网：中国最"红"的地方新闻网

快速发展的互联网不仅改变了传播模式、传媒格局,也正在颠覆传统媒体的命运。传统媒体只有强化互联网思维,创新新闻传播业态释放新闻

[①] 湖南洪江古商城文化旅游产业投资股份有限公司于2011年5月27日在怀化市工商行政管理局登记成立,法定代表人为叶文智。

[②] 《文化湖南新起航》,华声在线,http：//www.voc.com.cn/Topic/article/201305/20130515084418 7924.html。

生产力,才能顺应时代发展变化。在这样的背景下,红网应运而生,于2001年成立,定位为"立足湖南、服务湖南、影响湖南,传播湖南影响",是湖南省委、省政府重点新闻网站和综合网站。顺应移动化、社交化、视频化、互动化趋势,红网注重技术建设和内容建设相互融合,已经成为中国地方新闻网站著名品牌,2015年获"2013~2014中国最具品牌影响力传媒网站"奖项[①]。

(1) 地方新闻影响全国

尽管红网是一个地方新闻网站,但是其不断开拓创新,策划也独具匠心。红网成功策划了"献计献策""解放思想大讨论""感动中国十大小人物评选""省委书记网上拜年""十四市州委书记拜年""百名县(市、区)委书记大拜年"等系列活动,在国内形成了广泛的影响力。一项项荣誉桂冠被红网摘下,《红辣椒评论》《百姓呼声》栏目分别获得第十七届、第十八届中国新闻奖新闻名专栏(一等奖),成了全国唯一一家连续两年荣获中国新闻奖名专栏奖的新闻单位。专题《中国志:改革开放30年》荣获第十九届中国新闻奖网页设计类一等奖。

(2) 红出三湘和四水

湖南全省各市州及县市区均建有红网分站。此外,还建有长沙县网上群众工作部红网分站、株洲云龙新区红网分站、湘潭昭山示范区红网分站、永州回龙圩管理区红网分站、湘西经开区红网分站等。各网站设立了丰富多彩的栏目,传递着党的政策,也传递了三湘四水的点滴变化。

(3) 网络流量出效益

红网主要提供新闻资讯发布、视频直播、论坛博客、湖南手机报、框

[①] 2006年以来,中国人民大学新闻学院、复旦大学新闻学院、北京大学新闻与传播学院、清华大学新闻与传播学院、中国传媒大学、武汉大学新闻与传播学院、华中科技大学新闻与信息传播学院、暨南大学新闻与传播学院、厦门大学新闻传播学院、南京师范大学新闻与传播学院等中国十大顶级新闻学院联合主办的中国品牌媒体高峰论坛先后在沈阳、北京、张家界、黄山、桂林、银川成功举办了六届。在第七届中国品牌媒体高峰论坛上,红网获得"2013~2014中国最具品牌影响力传媒网站"荣誉称号。

架传媒、英文频道、无线增值业务、舆情监控等多种服务。开拓发展的无线增值业务、网络电视、网络技术服务、电子商务、网络游戏等业务，创新了红网的盈利模式。如红网与联盛联合推出湖南大型休闲网络游戏《白金岛》。门户网站变现的基本逻辑是以大流量为基础，通过广告、流量分发、游戏、电商、增值业务等实现变现，而红网没有大流量，却产生了可观的收入。2016年，红网营收8000万元，2019年，近4亿元，3年涨了3亿元。① 红网成功的秘诀在于利用本地流量基础培养忠诚用户、依靠本地化属性增强产品渗透能力、利用较强权威性的内容和舆论干预引导能力、将渠道无限细分增强触达能力。

5. 华声在线：创新无极限，畅享全媒体

华声在线是国家级地方重点新闻网站，成立于2001年5月。2008年3月，华声在线与湖南在线整合，仍取名华声在线，意为"中华声音"。华声在线旨在聚合民意，从平民视角出发，听民声，察民意，汇民智，让平民草根充分表达，让弱势群体自由发声，打造"精选民意平台，中国草根门户"。华声在线荣获2009中国新媒体十大领军品牌、2013中国文化品牌企业、"2018~2019中国媒体融合创新最佳品牌奖"② 等荣誉。

（1）奏响中华之声音

正如网站所取"中华声音"之本意，华声在线力求发现并搜集百姓诉求，帮助百姓发声。华声在线设有湖南在线、新闻、专题、评论、投诉、论坛、图片、视频、文旅、社区、舆情、消费、经济、房产、华声慈善、教育、汽车等栏目，设立了14个市州频道，频道还设立了湖南卫计之窗、华声娱乐、华声在线影视、湖南文化创意中心、华声在线文创频道、华声

---

① 据2019第四届中国产经媒体融合发展高峰论坛上湖南红网新媒体集团党委副书记、总编辑贺弘联提供的数据整理。
② 2019年4月18日，第九届中国互联网品牌大奖颁奖盛典暨第三届新媒体融合创新发展高峰论坛在湖北省十堰市举办，论坛宣布华声在线荣获"2018~2019中国媒体融合创新最佳品牌奖"。

历史、华声教育、华声湘江、华声健康、华声艺投、华声大世界、华声文体、华声公益、华声精准扶贫、华声长沙事、华声红培等。华声在线通过这些栏目和频道及时地将不同行业、不同领域及百姓的声音汇入中华大家庭。百姓通过该网站可以快速便捷地了解到身边及各地的事情。

（2）创新畅享全媒体

华声在线依托湖南日报报业集团综合优势，实现报网融合，从无到有、从小到大、从弱到强、从单媒体到全媒体，从单一新闻发布到多方位拓展，实现了跨越式发展。进入华声在线网站就如到了一座大型卖场，资讯、产品、创意汇集于此。从传播模式而言，传统、单一的媒体传播与营销模式趋于多元、互动。媒体不仅以文字、图片、音像、短信等形式提供最快的资讯，同时以最热情的姿态提供维权、帮助服务，更以最开阔的视野告诉人们如何赚钱、如何花钱；受众不再是被动的"靶子"，爆料、播新闻，每个人都可以过把当记者的瘾，甚至可能成为粉丝众多的意见领袖；玩转一座城市、吃遍美食、低价团购、走进社区俱乐部等，栏目众多。华声在线打造的就是这样一个全媒播报、全民发声、互动共享的平台。

（3）链条完善创收益

从"蓄芳待来日"，到"花开春自来"，再到迈入资本市场门槛后"居高声自远"的期许，华声在线从论坛创新到聚合创新，再到融合创新，一步一个脚印，脚踏实地，已完成了从"小华声"（华声在线网站）到"中华声"（三湘华声全媒体），再到"大华声"（整合湖南日报报业集团经营性传媒业资产的华声在线股份有限公司）的三次蜕变，发展成为一个以互联网为核心，覆盖网站、报纸、杂志、移动终端、数字出版、户外大屏、网吧连锁、电商平台、文化地产、文化金融等的跨媒介、跨区域传播平台的现代媒体集团。在融合发展的过程中，通过转型创新驱动，文化与科技的融合、传统媒体与新型产业的融合两个方面形成了明显的突破。以传媒创新为驱动，打造了湖南百公里、湖南文创大赛、湖南车展、湘菜盛典、全域旅游整合传播等系列品牌活动。公司产业链条日趋完善，产业事业齐头并进，传媒价值远播四海。

6. 湖南省演艺集团：唱响湖南，蜚声全国

湖南省演艺集团把"让湖南演艺唱响湖南，领跑中部，蜚声全国，走向世界"作为光荣使命。集团由省杂技艺术剧院、省话剧院、省歌舞剧院、湖南交响乐团、湖南大剧院、省演出公司、湖南文化娱乐中心、湖南文化音像出版社、省文化物资公司、省文化艺术培训中心等单位及若干合作机构组成。演艺集团以人民为中心，以改革出活力，以创新求发展，"出人才，出精品，出效益"，已成为国内外颇具影响力的演艺品牌和湖南文化强省建设的重要力量。

（1）舞台演艺美丽人生

演艺集团的舞台不仅在室内，还在室外山水之间。从《青瓷》到《沧浪之水》，湖南省话剧院根据小说改编并演出的剧目都受到了大众的欢迎，而且经演不衰。2017年演艺集团与常德市经山水投资有限公司在常德穿紫河沿岸共同打造大型灯光风情实景秀《梦回穿紫河》，充分挖掘常德丰厚的人文底蕴，赋予穿紫河风光带浓郁的水乡风情，将现代声光电与精彩演艺融为一体，让游客乘坐游船，穿行在桨声灯影里，体会惊艳，寻回乡愁，常德历史人文画卷与河岸美轮美奂的景观交相辉映。其他精品如《潇湘水云》《十八洞》《通道转兵组歌》《桃花源记》《芙蓉花开》《灰姑娘》[①]《万水千山》[②]等数不胜数。2019年，演艺集团推出"华人文化大讲堂2019全新起航话剧专场"。

---

① 根据德国格林童话改编的儿童剧。
② 话剧《万水千山》是第一部全景反映长征的作品，也是红色经典系列中最有代表性的艺术作品之一。1953年和1975年该剧前两版上演，毛泽东和邓小平两代领导人观看了该剧。2011年复排大型话剧《万水千山》。全剧共九幕，描写和歌颂了中国工农红军在遵义会议之后，在以毛泽东为核心的党中央的正确路线领导下，克服艰难险阻，在二万五千里长征中所涌现的可歌可泣的故事。

（2）蜚声全国走向世界

大型舞剧《边城》先后荣获"五个一工程"优秀作品一等奖、"文华大奖"、中国曹禺戏剧奖·剧目奖。[1] 复排大型话剧《万水千山》沿着长征走过的省份巡演，成为建党90周年全国重要的文化现象之一。《桃花源记》[2] 2016年全国巡演42场，2018年全国巡演30场。2019年话剧《沧浪之水》全国巡演25场。2016年以来，集团推出"纯粹中国"国际演出计划。2018年，世界巡演396场，足迹遍布三大洲13个国家20多个城市。其中"纯粹中国"杂技剧《梦之旅》在美国驻场及巡演，《我们的圣诞夜》在德国驻场突破300场，再续中国杂技现象，抒写湖南演艺境外演出新篇章。同年，集团与波兰艺术圈基金会、德国汉诺威剧场签订文化合作协议并展开一系列合作，举办"波兰艺术圈中国行"与《我们的圣诞夜》德国汉诺威杂技驻场演出等，迈出了国际交流新步伐。

（3）文化强省贡献力量

作为"演艺湘军"的重要力量，湖南省演艺集团在扛起社会责任的同时，努力做强产业，为湖南文化强省做贡献。2018年，集团全年完成惠民演艺178场，"雅韵三湘"104场。产业建设方面，一是抓观众，对《桃花源记》《梦之旅》《袁隆平》《通道转兵》《潇湘水云》等现有剧目进行反复打磨，使之常演不衰，此外，加强编创力量，推出新作；二是培育产业新业态，推动传统演艺提质升级，催生演艺新业态，实现产业新突破；三是建立院线连锁，推动消费升级，构建省市县营销体系，追求流量共享；四是盯住文旅市场，寻求文旅融合，对舞台艺术作品进行旅游化包装和碎片化输出。2018年首个省外文旅融合项目——第九届遵义旅游产业发展大会取得圆满成功。

---

[1] 1995年，该剧荣获"五个一工程"优秀作品一等奖；1996年，获得"文华大奖"；1997年，荣获中国曹禺戏剧奖·剧目奖。

[2] 《桃花源记》于2015年9月首演。

7. 潇湘电影集团：扛起"电影湘军"大旗

潇湘电影集团有限公司，前身为湖南电影制片厂，2003年以潇湘电影制片厂为龙头组建了潇湘电影集团（以下简称"潇影集团"），并被列为全国七大电影集团之一。经过努力，潇影集团已成为中国最重要的电影集团之一，在全国有一定影响力，是"文化湘军"中的旗舰团队。集团下辖公司涉及电影产业链的多个环节，已涵盖影视制片生产、营销发行放映、院线影院经营、电视媒介传播、影视器材租赁、影视艺术培训、电子音像出版、文化地产开发等多元产业，形成了制、发、放一条龙，多种产业共同繁荣发展的全新经营模式。

（1）深挖题材出电影佳作

文艺电影如《那山那人那狗》《无问西东》，口碑电影如《神秘巨星》，纪录片《厉害了，我的国》，主流影片如《湘西剿匪记》《毛泽东和他的儿子》《刘少奇的四十四天》《秋收起义》《国歌》《英雄郑成功》《毛泽东在一九二五》《毛泽东去安源》《郑培民》《青藏线》《袁隆平》等，与思远影业公司合作的武侠经典《新龙门客栈》等一直被观众津津乐道，让人百看不厌。潇湘电影集团创造的这些电影作品为湖南文化产业的发展做出了积极的贡献，在中国电影画廊上留下了一道道亮丽的风景。

（2）品牌电影红大江南北

潇影集团先后有四十多部作品在国际、国内荣获大奖，其中《湘西剿匪记》、《新龙门客栈》、《凤凰琴》、《那山那人那狗》、《国歌》、《英雄郑成功》、《袁隆平》、《辛亥革命》、《湘江北去》、《毛泽东与齐白石》和"红色伟人系列"等优秀影片影响深远，为中国电影的发展做出了历史性的贡献，从而缔造了潇影的品牌形象，奠定了潇影在电影行业中的前列地位。

（3）电影品牌创电影票房

潇影集团大力拓展渠道和媒介平台，不断打造电影产业链。2000年成立的潇湘影视传播有限公司（潇湘院线），是全国第一批按院线制进行运作的专业院线公司，截至2014年，潇湘院线旗下影院达到139家，银幕突破500块。① 集团旗下潇湘电影频道自2005年12月开播以来，通过创新节目品牌，提升播出质量，收视率不断攀升，在覆盖、播出、宣传上实现了新突破，成为潇影的优势资源。2018年第一季度，潇影集团旗下的潇湘院线创1.72亿元票房，观影人次545万。湖南省发展的20多条院线中，潇湘院线是唯一首季度省内票房破亿的院线，稳居湖南第一。潇湘院线票房周排名在2019年首次冲进全国二十强。②

8.《体坛周报》：进军全媒体

《体坛周报》于1988年创立。2001年中国世界杯出线时创下期发量262万份的纪录。2004年，据《中国500最具价值品牌》估算，《体坛周报》品牌价值5.2亿元。③ 2005年中国文化品牌报告如此评价：《体坛周报》是中国体育报刊的全球领跑者。2010年，《体坛周报》进入"中国体育品牌商业价值百强"榜单。④ 如今《体坛周报》进军全媒体，继续扩大影响，是中国亿万球迷、棋迷和其他体育爱好者钟情的体育媒体。

（1）体育赛事精彩播评

《体坛周报》设有国际足球、中国足球、NBA、中国篮球、综合、电竞、彩票等栏目，纸媒时代满足了体育爱好者的需求。有足球赛的地方就

---

① 数据来源于潇影集团官网。
② 《潇湘院线票房周排名首次冲进全国二十强》，排行榜网站，https://www.phbang.cn/pics/2019/195670_3.html。
③ 《体坛周报》列入2004年"中国500最具价值品牌"排行榜。这一排行榜，是由世界品牌实验室（WBL）和世界经济论坛（WEF）在世界品牌大会上共同公布的。世界品牌实验室是世界经理人资讯有限公司的全资附属研究机构，由1999年诺贝尔经济学奖得主、"欧元之父"蒙代尔担任主席，被公认为全球五大品牌价值评估机构之一，其采用的品牌评估方法是目前世界金融和营销界认可和通行的"经济适用法"。
④ 《销售与市场》体育版2010年第10期公布了该杂志社联合中国经济商务协会、中国品牌价值研究中心共同评选出"中国体育品牌商业价值百强"榜单，《体坛周报》被列入其中。

有《体坛周报》足球记者的身影，他们是创造奇迹的体坛周报人。除了关注足球比赛之外，《体坛扣篮特刊》专注于篮球项目，自 2007 年 10 月 27 日开始每期 16 版（周三 8 版），随《体坛周报》全国发行。2016 年，《体坛周报》评选出"中国十大最具品牌价值赛事"。这样一个刊物品牌造就了马德兴、周文渊、许绍连、魏明等足球名记者。

（2）国际化影响广泛

《体坛周报》拥有华人圈最大的专业体育编辑、记者团队，专业人才遍布全球五大洲。应用超过 12 种语言采编世界各地的体育资讯。与 FIFA、FIBA、Beijing Olympic committee、CBA、F1Shanghai、MasterCup、A1Shanghai、SH Golden Grand Prix 等国际体育组织进行合作。周报记者跟随采访世界杯、欧洲杯、美洲杯、英超、意甲、奥运会，不仅宣传中国队的体育精神，还介绍外国球队的拼搏面貌。

（3）进军全媒体不断扩大影响

现今新媒体流行，纸质版报纸作为传递新闻的媒介这一功能大大弱化，大量的新闻 App 和公众号可以做到 24 小时不间断地即时发布新闻，报纸却不可能 24 小时不间断地排版印刷。体坛传媒应运而生，体坛+App、微信、抖音，一系列新媒介跟随互联网的变化而变化，让受众可以多渠道了解体育，不受时空限制。2019 年 8 月，体坛网可以通过购买会员或者充值 T 币直接在线阅读《体坛周报》电子版。尽管阅读电子版成为趋势，体育爱好者也知道，球星退役后可能很少再在公众媒体前露面了，但只要翻到那一份报纸，满页都是自己心爱球星各个不同时期的照片和比赛经历，过去的岁月仿佛也就都回来了，故而纸版仍有市场。

9. 马栏山视频产业园：引领视频生产

2018 年 6 月 26 日，国家广播电视总局批复同意设立中国（长沙）马栏山视频文创产业园，由部省共建。该园紧邻京港澳高速，坐落在美丽的浏阳河畔，三一大道、东二环、万家丽路三条城市快速化主干道交会于此。园区规划发展区 15.75 平方公里，其中核心区（鸭子铺地块）5 平方公里，功能区（生态文旅区、产业辐射区、生活配套区、人才培育区）约 10 平方公里。马栏山视频文创产业园品牌建设有利于促进湖南"创新引领、开放崛起"战略的实施，有利于促进长沙"国家创新创意中心"的建设。

（1）紧抓视频生产不放

马栏山视频文创产业园以视频为方向，用内容做核心，以科技为支撑，形成 IP 研发、推广、交易、体验等上下游产业链，突出创新创意。即围绕数字视频内容生产这一核心，以视频 IP 综合运营为先导，视频内容制作和视频内容数字营销渠道（平台）建设为主导，视频数据运营、视频设备制造、视频电商为支柱，视频内容创意、视频金融服务、视频教育培训、视频软件设计开发、视频版权服务为配套，形成数字视频创意、研发、生产、推广、展示、体验、投资、交易、教育培训、设计与场景式服务、数据服务等上下游产业链条纵深延展，配套产业充分发育、协同发展的数字视频全产业链集群。

（2）筑巢引凤

这是一个新园区，基础设施正在不断完善，园区企业不断增多。2019 年下半年，马栏山视频文创产业园共签约 14 家优质企业。[①] 绿地控股将在马栏山建设超高建筑绿地 V 岛，并引入深兰科技、科创集团、金控集团等重点企业布局马栏山。亚太电竞委员会、笑果文化、竞界电竞、复客中国、泽传媒、优去网络、竞技时代、蓝曦科技、飞熊互娱、中科心客、新界合、新净信、媒美网络等企业将在 5G 科技、全景视频、大数据、IDM 产业集群、人工智能、VR 技术、智慧零售、融媒体平台技术、IP 运营、版权衍生交易、教育资源输出、知识产权保护等多领域与马栏山全面合

[①] 2019 年 9 月 20 日，中国（长沙）马栏山视频文创产业园在上海举行招商推介会，成功签约 14 家优质企业。

作、协同创新。2019年11月30日，2019中国新媒体"看见马栏山"分享盛典上，马栏山视频文创产业园与腾讯、华为、爱奇艺、快手、梨视频、北京文化、国家超算长沙中心举行了现场签约。

(3) "中国V谷"数字世界

马栏山对标中关村突出文化与科技的融合，聚焦数字视频内容生产、版权交易等，大力推进园区建成全国一流的文创内容基地、数字制作基地、版权交易基地，成为极具全球竞争力的"中国V谷"。下一代互联网宽带业务应用国家工程实验室马栏山研究院将力争打造国内大数据、视频业务、人工智能、智慧城市的战略高地，助力马栏山"中国V谷"建设。[①] 2019年3月，"中国V谷"在京推介，观众网华南总部基地、梅兰芳艺术基金会马栏山国艺复兴项目等五个项目成功签约，落户马栏山。2020年3月31日上午，全国首个5G高新视频多场景应用国家广播电视总局重点实验室在马栏山视频文创产业园举行挂牌仪式。重点实验室依托湖南广电内容、资源、品牌、人才优势，以广电5G高新视频多场景应用创新及产业化为核心，重点聚焦5G高新视频多场景应用创新、商业模式创新和内容生产平台研发以及相关传播及监测监管体系研究，为丰富5G业务应用、推动广电供给侧改革、服务国家数字经济发展提供有力技术支撑。

10. 湖南湘绣城：绣传天下

湘绣城位于长沙市星沙开元西路，1987年4月始创[②]，是全国最大的刺绣生产基地及首家国家级非物质文化遗产保护研究基地[③]。

(1) 老手艺叫响文化品牌

湘绣，是我国四大名绣之一，是以湖南长沙为中心的带有鲜明湘楚文

---

① 2019年9月11日上午，下一代互联网宽带业务应用国家工程实验室马栏山研究院正式揭牌成立。
② 1987年4月始创于长沙县水渡河安沙区公所。
③ 2009年5月被中国文联和中国民协授牌为首家"全国非物质文化遗产保护研究基地"。

化特色的湖南刺绣产品的总称,是湖南人民精心创造的一种具有湘楚文化特色的民间工艺,享有"三丝五色夺天巧"之美誉。湘绣历史源远流长,可追溯到2000多年前的春秋战国时期。从长沙战国楚墓和马王堆西汉古墓出土的大量绣品中,可见当时湖南地方刺绣技艺已经达到相当高的高度。据记载,1958年在长沙楚墓中发现的龙凤图案绣品,图案之精美,绣工针法之细腻,令世人叹为观止。1972年又在长沙马王堆西汉古墓中出土了四十余件刺绣衣物,说明远在2100多年前的西汉,湖南地方刺绣即湘绣已发展到了较高的水平。湘绣在湖南民间刺绣的基础上,吸取了苏绣、粤绣、京绣等绣系的优点,清代发展成为刺绣艺苑的后起之秀。

(2) 老品牌绣出新时代品牌

一直以来,湘绣产品以屏风、装饰画、旗袍、围巾、手帕、床上用品等为主要形式,老品牌在日常生活中为人们的生活作点缀。湘绣通过面料创新、图案创新、销售渠道创新等举措实现了老品牌创新。就产品方面的创新而言,或在笔记本封面上,成为双面湘绣笔记本;或在领结边做装点,让素色的领结变得雅致;或成为冰箱贴,装点家中的冰箱,必要时还可用作开瓶器……创意推动新颖的湘绣用品问世。销售方面,湖南湘绣城(网上百货店)、金霞绣庄(淘宝店)、湖南顺龙服饰(淘宝网)等线上网店与线下商店结合,加速了品牌的传播。目前,湖南湘绣科教产业园拥有湖南工艺美术学院、恒邦、汇隆物流、顺龙服饰、金霞湘绣五大主体单位,120多家工艺美术配套企业,集湘绣研究、企业服务、产品开发、技艺培训、文化交流、旅游观光与生产经营于一体的湘绣专业市场,湘绣正在焕发出蓬勃的生机与活力。

(3) 湘绣产品走入国际市场

湘绣城不断开拓国际市场。2012~2016年,湘绣城连续五年被评为"全国文化产业出口重点企业",产品销往欧美、日、韩等20多个国家和地区。湘绣城持着入乡随俗法宝,了解到西班牙女性喜欢披肩,于是就在披肩上绣上西班牙女性喜爱的玫瑰花,很快就占领了市场;尼泊尔人喜欢做礼拜，于是就推出绣花抱枕。2017年，湖南湘绣城在澳洲创立了中国刺绣行业第一家海外企业——澳大利亚宝地公司。2016年，湘绣城出口额为305万美元，2017年增长到700多万美元。[1] 湘绣城亦重视国际文化交流，2012年参加了"中尼友谊周"活动。不单是走出去，也引进来。2015年"亲情中华·汉语桥"夏令营湖南营来湘绣城参观，来自美国、老挝、泰国、澳大利亚、新西兰等国家和地区的近70名湘籍华侨子弟，体验湖湘文化湘绣的艺术魅力。[2]

---

[1] 《长沙非遗：活了"老"文化 火了"新"市场》，《长沙晚报》2018年6月29日。
[2] 《"亲情中华·汉语桥"夏令营走进湖南湘绣城》，中国侨联网，http：//www.chinaql.org/n1/2018/0803/c420270-30207557.html。

后 记

湖南历史悠久，地域辽阔。境内地形复杂，有崇山峻岭，有丘陵平原，湘、资、沅、澧四大水系纵横密布，大小湖泊点缀其间，风景优美，人杰地灵，自古就有"芙蓉国"的美称。在湖南这块美丽的土地上，孕育出了独具特色、颇有个性的湖湘文化，造就了一批批杰出的人才群体，推动了中国历史发展的进程。

改革开放以来，湖湘文化成为研究的热点，甚至成为人们茶余饭后谈论的热门话题，湖湘文化研究的视野和领域也不断拓展，并且取得了可喜的丰硕成果。这些年尽管要求宣传打造"湘"字号文化品牌的呼声较高，但是专门研究湖湘文化品牌的成果还不是很多。为此，湖南省社会科学院把"湖湘文化品牌及其影响力评价"作为重大团队方向课题，委托贺培育副院长主持。经过多次召集各专业学者座谈论证，形成湖湘十大人物品牌、十大精神品牌、十大山水品牌、十大名胜品牌、十大文学品牌、十大艺术品牌、十大工艺品牌、十大饮食品牌、十大名句品牌、十大文创品牌，综合组成湖湘文化百大品牌。当前湖南省提升文化软实力，其中一个重要途径是推动湖湘文化品牌化发展，通过文化品牌带动文化传播。这就要充分挖掘湖湘文化的影响力，并赋予其新的丰富内涵，树立品牌标志，塑造具有湖湘特色、闻名海内外的湖湘文化品牌。这是进一步壮大湖南省文化旅游产业、实践文化强省战略的重要举措。

本书具体分工如下：策划统筹，贺培育；第一章，李斌；第二章，郭钦；第三章，李跃龙；第四章，罗山；第五章，毛健；第六章，杨乔；第七章，马延炜；第八章，张衢；第九章，李超；第十章，周海燕。本书能够顺利出版，感谢湖南省社会科学院科研处的大力支持，感谢社会科学文献出版社陈雪老师的辛苦编辑，感谢湖南省社会科学院历史文化研究所李斌所长、郭钦副所长为本书统稿付出的辛勤劳动。对于湖湘文化品牌及其价值的探索与研究，本书无疑是一次大胆尝试，肯定还有许多疏漏和不尽如人意的地方，敬请各位专家和读者批评指正。

图书在版编目(CIP)数据

湖湘文化百大品牌及其影响力评价/贺培育主编
. -- 北京：社会科学文献出版社，2021.3
ISBN 978-7-5201-8042-9

Ⅰ.①湖… Ⅱ.①贺… Ⅲ.①地方文化-文化产业-品牌战略-研究-湖南 Ⅳ.①G127.64

中国版本图书馆CIP数据核字(2021)第038534号

湖湘文化百大品牌及其影响力评价

主　　编／贺培育

出 版 人／王利民
组稿编辑／邓泳红
责任编辑／陈　雪

出　　版／社会科学文献出版社·皮书出版分社（010）59367127
　　　　　　地址：北京市北三环中路甲29号院华龙大厦　邮编：100029
　　　　　　网址：www.ssap.com.cn
发　　行／市场营销中心（010）59367081　59367083
印　　装／三河市尚艺印装有限公司
规　　格／开本：787mm×1092mm　1/16
　　　　　　印　张：15.5　字　数：222千字
版　　次／2021年3月第1版　2021年3月第1次印刷
书　　号／ISBN 978-7-5201-8042-9
定　　价／128.00元

本书如有印装质量问题，请与读者服务中心（010-59367028）联系

▲ 版权所有 翻印必究